疯狂阅读®
CRAZY READING

最　美　文　特　辑　3

杜志建 / 主编

小时光

落日弥漫的橘，
天边透亮的星。

心口藏着酿了一夏的甜。
你在，独自生长，抱着月亮。

汕頭大學出版社

图书在版编目(CIP)数据

最美文特辑. 3 / 杜志建主编 . -- 汕头 : 汕头大学出版社 , 2023.7

ISBN 978-7-5658-5053-0

Ⅰ . ①最… Ⅱ . ①杜… Ⅲ . ①阅读课 – 中学 – 教学参考资料 Ⅳ . ① G634.303

中国国家版本馆 CIP 数据核字 (2023) 第 121710 号

最美文特辑. 3　　ZUIMEIWEN TEJI. 3

主　　编：杜志建
责任编辑：闵国姝
责任技编：黄东生
封面设计：马俊洁
出版发行：汕头大学出版社
　　　　　广东省汕头市大学路243号汕头大学校园内　邮政编码：515063
电　　话：0754-82904613
印　　刷：河南瑞之光印刷股份有限公司
开　　本：787mm × 1092mm　1/16
印　　张：14
字　　数：400千字
版　　次：2023年7月第1版
印　　次：2023年7月第1次印刷
定　　价：29.80元
ISBN 978-7-5658-5053-0

声明

基于对知识和创作的尊重，本书向所选文章、图片的作者给予补贴。因条件所限未能及时联系的作者，我们在此深表歉意，当您看到本书时，请与我们联系，以便我们向您支付补贴和赠送样书。因篇幅有限，部分文章有删节，敬请谅解。

联系方式：0371-68698015

目录 CONTENTS

来年今日

少年在梦里做梦，努力学着爱人

小梦大半

别害怕会暴露脆弱，甚至平庸

与你同行

我渺小无声，你是身旁温柔的风

目录

CONTENTS

来年今日

少年在梦里做梦，努力学着爱人

小梦大半

别害怕会暴露脆弱，甚至平庸

与你同行

我渺小无声，你是身旁温柔的风

人海留白

至今仍愿意感谢你给过我爱情

孤岛的歌

初来乍到，在人间笨拙地潜泳

满眼飞鸿

真诚永远值得被喝彩

年日
来今

永远热烈，永远尽享欢愉。

永远心跳，永远年少青春。

——济慈

木香藤落尽时光

✽明开夜合

1

小满做完值日，整个校园已经沉寂下来。风把攀在白墙上的木香藤的香味送进窗里，小满在收拾书包的时候，才想起来方响已经走了。

小满叫苏满。

迄今为止，小满的人生很圆满。

她有恩爱又和蔼的父母。在她每次拿回来仅仅只有七十五分的试卷时，妈妈温柔地夸奖："不愧是小满，比上次进步了五分。"

有七十高龄依然健朗的外公，吃过晚饭就提着鸟笼出去遛弯，回来时给她带一根冒着白汽的冰棍儿，连声喊小满："小满别写作业了，先吃点儿零食。"

有一只猫，十二年的老猫，每天除了把猫粮一扫而空，就是躺在墙根下晒太阳，摸它的脑袋，它才会慵懒地"呼噜"两声。

还有一个不笑很好看，笑起来更好看的少年。小满是他的"小跟班"。

少年就是方响，整个荞花区无人不知无人不晓的方响。

小满背着一书包的家庭作业离开学校，在路口处和同班的三个同学迎面撞上。小满下意识地低头避让，为首的王嘉石已一把拽住她的书包，学着港片里的小流氓轻浮地吹了声口哨："喂，你知道《黑猫警长》里的'一只耳'吗？"

小满不说话，夕阳把她拖在地上的影子折向灰白的水泥路面。

"你肯定知道，因为你是'半边脸'嘛！"

小满还是不说话。

"说话啊，哑了？"

小满被王嘉石伸手一推，趔趄了一步站定。王嘉石笑嘻嘻地问："你'响哥'呢？你不是他的跟班吗？这个时候他不管你了？"

话音刚落，就听街对面传来一个声音："你

大爷在这儿呢，有什么指教？”

方响嘴里叼着根冰棍，咬了一口，嚼得“嘎吱”响，把没吃完的扬手一扔，迈过低矮的护栏，一跃而起，到了跟前。

方响的“不好惹”名声在外，方响刚挑了下眉，三个男生就屁滚尿流地跑走了。方响拍了拍身上并不存在的灰尘，抬头看看对面，有点儿心疼灰扑扑的地上化得只剩一根木棍的冰棍：“他们说你什么了？”

小满低着头不吭声，小皮鞋的鞋尖一下一下地蹭着地面。

方响有一点不耐烦，伸手去推她：“问你话呢？”在他推的时候，小满侧了一下头，只把右边脸对准他。

方响愣了一下，立刻就明白了。

小满五岁的时候，左脸被水壶里泼下来的沸水烫成重伤，从额头到下巴，半张脸皮肤扭曲丑陋，近乎毁容。

这是小满圆满的人生里唯一的不圆满。

小满小方响半岁，从出生时两个人就认识了。苏家和方家交好，方妈妈从小耳提面命：“小满妹妹比你小，你要让着她，照顾她。”苏妈妈也嘱咐小满：“你一个女孩在外面玩很危险的，跟紧方响哥哥，做什么都让他带着你。”

所以从方响懂事起，身后就一直跟着这么一个“跟屁虫”。今天好不容易趁她值日提前溜了，结果还是被逼无奈行侠仗义。

方响转头看着她：“我要收保护费的，你要是每天都请我吃冰棍儿，我就……”

“保护我？”

“让你当我的跟班。”

小满眼睛笑弯成月牙：“以前不是吗？”

方响把木棍一弹，木棍划了道线，稳稳地落进了路旁的垃圾车里。他站起身，用拇指在她的脑袋上一按，像盖戳一样：“现在是官方认证的。”

小满愣住了。

这天夕阳很好，橙红温暖的光线给方响的身影似勾了一道边，鲜明地映在眼里，就好像印在她额头上的，那一道指印。

“回家吧。”

小满站起身，跟在方响身后，落了半步。她一路踩着他的影子，看他松松垮垮的白色T恤下藏着的两片肩胛骨，看他不规矩的球鞋，看他沿路踢着石子和瓶盖。

2

小满就这样成了方响的“小跟班”，一当就是三年。

橘子汽水、游戏厅、试胆游戏、通宵电影、自行车骑行、两人三足……三年时光像是一把色彩斑斓的弹珠。

小满会跟着他奔赴各地参加竞赛，像个“机要秘书”一样保管着他的准考证和学生证；午饭的时候，她跑去教室找他，接过他递来的钱，拎两根冰棍儿回来，一如既往的菠萝味；午休，她坐在他桌子前的座位上，替他挡掉一切过来骚扰的“公务”……

后来，几乎方响所有的朋友和同学都知道了他有这么一个“小跟班”，也常会趁方响不在的时候，跟“小跟班”开几句玩笑——

“小满，你天天跟着响哥，是不是喜欢他啊？”

“小满，听说你们穿开裆裤的时候就认识，你们是不是定了娃娃亲？”

“小满，我也能罩着你，要不你给我当跟班吧？”

小满只是微笑，不回答，也不辩驳。于是又有人说，小满既不会生气也不会难过，别人怎么说她的坏话她都无动于衷，恐怕是个傻子。

小傻子小满不在意，只是一心一意当方响的小跟班。

小满低方响两级。方响上高三，高三晚自习要上到十点半。小满在家早早地做完作业，掐着时间奔到窗边，看着黑暗里渐渐出现一道身影，冲着楼下喊“方响哥”。方响抬起头来，懒散地“嗯”一声。

小满和妈妈打了声招呼，端着刚刚烤好的纸杯蛋糕下楼。方响斜挎着书包，正在低头换鞋，往小满手里的盘子看了一眼：“这是什么？”

“饿吗？尝一尝？”

方响拿起一个咬了一口，看到小满期待的目光，含糊地说："还行。"

小满笑意腼腆，摸摸鼻子："我第一次烤的，加了一点你喜欢吃的菠萝。"

方响看着她，笑了笑："你们今天月考成绩出来了吧？"

小满："……"

"试卷拿来给我看看。"

十分钟后，方响把几张纸翻得哗哗响，看着纸上刺眼的红叉，颇有些恨铁不成钢："这么简单你是怎么错的？"

小满："试卷上这么错的呀。"

方响气得敲她的脑袋，她趴在桌子上咯咯笑："跟班也要看成绩吗？"

小满有一点一直十分佩服方响，明明方响上课的时间多数都在开小差，却依然可以轻轻松松地把成绩保持在年级第一。

"当然，给我丢人。"

"丢人"这两个字有点刺耳。小满下意识地微笑了一下，然后才问："那……我成绩好了，就可以给你当一辈子跟班吗？"小满看着他，清澈的杏眼里盛着自己也没发现的期待。

方响没回答，从书包里抽出笔袋："坐过来，我给你讲题。"他把书包一掩，小满扫了一眼，就看见内袋上别着一枚白色蝴蝶形状的发卡。

这天，小满异常心不在焉，从"解"字开始发呆，到"此题得证"才回过神来。

"记住了吗？"

"嗯……"

方响把改过错题的试卷塞给她："讲过一次的题目就不准错了，错了要罚。"

"怎么罚？"

方响思考半天，挠挠头："我想想。你快回去，我要睡觉了。"

下一次月考，小满还是错了同样类型的题，但方响并没有罚她，也没再给她讲过错题。

只因为林夕月。

林夕月是文科班的艺术生，学舞蹈的，走路时脚步轻盈，优雅得仿佛天鹅浮水。

3

十二月，初雪后的天气呵气成冰，小满照例在上午第四节课下课后去超市的小卖部。小卖部老板添置了一台机器，给罐装饮料加热保温。小满买了两罐温热的咖啡，去到高三年级的教室后，却发现方响不在。

方响的同桌好心给她指路："小满！找响哥吗？响哥去天台了！"

小满拉开锁头已损坏的门，一股寒凉的空气扑面而来。此时的天色灰白暗淡，堆积着絮状的乌云。方响靠墙蹲着，羽绒服外套的下摆垂在了地上。

小满靠近时，发现方响正无聊地把玩着一盒火柴，有一下没一下地划拉着，火光"刺"一下燃起来，烧到尾，就又灭了。他面前的地上有一把蜡烛，插在生日蛋糕上的那种。

她下意识地退后一步，声音发颤："方响哥。"

方响掀了掀眼皮："嗯。"

"能灭了吗？"

方响顿了顿，才想起来小满怕火。他有点莫名其妙的烦躁，把火柴摁在积水的地上，抬头："干什么？"

小满愣住，方响的发上、衣领上都沾着泥水。

"你怎么了？"小满急忙伸手。

方响偏头躲过，有些不耐烦："什么事？"

小满静立片刻，把两罐咖啡递给他，低声说："你下午要上政治课，不要打瞌睡。"

方响没接，过了半晌，站起身来："你自己喝吧。"

"可是……"

方响按了按太阳穴："能不能别跟着我了？"

"可是……"小满摸了摸自己的额头。

"那时候你还小，我也还小……"方响手插在衣服口袋里，低头看着低垂着头的小满。她一半脸清秀可爱，另一半脸狰狞可怖，"我还有半年就要高考了，没时间再帮你了，学习上的事，你自己上点心。"

片刻，小满笑笑，低头看着地面，一摊水中映出自己的倒影："好呀。"

方响说完就走了。

小满蹲下身，把两罐咖啡摆在墙根，下巴放在手臂上，盯着看了很久。直到风裹着雪花钻进她的脖子里，她瑟缩着打了一个寒战。

回教室的楼道上，视线里突然出现一道白色的身影。小满停下脚步，往后退一步贴着栏杆扶手，看着林夕月怀里抱着好几个精致的礼物盒子，跟一个女生从身旁经过。她穿了一件雪色的羊毛大衣，头发上别了一枚小小的发卡。

白色的蝴蝶的形状。

4

木香藤再开花的时候，就到了临近高考的季节。

小满的座位临窗，晚风中浓烈的花香一阵一阵荡过来，让人陷入一种微醺。小满之所以叫小满，是因为她出生于木香藤开遍的小满时节。

葬礼过后的整整一个暑假，方响再没见过小满。

九月开学之前，他给小满打了一个电话，却是无人接听。楼上的房子已经空了，他去敲过门，只听见单调的"咚咚咚"的声音，不断地回响。

后来，方妈妈陆陆续续打听来一些消息，说小满现在和外公在外地的姨妈家里生活，应该是不会再回来了。小满的外公晚年失去女儿和女婿，精神垮了，身体也垮了，生了场大病，要做手术，这里的房子可能也要卖掉。末了又感叹，真是祸不单行。

"我们能帮得上忙吗？"

方妈妈："我提过，小满说在姨妈家那边很好，还让我代她向你问好，问你是不是考上理想的学校了。"

窗户大开，前日处暑下了雨，木香藤的叶子落了满地。方响坐在窗前，浓密的绿荫和细碎的阳光晃进来，他垂着头无法思考，仿佛被拖入了一个沉沉的梦里，不断地陷落。

方响的大学在北方城市，春日飞沙走石，冬日长街覆雪。

他十一月过二十岁生日，在舞蹈学院念书的林夕月拎着蛋糕过来看他。在大学里的方响再不像高中时出入都有人前呼后拥，而是过着教室、实验室和宿舍三点一线的枯燥生活。高中时的同学很多也断了联系，只有少数几个还保持着来往，林夕月就是其中之一。每逢节假日，两个人凑到一起吃饭打发时间，再聊一聊这里糟糕的食物，聊一聊故乡的月色与长河。没有任何进一步的关系，仅此而已。

林夕月感慨："高三的时候你才十六岁，那个时候你高调得不行，连老师都念在你成绩好，对你睁一只眼闭一只眼。但我只觉得你很幼稚……"

方响笑笑，不去反驳。

"已经四年了……"林夕月用拉长的语调感叹一声，却迟迟没有下文。过了很久，她看了看时间，站起身居高临下地看着方响："走了，蛋糕你自己慢慢吃吧。"

方响一言不发，眼角的余光看着林夕月推门离开，悬挂在门口的铃铛"叮"一响，世界再度陷入沉寂。

他把林夕月带来的蛋糕拿过来，拆开。不过六寸的小蛋糕，上面缀了些菠萝果肉。他捏着叉子切下一角，刚吃一口就噎住了。

熟悉的味道，像骤雨突袭世界一般，铺天盖地而来。

他慌忙站起身，推门追出去。

快要进地铁站的林夕月听见喊声，停下脚步："什么事？"

方响气喘吁吁："蛋糕……在哪儿买的？"

5

"初夏"是藏于深巷的一家很小的蛋糕店，初冬日色稀薄，红墙之后伸出的枝丫瑟瑟发抖。

方响沿着招牌一家一家找下去，终于看见了藏在藤蔓花枝里的招牌。台阶下方立了一小块黑板，旁边一方柔软的坐垫上卧着一只姜黄色的小猫。

方响在门口又站立了许久，看得那打瞌睡的小猫都醒了，睁着眼睛与自己对视片刻，才再次鼓起勇气前去推门。

"欢迎光临，"柜台后一个男人抬起头来，笑容温和地看向方响，"您要点什么？"

“我……”方响环视一圈，“请问，苏满在这里工作吗？”

男人微讶：“你找小满？”

方响的呼吸放缓，点了点头。

男人转身，掀开后面的布帘：“小满，有人找你。”

一道轻软的声音传出来：“来啦。”

方响觉得自己仿佛终于从那个沉沉的梦里逃出来，缓缓上升，在看见布帘掀起来，现出口罩上方一双清亮的眼睛时，他终于能再次呼吸：“小满。”

那双眼睛一闪，片刻，惊讶的声音响起：“方响哥？”她走到柜台前，摘下了口罩，“好久不见。”

小满看了看他，又看了看身旁的男人：“我能出去一会儿吗？”

男人笑着看她：“要扣工钱。”

小满摸摸鼻子：“很快就回来。”

小满脱下身上白色的厨师服和手套，方响往她手指上扫了一眼，呼吸一窒。

下台阶时，门口的小猫“喵”了一声，小满蹲下身摸摸它的脑袋，小猫舒服得“呼噜”了几声。

“以前那只猫呢？”

“前年去世啦，和外公差不多是前后脚。它已经很老了，后来连最好的猫粮都不愿意吃了。”小满声音平缓。

方响喉咙苦涩，几乎说不出话来：“我去你姨妈家找过你。”

小满一下一下地轻抚着小猫，很久才笑着说：“我知道的，姨妈告诉过我。”她站起身，一指小巷的深处，“我们过去走一走吧。”

巷子曲折而狭窄，入耳都是北方的方言。风冷，小满的耳朵很快就被吹得泛红。沿路有人盯着她的左边脸看，她坦然微笑，没把束着的头发放下，就这样大大方方地露出来。

在一处攀着墙壁枯黄凋落的藤蔓前，小满停下脚步，无意识地捋了捋头发。她戴在左手中指上的订婚戒指在阳光下晃了一下，更加显眼。

“你的未婚夫……”

小满笑笑，有点羞涩地低头：“是刚刚在柜台的……”

方响不知所谓地“嗯”了一声。

仿佛有一只手，把凝结的脏雪揉在他的心上，那种疼痛，坚硬而寒冷。

6

故事往回说。

从逞英雄地认下了小满这个“小跟班”开始，方响的耳畔就没少过嘲讽和闲言碎语。年少的自尊心，在承诺与讽刺之间，艰难地维持着平衡。这一切，在林夕月出现的时候被打破了。

林夕月是那种让人一看就觉得自己可能陷入爱河的女孩，她理应是所有人的初恋。方响无意中捡到了林夕月的发卡，趁机与她熟识。

方响心高气傲，从小活在众人的瞩目之中，不认为自己的告白会失败。

林夕月却问他：“你不是喜欢你的小跟班吗？”

方响下意识地否认：“怎么可能……”

“不喜欢还这么维护她？”

在天台那天，方响跟人起了争执。看他不顺眼的人蓄意找碴儿：“听说你因为苏满被林夕月拒绝了？方响，看不出来你居然是个情种，你不会真准备和你那个丑八怪小青梅过一辈子吧？”

方响怒气勃发，却不知是为了这一串话里的哪一句。

等摆脱了小满，他却发现自己并没有如释重负，反而陷入越发焦灼的自我拷问之中。

他不许任何人侮辱小满，却克制不住自己去回想那些对小满的诋毁。

他理智上明白，一个人的心灵尤甚于外貌，却不能免俗地去想象，有没有什么办法能够祛除她左边脸上那刺眼的烫伤，比如医疗整形。

方响连跳两级，被所有人称为“天才”，心理上却是一个不折不扣的幼稚鬼。直到小满家里出了事，他才渐渐明白，那些年的自我挣扎，都是可悲的自尊心在作祟，想要在众人面前维持形象，却又逃脱不掉日益清晰的“我居然真的喜欢小满”的认知，于是落荒而逃。

他把曾经轻许的诺言当成囚笼，把懦弱逃避视为反抗。

王小波说过，人的一切痛苦，本质上都是对自己无能的愤怒。

北方十一月的寒风里，他们走了很远的路，直到方响把四年来所有积压成痼疾的心事倾倒干净。

“小满，对不起。”

小满还是那样笑着：“你没有对不起我呀。”

她偏过头，认真地看着他：“我想，我可能也是喜欢过你的吧。只是那个时候还不明白。我挺笨的，他们都说我是傻子……”

“你不傻。”

小满笑声清脆：“我现在总被他说笨，一做起蛋糕来就忘了时间。”

“你和他……是怎么认识的？”

“他是我姨妈的一个朋友的儿子，他很有耐心，在我爸妈出车祸去世最艰难的那段时间里，一直都陪着我。在他的帮助下，我也已经没有那么怕火了。”

小满走得有些累了，停下脚步，靠着墙壁歇息。顿了顿，又把手掌盖在自己的额头上。

她微微闭着眼，迎着阳光。初冬的薄阳是清透的红色，让她想到了那一天的落日，还有那一天落日下，给她加盖“戳记”的少年。

手掌这样放了一会儿，小满睁眼，踮脚抬头去碰方响的额头。

她的手指有一点凉，方响感觉自己仿佛颤抖了一下，但他很清楚自己并不是因为冷。

“这个印章，今天就还给你了。方响哥，对不起啦，今后我不能再当你的小跟班了。”

小满微笑地看着他，过了好一会儿，才又开口：“我妈妈从小教给我一个道理——如果有什么让自己难过了，那就远远地避开。”

“我现在有店，有要结婚的恋人，还有一只刚刚领回来的猫……”

店里的生意虽算不上特别好，但她每天都能随着心意做自己喜爱的蛋糕。

恋人是建筑师，空闲的时候会来店里帮忙，不是个太厉害的人。但他会告诉她，如果真的不开心了，不用勉强微笑相对。

小猫才半岁大，十分调皮，会把家里一切带毛的东西都抓得乱七八糟。

小满觉得，这一切都很圆满。

小满笑着伸出拳头。

方响无措地站着，有些不明所以。

小满把他的手抓过来捏成拳，与自己的拳头对了一下。

“方响哥，也希望你一切都圆满。”

7

大四毕业，工作之前，方响回了一趟家。

楼上苏家曾经住过的地方搬进了新住客，是一对刚刚结婚的夫妻。方妈妈炖了鱼汤，上楼送去和新邻居联络感情的时候，不小心打翻了碗，烫到了手指，在凉水下冲洗，仍然心有余悸。

“方响，你还记不记得……”

方响靠着窗户看书：“什么？”

“小满啊，她为什么会烫伤，你还记得吗？小时候她一直很黏你，总跟在你身后，像个小大人一样，说‘方响哥哥，我长大了要保护你’。当时我们跟苏家一起到乡下玩，烧得滚烫的铁架上放着水壶。你瞎胡闹，弄倒了架子，小满当时才五岁啊，反应居然那么快，一下就把你推开……”

方妈妈垂泪：“她一个女孩，就这样破了相。后来一直都怕火，连打火机都不敢碰。苏家阿姨体贴又明理，还让我不要总是提这件事，免得你有心理负担……”

方响的手在颤抖，后面的话，一句也没有到达他的耳中。

有风，远远地把一股浓烈的花香送进来，是楼下攀着围墙的木香藤。

他突然就记起了很小很小的时候，小满蹲在木香藤下，笑着说：“方响哥哥，当你闻到这个香味的时候，就要记得，小满要过生日了，不要忘了哦。”

一个愚蠢幼稚的少年，就这样毫无知觉地挥霍了一个女孩的善良与爱。

余生，他再也忘不掉。

那一道烫伤，不在她的脸上，却在他的心上。

✽ 牙套菇凉

此生与你共肥

1

顾亦寒上秤后，指针摇摇晃晃动了几下，最后分毫不差地停在了二百五十斤的刻度上。

宋藻尴尬地轻咳了一声，刚想安慰她的新客户两句，哪知顾亦寒毫不在意，只对宋藻说："宋教练，以后麻烦你了。"语气平静，颇有种不疾不徐的优雅感。这种优雅不是他一米八五的身高配上二百五十斤体重的外形带来的，而是他给人的感觉。

认识顾亦寒之前，宋藻觉得胖人都是憨厚的、不给人威胁感的，比如，她的前男友。

顾亦寒和其他胖子没多大区别，穿宽大的衣裤，五官被肥肉挤得扁平，兴许是应了那句"腹有诗书气自华"，肥肉依然掩盖不住顾亦寒身上的孤冷气质。

宋藻琢磨了眼前的"矛盾体"一番，才回道："不麻烦，你是我的客户，我会帮你瘦下来的。"

后来，宋藻才发现这个誓言似乎立早了，帮顾亦寒减肥确实是一件很麻烦的事。

因为他年少时小腿骨折过，许多项目他都不能做，宋藻只能让他在跑步机上慢跑。而且他在读博，每天有做不完的报告和调研，一周里顶多能来健身房三次。

于是，减肥进度和宋藻预想中的相差甚远。半个月下来，顾亦寒的体重一斤未降。

宋藻快愁死了。那天，宋藻等顾亦寒跑完一轮，殷勤地递上毛巾后，就迫不及待地同顾亦寒探讨起人生。

"顾同学，学霸是不是压力都特别大啊？"

宋藻为了拉近距离，将平日里的直呼其名改成"顾同学"。听到这个称呼，顾亦寒擦汗的手僵了一秒："还好，能应付。"

"那你的课业重吗？"

"还行。"

宋藻刚想继续问第三个无聊的问题时，顾亦寒打断了她："小宋老师，有什么你就直说吧。"

从顾亦寒知道宋藻比他还要小一岁时起，他就将"宋教练"直接改成"小宋老师"。

宋藻也不绕弯了："你是家族遗传性肥胖？"

"不是，以前不胖，今年才胖起来的。"

"因为什么？"

"暴食。"顾亦寒沉默了一会儿，"和我前女友分手了。"说完，顾亦寒嘴唇微抿，似有难言的秘密无法诉之于口。"对不起。"她试图安慰顾亦寒，"天涯何处

无芳草，会有更好的人出现的。”他又说：“我喜欢了她八年，也不想放弃。”

那一刻，宋藻忽然想起了陈淮。“咱俩挺像的，一样苦命。”她勉强笑了笑，“曾经我也是一个胖子，还有，我也曾经喜欢过一个人，喜欢得以为不和他在一起，人生就没有意义了。”

2

那年，宋藻十五岁，是个不折不扣的小胖妹，因为名字里有个“藻”字，人送外号“胖大海”。但宋藻是一个柔软的胖子，从六岁开始学习舞蹈，民族舞、芭蕾舞、爵士舞样样都跳得有模有样，但因为对美食太过热爱，跳舞丝毫没有阻碍她的发胖之路。

秋天校庆时，宋藻班上将《丑小鸭》新编成了一幕小规模的舞台剧。宋藻和班花胡思思领舞，一个演绎蜕变前，一个演绎蜕变后。

正式表演那天，这出剧果然得了满堂彩，不过宋藻获得的是笑声，而胡思思获得的是惊艳声。

宋藻心大，全然未觉，穿着黑色芭蕾舞裙，和一身白的胡思思手牵手谢幕时，陈淮抱着一束百合，走上舞台，朝着她们走来。

宋藻看着陈淮那张在霓虹灯下亮得反光的脸，又失落又羡慕，刚想朝后退一步，离这对闪闪发光的人远一点时，陈淮却停在了宋藻的面前。

他笑吟吟地将花塞到了宋藻的怀里，说：“宋藻，你真棒，我想和你做朋友。”

全场大惊，连站在她身旁的胡思思也是一脸不可思议的震惊表情。陈淮的话像一枚炸弹，将宋藻的心炸得粉碎。

宋藻将这个故事说给顾亦寒听，那时顾亦寒的体重终于下降到了二百斤。

四个月的时间，减了五十斤肉，这是多么值得庆祝的事。于是，宋藻请顾亦寒吃饭庆祝。

这么多年来，宋藻虽然成功地瘦了下来，但对美食的向往没有减少半分。两人从健身房出来后，宋藻就带着大忙人顾亦寒到一家巷子深处的大排档。

她一落座，就熟练地点菜，全是重油重辣的食物，外加两瓶冰镇啤酒和一碗清淡爽口的银耳汤。酒和食物是她的，银耳汤是给顾亦寒的。她知道顾亦寒有严重的胃病。

顾亦寒看了看自己面前可怜兮兮的银耳汤，挑眉：“这就是你给我的庆祝？”

宋藻一面大快朵颐，一面振振有词：“你减肥，一碗银耳汤足够了。”

顾亦寒没再说什么，只是戴起一次性手套，手刚伸向泡在红通通的辣椒汤里的小龙虾，宋藻手疾眼快，马上截住了他的罪恶之手，义正词严地说：“你不能吃，太辣、太油腻了，你的肠胃受不了。”

顾亦寒看了她几秒：“我不吃，只是看你剥的速度赶不上吃的速度，想帮帮你。”

宋藻半信半疑，眼睛时不时地盯着顾亦寒看，怕他偷吃。事实证明，她的心眼太小，从头到尾，顾亦寒都只默默地剥着虾壳。

第一次这么认真地看顾亦寒，宋藻觉得顾亦寒如果瘦下来，应该也长得挺不错的。

顾亦寒发现了宋藻时不时偷偷瞄向他的目光，将最后一只虾剥完，放在她面前的粗瓷碗里，摘下手套，用纸巾细细将手指擦拭了一番，才问道：“你看着我干什么？”

宋藻憋不住话：“你前女友为什么要和你分手？”

顾亦寒抿了抿唇：“性格不合吧。”

“你女朋友应该是个天仙吧，不然也不能将你打击成这样。有照片吗？”

顾亦寒想了想，将手机打开，递到了她面前。

“呀！”宋藻惊叫一声。

顾亦寒的心提了起来，极力压下那点翻涌的情绪，状似平静地问：“怎么了？”

“这照片上的男生是你？”宋藻简直不敢相信自己的眼睛。

照片上的男女看起来都不过十八九岁的模样，女生亲昵地揽着男生的脖子，如桃似李的脸，像敛尽了世间的容光。而旁边的男生，和女生站在一起，毫不逊色，一个如春光，一个似冬寒，竟也意外地合拍。

顾亦寒的心又提起了一点：“是我。”

宋藻看看照片，又看看本尊，如此几次后，才长叹一声：“爱情这个东西，真是害人不浅哪，大帅哥也被糟蹋成了这副模样。”

顾亦寒的心又落了下去。

那晚宋藻喝多了，喋喋不休地追忆往事，又哭又笑，又说起了陈淮。

3

陈淮说宋藻很棒，说想和她成为朋友。那时宋藻觉得，世界上再也没有比这更好的奖赏了。

校庆后，陈淮殷勤地来找过宋藻两次，让所有人都跌破了眼镜。宋藻走在路上，四面八方的人都在窃窃私语，对她指指点点。班上的女生总是在她路过时，佯装无意地评论她的不自量力。可那时，她并不觉得难堪，或许喜欢一个人，并被所喜欢的人喜欢，便有了无坚不摧的铠甲。

很久后，宋藻才明白一个道理，童话故事大多是骗人的。所谓一见倾心，不过是那些漂亮的男男女女才有的，和她这种平凡人毫无关系，可等她明白时，已在深渊。

陈淮来找过宋藻两次后，就再未出现了，听人说是生病请了长假。在忐忑不安中，宋藻主动去找他了。

她怀揣着一颗乱如鼓点的心，走到陈淮所在的教室后门探头一看，就看见坐在课桌前的陈淮，面色红润，一点都不像大病一场的样子。

教室里人很少，陈淮百无聊赖地转着笔。也许是无聊了，他忽然低下头，一把抢过一旁男生的书，随意地翻了翻：“《时间简史》，阿肆，你就不能干点正事？”

那个叫阿肆的男生没理他，淡声说：“什么是正事？”

由于角度问题，宋藻只看到男生的半边脸。他戴着一副平光眼镜，午后的阳光穿过镜片，顺着他高挺的鼻梁滑落到寡淡的唇角，是一个干净的弧度。

“和我出去打打球啊，你看你比女生还白。”陈淮嫌弃道，他和那男生站在一起一个黑一个白，形成巨大的反差。宋藻刚想笑，又听陈淮继续说，“逗逗上次那个女生也挺有趣的，不过就是她太丑了。”

“谁？”

“你忘了，上次你被强行拉去当了主持人，还给那个叫《丑小鸭》的剧颁了奖，近距离看她是不是更不好看，她的搭档倒是还挺漂亮的。”

宋藻呼吸一滞，好像有什么恐怖的生物要从看似风平浪静的湖底钻出来，蚕食她、毁掉她。明明应该马上逃离，她却一动未动，僵在了原地。

“没注意看。”男生似乎想了一下，“陈淮，我觉得你们打那种赌有点无聊。”

陈淮也愤愤不平地低咒了一声：“你觉得我想吗？还不是吴孟那些家伙，不然，我能去招惹她吗？你不知道，当时我说那句‘你真棒’时，差点就遵循本心说成‘你真胖’了。”

“他们让我七天内追到全校最胖的女生，但我坚持了两天就受不了了，简直是在受刑啊，所以，我只能装病跑了。”

后来，陈淮还说了很多，可宋藻没有再听下去，本想悄无声息地离开，转身逃跑时，她却一脚踢倒了门口的花盆，摔了一跤。

再后来，宋藻瘦了下来，却有了心病。她害怕那些又瘦又好看的男生的接近，总觉得他们心怀不轨。

顾亦寒问她：“所以，你现在能和我成为朋友，是因为我也是胖子？”

宋藻点头后又摇头：“是，也不是，我们现在是亦师亦友，但如果我们第一次遇到时，你不胖，还是以前的样子，我肯定不会和你成为朋友。”

顾亦寒笑了笑：“那我瘦下来后，我们的友情是不是就破灭了？”

宋藻反驳：“怎么会，我不是那种以偏概全的人，而且我们之间已经有了深厚的革命友谊了。”

所谓革命友谊不过是这几个月来，宋藻没事就拉着顾亦寒到处吃吃喝喝，美其名曰“锻炼他面对美食，依然能自持的坚韧意志”。实则呢，只是因为两个人一起吃饭，可以多点几个菜，多品几种味。并且，在知道顾亦寒读博学校的食堂里，糖醋排骨和红烧鱼做得特别好吃后，宋藻更是隔三岔五地去蹭饭。

不过，宋藻也有付出。她偶尔也会熬一些温养的粥带给胃不好的顾亦寒。起初顾亦寒拘谨，后来也“厚颜无耻”地开始向宋藻点菜。

一对饮食男女，相互亏欠着，关系也愈加密切。有时候，宋藻会有种错觉，觉得他们好像已经认识了很多年。可她已经不敢轻易敞开心扉说喜欢了。

十五岁的伤害，宋藻铭记了很久。很长一段时间里，她都活得很沉重。她开始减肥、控制饮食、吃药，没日没夜地练舞，大夏天的腿上包着保鲜膜跑步。凡是能想到的，她都试了一遍。她并不奢望减掉肥肉会带给她期盼的爱情，但她试图以此来积攒勇气。

当她成功从一百四十斤减到一百斤时，半年时光已然过去。

万事万物好像都遵循着一个奇怪的规律：当你极度渴望什么的时候，它是天边月；当你不抱期望时，它又是掌心的纹路。

宋藻十七岁时，参加校运动会的女子一千五百米长跑，因体力透支晕倒在跑道上。

醒来时，黄昏正浓，斜阳慵懒地爬进窗户，医务室里的白色被褥被染成发旧的黄色。陈淮坐在床前的木椅上，双手撑着下颌，正一动不动地看着她。宋藻和他对视两秒就别开了头，问：“是你送我来医务室的？”

陈淮轻轻“嗯”了一声，宋藻说：“谢谢。”

陈淮没有回答，好久才说：“宋藻，对不起，我很后悔当初做的那些事，可不可以再给我一次机会，我还是想和你做朋友。”然后，他抛下一枚炸弹：“我想我是喜欢你的。”

宋藻哭了，终于等到苦尽甘来，像是千回百转的虐文，终于有了大结局，更像忍饥挨饿的人，在岁暮天寒里等来了一缕星火。而这句喜欢，便是给过往那段晦暗阴沉的时光裁出了一扇窗，阳光铺天盖地地涌了进来，足以照亮一切。

陈淮的十八岁生日在冬末春初时来临，那年雪停得有点迟，三月细雪纷纷，眷恋地奔赴大地。那时宋藻和陈淮在一起大概有五个月了，宋藻没了烦心事，身材又膨胀了起来。

陈淮生日前夕，让人给她送来了一条礼服裙。那件细节精巧的银白色长裙，甜美得像是每个少女都奢望的梦。宋藻看到的第一眼是欢喜的。但试穿时，才发现衣服太小了，她身上的肉被衣服包裹，无处遁形，特别像被五花大绑的肉粽子。

陈淮强调过，让她穿这条裙子去参加他的生日

party。不想惹他生气，宋藻一咬牙，在陈淮生日那天穿去了。

然而后面的事，对宋藻而言就是一场噩梦。

那天，她第一次走进陈淮从小生活的那座别墅，脱下厚重的羽绒服的那一刻，热闹的厅堂霎时鸦雀无声。这时，宋藻才注意到，陈淮身边还站着一个女生，和她穿着一样的衣服，不过那个女生姿态婀娜，银白色长裙衬得她清纯又美丽，两人对比之下，一个是滑稽可笑的火鸡，一个是金贵高傲的凤凰。

那晚，宋藻不知道是怎么走出那扇大门的，慌不择路间，连外套都忘了拿。风吹雪啸，冷风无孔不入地灌进她单薄的衣衫，她却不觉得冷，脑中一遍又一遍地响起陈淮恶意戏谑的话。

他说："宋藻，其实啊，我从来没有喜欢过你。"

但凡有点智商的人都不会在一个人或一件事上跌倒两次，这叫趋利避害。

可宋藻，兴许就是那万里挑一的傻子。你看，她在陈淮身上栽了两次。

4

宋藻受邀参加顾亦寒的生日聚会，在顾亦寒的实验室，里面挂满了气球，气球中央歪歪扭扭地用彩色喷绘写着"顾亦寒先生二十六岁大型生日聚会"，一张陈旧的木桌上，用酒精灯煮着火锅，顾亦寒的几个博士同学围在火锅旁为先下豆腐还是牛肉而争执不休。

宋藻目瞪口呆，对迎上来的顾亦寒说："你这叫party？这不就是聚餐吗？"

顾亦寒轻咳一声，显然也觉得有点讪然，这时一个同学插话："不要在乎形式嘛，只要心怀日月，何处都是宇宙，所以，聚餐就是party。"

这话很有哲理，宋藻被说服了。

其实比起那种看似热闹却各自寂寞的party，宋藻更喜欢这种温馨的氛围，安心又舒服。

酒足饭饱后，顾亦寒送宋藻回去，途经校门口时，突然听到有人在背后叫了一声"阿肆"，本来和他们毫无关系的名字，宋藻却愣住了——这个声音，她太熟悉了，是陈淮的。

宋藻觉得自己真蠢，那么多蛛丝马迹摆在面前，她都没有怀疑过顾亦寒接近她是一场阴谋。

顾亦寒再去健身房时，听说了宋藻生病的消息。

他明白宋藻是在躲着他，他自嘲地一笑，原以为将近一年的相处能改变什么，实际上什么都未改变，他们还是陌路人。

走出健身房，他抬头看着那片茂密的梧桐林，筛漏下一缕一缕光线，似乎岁月就在此刻蒸发。那一刻，想起了九年前，遇到的那个毫不起眼的姑娘，她善良、偏执、敏感又愚笨。

他第一次注意到她，是在舞台上。她旋转、跳跃，将一只卑微又敏感的黑天鹅诠释得惟妙惟肖。他从小对不相干的人和物不感兴趣，但那天，他确实被她的演绎吸引，甚至当大家都为她美丽的搭档喝彩欢呼时，他却觉得她的表演更惊艳。

他第二次见到她时，她狼狈地跌坐在地上，泪眼模糊，却倔强地站起来，挺着背，一步一步头也不回地朝前走，像是在试图拯救被肆意践踏的尊严。他看了她的背影很久，第一次用警告的语气对十几年的好友说，别太过分了。

再后来，他每天上学路过街心花园，都能见到她拖着沉重的身体，气喘吁吁跑步的模样。他在食堂见过她，看她端着餐盘在红烧排骨的窗口外站了很久，最后转到素菜区打了一份白灼青菜。那时候，她已经不再如初见时那样爱笑，眉心藏了忧愁。

唯独当她在街角便利店买了一个面包喂着流浪猫时，脸上才浮现出明快轻松的笑容。

他就那么一直一直看着她，看着她的每一分改变，后知后觉才发现，他已经不能将那个胖胖的女孩当成一个普通路人来看待了。

5

宋藻辞职那天，一个教练将一个盒子递给她，说是顾亦寒给她的。她打开，里面是一串紫檀木佛珠手链，是当初陈淮送给她的，后来，又不知道被她遗失在了什么地方。

她不懂顾亦寒这是什么意思，问了传话教练后，知道顾亦寒才离开不久，便追了出去。

宋藻提了一口气，在后面大声他："你不是减肥还没成功吗？怎么能中途放弃呢？"

他艰难地回答："你不是辞职了吗？"

"是啊，我换了一家待遇更好的健身会所，你要不要来？给你打八折。"

顾亦寒嘴角缓缓地勾起，那笑容似冰雪消融后的完满。

宋藻和顾亦寒在一起后，总爱问顾亦寒一个问题："你是不是早就喜欢我了？"

起初，他别过脸，不回答。习惯后，他佯装充耳不闻，用看书来遮掩，唯独耳根那一抹红晕，经久不变。

在静好岁月里，宋藻笑了起来，陈淮最近找过她，说了一些有关顾亦寒的秘密。

比如，她在运动会上晕倒后，抱她去医务室的人，不是陈淮，而是顾亦寒。他走得太急，在半途摔倒，为了护住怀中的她，小腿磕在坚硬的地上，骨折了。是随后赶来的陈淮接手将宋藻送到了医务室。

那时，陈淮看着痛得直冒冷汗的顾亦寒，愤怒地质问他："阿肆，你不会是喜欢这个小胖妞吧？！"

顾亦寒抿了抿唇。两人穿开裆裤一起长大，陈淮比谁都了解顾亦寒，他抿嘴时，就代表着他在说谎。

陈淮的恶劣性子又发作了，在他的意识里，宋藻是不值得顾亦寒喜欢的。于是，他又耍了她一回，没想到，她又相信了。

比如，在陈淮十八岁生日party上，他极尽所能地羞辱宋藻后，她落荒而逃，顾亦寒也追了出去。苍茫的雪雾里，他跟了一路。回来后，他和陈淮大打一架，差点就此撕破脸。

比如，再后来，顾亦寒出国留学了，学成归来后，到了宋藻所在的城市读博，像个变态一样窥视着她的生活。为了接近她，三个月里，他将自己吃成一个大胖子，并因此落下了胃病。而他所谓女朋友，也只是他的表妹。

这些，宋藻都不知道。原来，她见过顾亦寒那么多次，却从未将他看进眼底，更遑论那些默不作声的付出。

从前，她就像年少时演过的黑天鹅，羽翼折断，再也不会飞翔，她失去了湖泊、星空，失去了信仰。

而今，尘埃落定后，她成熟了、自由了。

她以为自己知晓了所有的秘密，直到顾亦寒将那串佛珠再次戴到她的手腕上，说："这是我送给你的。"她才明白，她人生里发生的乌龙事件还不止这些。

那年圣诞，顾亦寒在图书馆小憩了一会儿，醒来时，发现图书馆早就关门了。他的手机没电，只好静坐在黑暗里，看着窗外升腾而起的寂寂烟火时，听到了轻微的脚步声。

他身体冻僵，声带也发紧："有人吗？我被锁在图书馆里了，你能帮我叫人来吗？"

"好，你等等，我马上打电话。"

顾亦寒认出了这个声音，是宋藻的。他问她："这么晚了，来这里干什么？"

"我来找我男朋友给我的礼物。"她的声音充满欢喜，"你有看到吗？"

顾亦寒明白，根本没有什么礼物，只是陈淮搞的恶作剧。他却褪下手上的那串佛珠，从门缝塞了出去："应该是这个，我刚刚在图书馆里发现的。"

宋藻不疑有他，像对待宝贝一样将佛珠戴在手腕上，后来却在那个春夜的大雪里，将它遗失了。

很多年后，顾亦寒还时常回忆起，那个被困在冰冷的图书馆的夜晚，她礼尚往来似的，从门缝塞进来一条红色的毛线围巾给他，让他取暖。

他们背对背坐着，中间隔着一扇门，她陪他等着管理员，说着俏皮话逗他开心，又在他们即将见面时，扔下一句"古有以信会友，那是多么美好的一件事，但我怕你见了我，再美好的回忆都会变得不美好了，我就先走一步了"，然后溜之大吉。

他想，对她的放不下，便是从那一刻开始的吧。

他回头，看着宋藻变得圆润起来的脸颊，握住她的手，两人相视一笑，一切都明朗起来。

彼时岁月正好，万水千山走遍，他终于能站在她的面前，静默地看向她的日日月月、朝朝暮暮，从今往后，只有他能陪她不醉不归，共梦一场。

命运之川

✽ 章青定

1

许天真自小就住在沙坡尾的船上。父亲是渔民，每日凌晨驾捕鱼船出海，许母会起床目送他。许天真一直渴望住到岸上去，房子能不再如这间铁皮屋一样闷热狭小，灶和锅只能摆到舱门口，起大风时，船屋随着波浪起伏，连带着许天真那张矮小同时兼作饭桌用的书桌，一起上下摇晃。

许天真知道母亲本来是住在岸上的，为了爱情嫁给父亲，随着他住到了船上。她永远笑眯眯送丈夫出海、最早站在船头迎他回来，将他捕回来的鱼拿到岸上的早市去卖，永远温柔地对待丈夫和女儿。但许天真想，妈妈或许是后悔了，因为妈妈曾无数次地对她说："天真，好好读书，以后做个靠知识吃饭的人，住到岸上很高的地方去。"许天真说"好"，在这个愿望上，她们母女一直同心。

但许天真的母亲并没有等到这一天。许天真十三岁那年，许天真的母亲死于溺水。那天她在船头清洗电饭锅，锅不慎滑入水中，她去捞，失足落下水。这个为了爱情选择到船上生活的女人在船上生活了十五年，并没有学会游泳。后来她被救援队捞了上来，手里还攥着那只电饭锅。许天真站在船头，看着母亲落水的地方，漂着菜叶、鱼肠子、生活垃圾。许天真为母亲心生悲凉，她坐在母亲滑下去的地方，小声说："我会去到你想去的地方，替你重活一次。"

按照习俗，逝者的东西要由家人收拾拣出，尽数烧掉。清理时，许天真看到了一只小小的收音机，母亲在做家务时、收拾鱼内脏时、清理渔网时，总开着这只收音机，里边有一个怀旧音乐台总爱播邓丽君的歌曲，这是母亲的慰藉。

许天真留下了这只收音机。

2

也是在这一年，许天真考入了重点中学，和从前那间有许多渔民孩子的小学不同，许天真的新同学们大多来自中产家庭，或者是富家子弟，许天真是个一眼就能看出和他们来自不同世界的例外。

开学一周，许天真的同桌在班会上举手要求换座位。老师问为什么，同桌说："她身上有很重的鱼腥味，太臭，我受不了。"许天真一言不发，她无从辩解，有时她自己也会闻到淡淡的鱼腥味，只是分不清是来自窗外的海水里、舱外的甲板上，还是来自她自己。老师驳回了同桌的要求，然而她还是在班会结束后找到许天真，小声说："许同学，老师希望你也能注意一下。"

对十三岁的许天真来说，不会再有比这更大的羞辱了。船上确实没有好好洗澡的条件。那个晚上，她拎着大桶和沐浴露，走了很远找到一间澡堂，洗了一个半小时，她将自己搓得全身通红，在哗哗作响的水声里，她大哭起来。自此，她每天都会走远路去那间澡堂，然而学校里的排挤也并未消失，那种排挤是微妙的，难以明言却又无处不在的，比如突然被人从后方奔跑着撞击，她走进厕所时里面瞬间寂静，她做值日那天分外脏的垃圾桶。终于有一天，事情发展到她的书包被人扔到了教学楼后面的花坛里，上面贴着纸条："太臭了，受不了。"许天真打开书包，里面课本的书脊被摔断了，笔都摔得七零八落，还有那只小收音机，她每天都背着它来上学，所以它也从三楼被摔下。许天真跪在花坛里打开它，一片沉默，连"嘶嘶"的噪音都没有。

回家后，她在通往自家船屋的木栈道前站了很久，站到天彻底暗了，长长一排船屋里的灯光都亮起。在风声和海浪声里，她抱着那个再发不出声的收音机流下泪来。

"你哭什么？东西坏了吗？"一旁有人探过头，是个长手长脚的瘦小子。许天真认识他，叫孟来，就住在四五条之外的船屋上，他们曾念过同一间小学。

"是这个收音机坏了吗？"孟来不介意许天真不回答他，继续说下去，"如果是收音机那就好办，我会修。"

3

孟来果然在两天后的黄昏，将一个可以重新发声的收音机还给许天真。

"听听看。"孟来兴奋地拧开开关，在短暂的"沙沙"声后，邓丽君的声音响起来："我们俩的恋情有爱也有恨，醉摇杯盏心又酸，命运之川……"

"好老的歌，什么年代的，旧上海？"孟来一副要和许天真聊下去的样子。

许天真看看孟来那条直接坐在脏兮兮地面上的裤子，皱了皱眉，但看在他修好了收音机的分上还是回答了他："邓丽君的《命运之川》，我最喜欢她这首。"

"这都什么年代的歌了，我那儿有陈奕迅，你要听吗？"

"谢谢，不要。"许天真答得言简意赅。

孟来听懂了，讪讪地站起来，说："那我走了。"他走出十几步，突然又转头奔回来，问："你是每天都去澡堂洗澡吗？"许天真警觉地盯着他，他忙摆着手说："别误会，我就想说要太晚了，你就别去了吧，不安全。"

许天真不再继续和他说下去，她端起菜盆，拿起那只小收音机，走回了船上。

孟来是在晚饭时分挨的打。孟父十分勇猛，举着渔钩穷追不舍，"你敢拆老子收音机，那是用来听天气预报的，你把零件拆哪儿去了？找出来，我去修。"

孟来冲过许家船屋时，他扭头看了一眼，许天真端着碗站在船头看着他。他站住说："你那个还有什么可修的……"孟来的话并没说完，就被扯着耳朵拉回了家。

许天真在晚饭后拿着收音机去了孟来家，敲响了孟家那扇薄薄的铁皮门。来开门的是孟来，一看见她，他痛苦地闭了闭眼，小声说："快走吧，我打都挨过了，你来投案，我还得吃一顿打。"

"我没想过你会拆你爸的收音机……"

"你那个收音机太旧了，市面上已经买不到配套的零件了，只能拆我爸那个古董。拆就拆了，我爸这个收音机没什么意义，你那个不一样。"

4

许天真的高中录取通知书是孟来自邮局替她取回的，他骑一辆破自行车从坡上滑下，轻巧地避开来早市的人群，大声喊："许天真，恭喜你。"

许天真正蹲在一个塑料盆前，里面是父亲捕回的青斑、花蟹和皮皮虾，中考结束后，她代替父亲来早市卖鱼。

"怎么不高兴？"

许天真笨拙地捞起一尾鱼，放进顾客的塑料袋里，答："意料之中的事情，有什么可高兴的。"

"够自信啊。"孟来蹲到她旁边，熟练地捞起另一条鱼。

沉默了一会儿，她问："那你考上了哪所学校？"

孟来耸耸肩，无所谓地说："只有一所交钱就能上的技术学校，我爸叫我别读了，跟他打鱼去。"

"你自己怎么想？"

"没想好，也许去打鱼吧，我鱼打得挺好。"

许天真突然扳住他的肩，严肃地说："别打鱼，去念书吧。"

她也不知道自己为什么要恳求孟来去上学，她只是死死扳住孟来的肩，直到孟来痛得大叫，连连说着："好，我去上学，你快松手。"

孟来在这个假期做起了野导游，陪着没有报旅行团的游客们游岛，给他们讲解风景和传说，介绍特产和小吃，收取一点导游费，被介绍的小店也会给他一小笔提成。在这个夏天，他变成一个小富豪。

在夏天将要结束时，孟来揣着这笔不为他人所知的钱走进了岛上的商业广场。他在亮如白昼的柜台前站立许久，终于买了两管指甲油，一管淡淡的粉，另一管是大红。他曾许多次看见许天真认认真真地搓洗她的手，甚至拿一柄牙刷仔细刷指甲缝，他知道她害怕叫人看出生活带给她指甲缝里的黑色污垢，那是他们的母亲都有的印记。孟来没有要包装袋，只是把它们揣在兜里，一路慢慢走回去。他知道，如果许天真看见印有商场标识的纸袋，一定不肯要。

许天真真的收下了，并兴致勃勃地涂给孟来看。她涂的是那管淡粉色，伸在暮色重重的天空下，看起来与指甲的本色无异。但许天真认为不同，她觉得颗颗指甲壳看起来都晶莹剔透，那是被善待和珍视的结果。

"开学后，不会再有人认为我指甲缝里带腥味了吧。"她喃喃自语，"只要度过这三年，我去其他地方上大学，就不会再有人知道了。"

"以后你会去高楼里上班，涂红得吓死人的口红和那管大红的指甲油，对了，还会烫头发。"孟来微笑着补充。

那天没有星，但他们站在夜空下，好像都看见了未来的一点璀璨。

5

孟来被学校开除被罚跪在自家船头那天，许天真刚好在高三第二次模拟考中拿到一个年级第三。

"为什么被开除？"

"打架。"

"打架很威风吗？"

孟来没有出声。面朝大海，孟来没看见许天真的脸，没看见她的眼神一点点冷下去，变成失望。

孟来被开除后，在岛上专职做起了野导游，他长得帅，嘴巴甜，懂得适时地奉上一点真诚，口碑便由一个一个游客传出去，生意颇有点蒸蒸日上的意思。到后来，有外国游客也找来，请他帮忙带领游览。孟来的英语仅限于"早上好""中午好"以及"你好吗""我很好，谢谢"，他只得拿了个小本子去许天真家请教。许天真坐在桌前，板着脸问他："既然都不会，为什么不干脆去报个旅游英语的课程呢？"

孟来嘿嘿一笑，说："先应个急，以后我会去学的。"

"以后是什么时候？"许天真仍然冷着脸。

孟来答不出。

“你的以后是遥遥无期吧，空许一个承诺，但永远没有践行的那天。”

孟来瞠目结舌，他根本不知道眼前这个少女在气什么，但他知道此时还是不惹她为妙，他小心翼翼地退出门去，忽然又想起裤兜里的新指甲油，他将那个小瓶放到了许家门口，是桑葚的紫红色，是对许天真帮他翻译句子的小小谢礼。

许天真的愤怒并不像孟来以为的那样只是一时的，三模结束、高考结束、成绩放榜，一件件的新事发生，许天真对他仍然冷淡而疏远。

许天真收到录取通知书那天，许爸请大家吃酒席。左邻右舍和父亲一同结伴走了，船坞里静下来，只有细细的海浪声，远处有海鸟在叫，这个时刻的船坞是静而美的。许天真突然对这里生出一丝留恋，这留恋吓了她一大跳。

九月初的一个清晨，许天真离开船坞，朝霞映在海面，白色的海鸟掠过，有个高瘦的身影站在光里面。孟来还是推着当年去给她拿高中录取通知书时的那辆破自行车，说："我送你。"

那天的厦门还没有醒来，只有孟来载着许天真奔驰在几乎空无一人的街道上。许天真在后座说："孟来，我让我爸转交给你一样东西。"

“什么啊？为什么不直接给我？”

“你会嘲笑我啊，笑我自己说的话，自己做不到。”

那是本写满英语句子的小本子，“欢迎来到厦门，我是孟来”“这是沙茶面，请吃”“这是骑楼，是我们的特色建筑”……孟来站在海边，看着句子下面的中文注音笑出了声。

6

许天真上大三那年，孟来到北京看她。他说现在网络太发达，上网一查什么攻略都能查到，中老年人又喜欢报团，他这种接散客的野导游生意越来越难做，他听说学校附近生意好做，想来看看情况。

他当真用他当导游的积蓄租下小小的一间店面卖小吃，学生们都知道老板长得帅，东西分量足，价格也公道，和做导游时一样，他的生意很好。

挣了点钱的孟来去报读了一个成人本科，只是他仍然念不进去，在课堂上伏案大睡，晚上来做兼职老师的许天真站在讲堂上，恨恨地扔过去一个黑板擦。众人皆惊，生怕被砸的男生发脾气，然而孟来醒来，只是摸摸额角，笑眯眯地坐直身子。

下了课，孟来等在门口，他知道许天真会生气，她气他一切不求上进的行为，他跟她解释："太累了。"许天真问："那你干吗不干脆在家睡觉？"

孟来摸着头笑，有些东西他是不敢说出来的，自己觉得它好，可是也知道这点好在别人看来不值一提，他没有当年卖鱼时那样的理直气壮，他不敢说。

"孟来，我现在知道做好一个小老板也不容易。"许天真认真地看着他，这次她的眼睛里没有生气，没有恨铁不成钢，只有一种理解之后的温柔，"所以，不要勉强自己去做不擅长的事情了。从前我逼着问你今后的打算，逼你去做一些我认为上进的事。我现在明白，我觉得你做得不好，不是因为你没有努力，而是我们的确在不同的海域，再努力航行也不会向同一个方向前行的。"

孟来终于不再勉强微笑，他抬起头看着许天真。许天真不看他，他的眼睛总叫她想起沙坡尾的星光，想起演武大桥上悬挂的月亮，想起静谧之时的船坞。

"孟来，很早以前我就下定决心不要再过有味道的生活，不管是从前的鱼腥味，还是现在的油烟味，我厌倦了，也不想以后我的孩子重复我初中时那个书包被扔下去的下午。"

孟来沉默许久，终于抬起头，说："那祝你幸福。"

7

许天真后来才明白，这世间的腥臭无处不在。如今她的手早不用处理那一尾尾鱼，凑得再近也闻不到指缝间除香水味之外的任何味道，可她知道这双手仍然肮脏，起初是别人陷害她她反击，可后来，她也害人。如今的她住高楼，但并不比当年住船屋更快乐，如今的她仔细闻起来，也并不比当年生活在鱼堆中的许天真更洁净。

回沙坡尾是因为父亲摔伤了，这些年来她很少回家。父亲一定有过许多次未对她提及的病痛，她一直缺席，缺席到如今父亲已经不再需要她。许天真站在阳台上陪着父亲，因为沙坡尾拆迁改造，船坞内所有的渔船都已被拖离，这房子是她陌生的家，前方的景象也无法再和记忆重叠在一起，如今对于这座岛，她是个陌生人。

她最终没能说服父亲和她同行，只得替父亲请好保姆，买了回北京的机票。

临行前，她在沙坡尾改建后的小店里吃午饭。这间店，叫"沙尾小鱼"，主卖烤鱼，兼营其他，叫她看见一点从前的影子。老板娘是个长卷发女人，开朗热情，一边招呼许天真坐下，一边和店里年轻顾客聊天，还能在端上饭食之后穿梭店堂内外卸货。年轻女孩子们说："老板娘，这种事情何必你做，等老板回来就好了啊。"

"他的手以前受过伤，不能太使劲，所以他回来了这种事情也还得靠我。他以前的理想是当个渔民，像他爸爸那样经验丰富，捕鱼厉害得不得了，因为手受伤，也没法当了。"

从女孩子们发出惋惜的声音来判断，老板一定长得很帅，不然她们不会还那么有兴趣地追问他的手为什么会受伤。

"为了保护一个女生。"老板娘微微笑着答，"以前他念一所很烂的学校，里面有几个烂人在晚上跟踪洗完澡从澡堂回家的女生，他就每天守在路灯最黑的转弯处等那个女生回去。有一天和烂人们打起来了，其实他不怎么会打架，受了伤，还被学校开除了。"

是啊，那是很久以前的事情了。

许天真把钱放在桌子上，轻轻地走了出去。她的手机响了起来，新请的钟点工在那头问："许小姐，我想问您化妆台上的那两排指甲油要清理掉吗？它们看上去好像都已经干了。"以前的每一个钟点工都问过她这个问题，她的回答永远是"不"，因为那是孟来的谢意、歉意，还有她一直假装不知的爱意，是她生命里稀少、珍贵且真心的爱意。但这次，在稍稍犹豫之后，她说："扔掉吧。"

她想起那一年涂上粉色指甲油的傍晚，她和孟来曾一起看见过未来的一点点的光。但如今，沙坡尾的月光、沙滩、远处拍打着涌上来的海水、她的南山和北海，终究离她远去了。

告别

✽李荷西

1

2018年9月，我收到一条陌生人的短信："有时间回来一趟吗？"

我没回。想着也许是谁搞恶作剧，但很快又收到一条："我是冯珊珊。"

冯珊珊是我高中时的同桌。工作后我们渐渐失了联系，我的号码大概是她从别的同学那儿找到的。年纪大了，很少再交新朋友，有老朋友联系我，还是很开心，于是立刻打电话给她，可是她挂断了，很快又发了一条短信过来："抱歉，我在医院，不方便接电话。"

"你生病了吗？"我立刻回她。

"不是我生病，是牛牧华。"

"他得了脑瘤，快不行了。我今天来看望他。他刚睡着。"

我愣住了。牛牧华，当年他就坐在我们的后排，瘦小，尖刻，总是愤怒。算年纪，他比我大一岁，也不过35岁，怎么会生这么严重的病？

又一条短信发过来："我前几天和几个高中同学一起来看望他。他妈妈在照顾他，说他的精神有时清醒有时连人都不认得。他已经说不出话来了，但看见我们还是能认出来。我们和他说着话，说起以前的事儿，说起了你。"

"嗯。"我回，"他还记得我吗？"

"怎么会不记得。前天我们走后，他妈妈打电话给我，说他情绪非常低落。我今天来看他，他说不出话，抓着我的手，在我的手心写着字。写了好几遍，我才认出来那是你的名字，我问他，是不是想见徐清晨？他的眼泪就流下来了。"

我望着短信开始发呆。

"清晨，如果你方便的话，抽时间回来看一下他吧。他最想见的人是你。"

"好。"感觉像有一只手在抓我的心，把它握住了，又揉碎了，我回复冯珊珊，"我明天就回去。"

2

我跟老板请了3天假，回家后就开始收拾行李。在外多年，每年回去两三次，但很少和高中同学联系。只是觉得当年我就没什么存在感，现在也不需要重新找回了。

老陈回来的时候，我已经收拾好了行李，做好了饭。吃饭的时候跟他说了情况，老陈问："这个人是不是曾经喜欢你？"

"是的。"我承认，"他曾经非常喜欢我。"

老陈撇了撇嘴："怎么个非常法？有像我这样喜欢你吗？"

我笑不出来："别贫，他是个很苦的人。"

我知道他幼年丧父，矮小孱弱，贫困交加，脾气还倔，不懂退让，高中的时候没少受欺负。因为不堪忍受，还曾经想过自杀。而现在，大好时光还没开始，竟然又得了绝症。不知道为什么上天要对他这样不公平。

"那他这样一个人，为什么会喜欢你，你呢，你喜欢他吗？"老陈想了想问。

"他说是因为我才选择活下来的。"我说，"但我并没有喜欢他。"

老陈点点头："你属于对自己的情感认知很清晰的那种人。你没有喜欢他这点，我信。"

"所以，我回去看他，你不要吃醋。"我说。

"可我心里还是酸酸的。需要我陪你回去吗？"老陈问。

"不用。在家等我。"我说。

3

每次坐飞机，都会觉得胃难受。又遇到气流颠簸，简直要吐出来。只好靠着椅背闭目养神。昨晚一夜没睡好，想起的都是那些老事情。

青春很痛，于我来说。那些年流行的疼痛青春小说，现在屡遭批判，但真的很契合我当时的心境。

食堂只是个大棚，排队用饭盆打饭，阳光透过缝隙照下来，灰尘在光中跳舞。

没有暖气空调的教室，冬天里只能门窗紧闭，开门关门的刹那，味道都感人。

冬天里也每天洗内衣，生了冻疮的双手后来握不住笔。

第一次考物理，试卷半张没做，提前交卷，半夜打着手电筒在宿舍里从第一页开始重新学习。

和父亲吵架后，在高中的操场上拼尽全力跑步，跑到整个人的意识都变得虚空。

被语文老师认定抄袭的作文，和那些撕碎的作文纸。

因为某个男生在楼上大喊我的名字而成为笑柄。

宿舍的女孩对我有意见，半盆水泼湿我的被褥。

青春很痛，但我从未哭过。连老陈都说，我虽然表面柔弱，但骨子里有狠劲儿。老陈懂我。

时光荏苒，物是人非。我不是曾经的那个我，但还是相信，所有的旧时光会依然留存在某个宇宙空间里，总有一天会被重新播放。若我有机会再看，我是否会后悔曾经说过的话？

"我帮你不是喜欢你。"

"我帮你是我自己求宁静。"

4

牛牧华的成绩并不好，虽然我猜他一定很想努力。只是心事重，所以容易注意力不集中。大概有点儿鼻炎，所以经常头痛打喷嚏。于是上课经常打瞌睡，自习又经常走神。他长得也不好看，一脸青春痘，衣服也不合身。从任何方面看，他都不会是一个受欢迎的人。

那时我坐在他前排，他上课睡觉，老师上课用粉笔头砸他时，经常会砸到我这里。他的同桌是个眉清目秀的高个儿篮球少年，我的同桌冯珊珊很喜欢篮球少年，所以，总是回过头去和他的同桌讲话，要么提问题，要么瞎聊。偶尔的自习课，冯珊珊就会和牛牧华换座位。而牛牧华就会很不情愿地坐到我旁边。

我极少和他讲话。而他要么在看小说，要么在睡觉，偶尔试卷做到一半又会嘴巴里嘟嘟囔囔地发个脾气。谁会喜欢他呢？我想。可这与我又有什么关系。我那时不知为何，已经练就不喜形于色。我沉默寡言，是因为内心平静。我那时就开始相信，我想要的，只要我努力了，就能得到。而那时我想要的不过是可以远离家乡的一纸985大学的录取通知书。

只有一次，他喊我说我的棉衣破了一个很大的洞。

我看了一眼，是口袋的位置被刮破了。

“没事儿。”我说，然后用力地把口袋撕掉了。之后不管他震惊的目光，继续写试卷。

还有一次，周末回来，他的眼睛红红的，一直趴在桌上。班主任来教室视察，喊他起来，他竟然起身甩门离去。过了很久回来，冯珊珊坐在他的座位上，他只好一言不发地坐在了我旁边。我问他怎么了，他只是冷笑，眼睛里的光挺吓人。后来熟识了才知道，他的母亲和妹妹经常被势利的亲戚欺负，每次回家，母亲的唠叨会让他又气愤又自责。

我吃饭快，不过是想争分夺秒地节约学习的时间。有时从大棚食堂吃完午饭回来，会看到他一个人坐在教室里。教室里就我们两个人，开始时连个招呼也不打，后来会问：“吃了吗？”

有时他说吃了，但我猜他没有。

母亲偶尔会送一些吃的给我，太多了，所以会和身边的同学分享。不过是一些零食和泡面以及一些自己做的肉脯和咸菜。有一次冯珊珊悄悄跟我说：“你知不知道你是牛牧华同学的救星，他每天吃饭不打菜，只就着你的咸菜和肉脯。”

自然是牛牧华的同桌告诉她的。

我知道后，每次回家，会多带一些，分他多一些。

那时也不觉得他喜欢我。但大概一个不被待见的少年，会放大任何一点温暖。渐渐地觉得他自习的时候不再趴着睡或看小说了。不会的题目，他会主动问我。我自然是会帮他解答。他非常聪明，理化方面的问题，很多我自己不太明白，只能套用课本公式的时候，他会想到其他的解答方式。

那时我们都住宿舍。女生宿舍10个人，男生宿舍也是10个人。除了睡觉，我几乎不回宿舍。他似乎也是。他和宿舍同学的关系大概也不太好，有时会听到和他一个宿舍的男生嘲笑他。因为他打喷嚏声音太大，也屡遭嘲笑。有一次在食堂，一个男生坐在他对面吃东西，他一个喷嚏打过去，男生扣了饭盆就给了他一拳。他身材矮小又瘦弱，自然是打不过。但他还手，绝不会让。总之那天本来就不被班主任待见的他，被罚写检查，还鼻青脸肿了好些天。

有一次，他还主动袭击别人。大概是一群男生嘻嘻哈哈聊天说死亡的方式哪种最疼，说到了电死，他莫名其妙就冲过去打。后来才知道他的父亲就是被电死的。虽然说话者并不知道这个事儿，也无恶意，但他太自卑敏感，几乎草木皆兵。

他有一个本子，会写一些乱七八糟的东西。讨厌他的人，有一次趁他不在把那本子偷出来在班上念。不过是记一些账，一些个人的心情。当时是运动会后，教室里人并不多。他回来的时候，他本子上的文字正被阴阳怪气地读道：“我的世界会好吗？现在只有每天看到的那一缕光能让我的痛苦减少一些了。”

结果自然是他又冲上去打成一片。

不知道什么才是压垮骆驼的最后一根稻草。在高三寒假快到来的一个晚自习，他没来。直到快9点钟，自习要结束的时候，我才在一本很少用的名人名言录里看到了夹着的一张纸。我认出了那纸上的花纹和他的字，他写着：“徐清晨，你是唯一一个我要道别的人。因为怕你被困扰，所以我的道别是悄悄的。我觉得活着很累。这个世界对我太不友好了。我不知道自己上辈子做过什么，以至于这辈子未曾感觉过什么温暖。谢谢你每次都给我分享你的食物。谢谢你眼睛里从来没有对我流露出嫌恶。我要走了。不知道投胎后的下一个世界，会不会对我温柔一些。你要多笑，你笑起来很好看，像光。”

这张纸吓到了我。我几乎是尖叫着站了起来。冯珊珊立刻问我怎么了，我把纸给她看了，她看完又给了后排的牛牧华的同桌。牛牧华的同桌看完后，立刻问和牛牧华一个宿舍的人他在不在宿舍。确认后，我们才知道他已经收拾好东西回家了。

他家里连电话都没有，班主任已经下班。冯珊珊、牛牧华的同桌和我，还有和他同乡知道他家地址的一个同学，我们一起打了辆出租车，往他家赶去。但是他并不在家。他的母亲大概只有40岁却已经半头白发，只说他回家后放下东西又出去了。

我们是在一个田埂上找到他的，他的手边放着半瓶农药，好像是什么除草剂。他还没有喝。看到我们时，他很震惊，然后眼泪就开始流了。

那是我人生中第一个无眠的夜晚。已经隆冬，非常冷。他的同乡先抱住了他，安慰了他。然后他的同桌也抱住了他安慰他。我和冯珊珊手拉着手看着他，劝他和我们一起回学校去。

其实，他很敏感，一点点的温暖就够他活下去了。我们等他回家拿了行李，又一起打出租车回了城。人太多了，牛牧华和他同桌，冯珊珊还有我，我们四个人坐在后排。原本冻得手脚都不是自己的，竟然挤着越来越暖和。

后来牛牧华跟我说，他坐在我的旁边，腿靠着我的腿，就这么坚定地要活下去了。

我相信那一刻他要活下去的信念是真的。否则，此刻的他也不会忍受着常人无法理解的病痛，坚持呼吸着最后一口气。

5

我下了飞机，手机开机，短信和微信都挤过来。冯珊珊问我到哪儿了，要不要接。老陈说在我的背包里放了晕车药，忘了告诉我。

我打了个车，回短信和微信。对老陈的马后炮表达了愤怒。老陈先是和我打趣了几句，又说："见到那人了，要告诉他你现在很幸福。这样他会开心的。"

"好。"我说。

牛牧华自杀未遂后，参与了这场救助的人，都对他非常好脾气。我也经常开解他，用了我全部的真诚。"爱是相互的，你爱这个世界，世界就会爱你。"还记得我对牛牧华说，"世界会好起来的，我们都会好起来的。"

再后来高考，我考得不错，如愿以偿。冯珊珊和牛牧华考到了省内的一所专科。

牛牧华的表白是在我上大学后才开始的。他写了很多信给我。也许我早已窥见这种苗头，所以并不吃惊。但因为对他并不喜欢，还有些许反感。那些为我而活着的话，也是那时才说的。我说我有喜欢的人了。但他说没关系，依然喋喋不休地表达着喜欢，还去看望过我几次。有一次我们坐轮渡从武昌到汉口，他说："你曾经说爱是相互的。那你为什么不爱我？"

我没有回答。爱是无解的。也许我也爱他，不过不是男女之爱。我爱他和我爱这个世界上的小猫小狗、小花小草一样，没什么区别。

汉口岸站着正在等我的我当时的男朋友，他是我们的高中同学。他和我考到了同一个城市，我们因此经常相见。他又高又帅又阳光。当男朋友的手自然而然地拉起了我的手时，原本站在我身边的牛牧华捂着头蹲了下去，许久之后才站起来扭身就走。

放假回家，冯珊珊告诉我说，从武昌回去后，牛牧华就病了，在校医院住了好些天。

在我脑海里，"他太孱弱"的想法更深了。

"你怎么能和×××在一起呢？牛牧华高中的时候受他欺负最多。"冯珊珊痛心疾首地说。

我并不知道这些事儿，可还是拜托冯珊珊给他带了句话："要注意锻炼，保持健康。"

我的初恋并没有持续太久。不到一年，我们就分手了。也许就是因为他，我不太想和高中同学联系。而牛牧华之后对我，也几乎不再打扰。

白驹过隙，时光匆匆。大学毕业，工作，恋爱，分手，再恋爱，结婚，离婚，遇见老陈。朋友来了又去。有人在离开，有人在靠近。日子似乎平淡无奇，又暗藏情绪的汹涌。生命中的那么多遇见，不过分三类：忘了的，搁浅的，珍藏的。

到医院的时候，我是有些害怕的。冯珊珊已经在等我，我捧着一束花和她一起挤进电梯时，我的手开始发抖。

"他妻子在吗？"我问冯珊珊。

"离婚好几年了。"冯珊珊说，"相亲结婚的。他并不爱他的妻子。现在只有他妈在照顾他。"

我沉默，不再说话。下电梯，经过一段长长的走廊，深深呼吸着弥漫的消毒水味儿，推开那扇三人间病房的门，我几乎不敢再往前一步。

我甚至没想好要对他说什么。

他的母亲让到了一边，花却没地方放。他躺在那儿，已经瘦得皮包骨头脱了相。

“送你的。”我弯腰把花捧近，“是不是很香？”

他的眼泪就流出来了。

我握住了他的手。他已经浑浊的眼睛，一直看着我，一直看着我。

6

从病房出来后，我一直隐忍的胃终于爆发了一场反抗。大概是最近一直饮食不规律，在吐了6次后，我只好遵医嘱，每天去医院打针。

我打了3天针，打完便从输液室到住院楼去他的病房看他。我跟他讲我这些年遇见的一些事儿，一些这个世界美丽的遇见。我说我现在很幸福。我说我非常感谢他曾经喜欢我。他在我的手心写字，我只辨认出一个“笑”字。他大概是说，我的笑依然很好看吧。

我帮他擦脸，唱歌给他听，找网上好笑的段子讲给他听，喂水给他喝。

他偶尔会笑，但笑大概也是痛的，所以笑得很隐忍。

我还从家里带了我妈做的肉脯，他不能吃，只是闻了闻。

第二天我带了笔，他坚持写了一句话给我：“上次我要死，你救了我。这次怕是不成了。”

我笑，笑着笑着眼泪就出来了。

第三天他又被抢救了一次后回来，他的妈妈对我说，他让我走。

我知道他怕耽误我工作，怕老陈多想，怕给我带来不便，也怕我会见到他更不堪的样子。我懂，所以，我又买了一束花送他，便挥手和他告别。

我们都知道，这次告别是永别。医生说他最多还有一个月。

我是笑着告别的，他也是。

7

我回去后，好些天情绪都缓不过来。

半个月后，冯珊珊发短信告诉我，牛牧华走了。

8

又过了一个月，新闻报道了主持人李咏去世的消息。

回到家，老陈正在收拾东西，不知道从哪个箱子里找到了一件旧T恤。

“徐清晨，你参加过《幸运52》啊？”老陈问我。

“没有啊。”我说。

“你看这件T恤，上面还有李咏的签名呢。”

我这才认真地去看那件T恤，终于想起来，那是牛牧华工作后，去参加《幸运52》节目录制的纪念T恤，他寄给了我。那时我工作不开心，恋爱不顺心。感觉世界也不那么美丽，不知道牛牧华从哪儿得到的地址，寄了这件T恤给我。还记得夹在T恤里的信纸上，他说见到了李咏，感受到了某种力量，希望我也能感受到这种力量。大致，这T恤于他来说非常珍贵。

而他把这珍贵给了我。

啊，原来他也曾抚慰过我。原来他也曾是我生命中的小确幸。原来生命就是如此，付出与得到，失去与补偿，有着某种能量的守恒。

我抱着T恤哭起来。

老陈从未见过我哭，吓了一跳，立刻跳过来安慰我：“怎么了怎么了？你是李咏的粉丝吗？”

我抱着老陈，死死地不放手。人活着，能爱多少次呢？不止于人，不止于物，不止于片刻分秒。能在一起的日子，要紧紧拥抱，深深亲吻。活着的日子，要享受四季交替蓝天绿叶，一瓢饮一餐食，一个微笑，一次握手，一场有或者没有目的的奔跑，一趟陌生或者熟悉的同乘，甚至享受失望，享受辜负，享受痛苦。

因为你不知道哪一天会再有告别。因为你不知道，是你会告别这个世界，还是你曾经的世界会告别你。

“好了好了。”老陈拍着我的背安慰。

“嗯。好了。”我擦掉眼泪说，“吃饭。”

“可是我没做。”老陈说。

“那就出去吃。”

“想吃什么？”

“什么好吃吃什么。”我说，然后走到镜前，认真地补了补口红。

离开小镇的夏天

✽路明

初中快毕业时，我的面前有两条路。外公外婆希望我回上海，两个舅舅也赞同。他们的理由是，我将来总要回上海的，早一点适应比较好。何况，比起竞争惨烈的江苏，在上海高考总归会划算一点。

知青子女回沪是个敏感话题，涉及住房、户口等一系列现实纠葛。很多人家为此闹得鸡飞狗跳，甚至对簿公堂。我们家没有。我很幸运。

我爸妈则希望我读县城的“省中”，留在他们身边，三年后高考再回上海。除了不愿给外公外婆添麻烦之外，我妈深层次的焦虑，是怕她管不到我了。她可以一口气举出好几个淳朴乡镇少年在大城市堕落的例子，然后照搬《霓虹灯下的哨兵》里的台词，忧心忡忡地说：“上海可是个大染缸啊。”在我妈心中，去上海有一百种变坏的可能。在这个方面，她的想象是无边无际的。

“省中”是县城最好的高中，当年的县城只有这一所省级重点高中。传说“省中”是个不食人间烟火的地方，那里聚集了来自县城及各个乡镇的尖子生，那里的学生吃饭睡觉都在做题。进了“省中”，等于一只脚踏进大学。

初三下半学期，有传闻说我即将转学去上海，参加上海的中考。校长找我爸喝酒，我爸醉后夸下海口，无论我高中去哪里，都会为蓑溪中学抢下一个“省中”名额。要知道，作为一所乡镇初中，每年只有四五名学生能进“省中”，少一个，等于少了百分之二十的业绩。我是校长眼中的“种子选手”，他不愿轻易放我走。

我爸妈很快完成了战略部署：不转学，主攻“省中”。上海的中考比江苏的中考晚了一个礼拜。考完“省中”后，我再去上海考，搏一把上海的重点高中。

我从不参与这些讨论。像一场缺席审判，我的任务是念书，对自己的命运并无表决权。

最后一次模拟考，语文老师惊讶地发现，我先从最后的作文写起。他走到我身边，咳嗽两声，敲了敲我的桌子。我毫不理睬，依旧埋头奋笔疾书。

语文理所当然考砸了，但作文是高分，还被当作范文张贴在橱窗里。我们学校有这个传统。

那时候，我暗恋隔壁班一个叫阿花的女孩。现在想想，当初的爱情观简直迂腐得可笑：先挑成绩好的，再从成绩好的里面挑好看的。比如黄潇潇，黄潇潇当然是成绩好又漂亮，但问题是，黄潇潇跟我在一个班，还是团支书。我无数次见到她飞扬跋扈的样子。阿花就不一样了，阿花是隔壁班的团支书，距离造就了美。

语文老师不会知道，那篇作文是藏头文。每一段的第一个字连起来，是“阿花我喜欢你”。中考成绩出来，我两边都考上了。

家庭会议上，我爸我妈和外公外婆各执一词，争论不休。我突然推开小房间的门，大声地说：“去上海。”然后转身，重重砸上房门。

门外一片沉寂。

过了一会，听见我妈虚弱疲惫的声音，“就这样吧。”

我厌倦了那样的暗恋，我尤其讨厌自己，懦弱又假正经。明明喜欢人家，千方百计制造“偶遇”，真遇到了，却连打个招呼都不敢。那个时候，在父母师长口中，“早恋”是洪水猛兽，是可以燎原的火。在能找到的青春小说里，顶多写到“把朦胧的好感放在心底”，然后两人相约“好好学习”，“将来考同一所大学”。我暗恋了阿花三年，我不想再暗恋三年。

阿花的家在南圩村，要过一座桥，桥下是庄稼。那个暑假，我常常在晚饭后散步，走着走着就到了那座桥。我期待一场偶遇。我在心里反复地练习，如果遇见她，我会怎样鼓起勇气，告诉她我一直喜欢她，然后挥手告别，了却一桩心事。

在去阿花家的那条路上，我看见大片大片的荷叶，我惊奇地发现，那些荷叶不是长在池塘，而是扎根在泥土里。1997年的夏天，那些荷叶成为我记忆中唯一诗意的景物。

我没有再见到阿花。

对一个小镇出来的孩子，融入城市的过程是艰难的。也许并没有那么难。少年时的心事，多年后讲起来，总有“为赋新词强说愁”的味道。因为过去了。难过，忧伤，困惑，愤怒，委屈……所有的这些情绪，都过去了。

我以为去了上海，就能终结这段给我带来无尽烦恼的暗恋，我以为自己很快会喜欢上别的女孩。我错了。我像一株连根拔起的植物，被移入室内，从此告别了风和田野。因为过得不快乐，我像老年人一样热衷于回忆往事。我常常想起最后一次见到阿花的场景：那是中考后的一次返校，六月的尾声，空气中饱含着湿气，大朵低垂的积雨云像即将开放的深灰色花朵。阿花穿着淡蓝色上衣，骑着自行车，晃悠悠地上了桥，然后变小，变淡，像镶嵌在灰色墙面里的一小片青瓷，消失了。

从此，我把那样阴沉欲雨的天气，定义为想念阿花的日子。

阿花去了“省中”。那届初中，算我在内，有五个人考取“省中”。我给阿花写信，为了掩饰心虚，也为了避免信被截获，我在信封写上四个人的名字，包括从没说过话的同学。在信里，我写了些冠冕堂皇的话，很遗憾没继续做同学啦，很想念大家啦，学习忙不忙啦之类的。等信寄出去我才想起来，我的学校有两个校区，相隔了四五公里。我怕邮递员会寄错地方，于是每天放学后，我都两个校区来回跑。这样持续了三个月，我想，阿花大概是没收到信吧。

时间过得很快，因为回忆起来每一天都差不多。快高考了，我爸是小镇有名的“填志愿专家”，我知道，阿花爸爸一定会来找我爸填志愿，他俩是老同学。

我给我爸打电话，我爸听见是我，习惯性地说：“等一下，你妈在厨房。”

我说：“不不，我找你。”

我爸有点紧张，问什么事。平时我从不给他打电话。

“那个……”我支支吾吾，“阿花爸爸要是来找你填志愿，可不可以让她来上海。”

电话那头有隐约的笑意。我爸故作严肃地清了清嗓子，说知道了。然后告诫我，别胡思乱想，心思要放在学习上。

一个礼拜后，我爸给我打电话说，阿花想读法律，第一志愿填了华东政法大学。

县城有一张日报，每年高考放榜时会出一个专版，登上所有“一本”的录取信息。我盯着阿花的名字发呆，西南政法大学。

我的班主任老木头说过，“省中”校长跑去苏州开会，跟我们校长去县城开会是一个样。当时整个苏州地区有8所“省中”，我们县的“省中”长期叨陪末座。后来我知道，那年填志愿前的全校动员大会上，“省中”校长发明了一个词——“天女散花”。校长慷慨激昂地说：“没有绝对的把握，不要考沪宁线上的学校，不划算的。我们要天女散花，要考到全国去！好男儿志在四方，好女儿也志在四方！”

阿花的班主任也说，华东政法大学的分数线太高了，西南政法大学比较稳，学校又一点不差。

他们的策略成功了。这一年，“省中”的一本率实现了新高。

在往返小镇和上海的公交车上，我的视线漫无目的地越过田野。耳机里循环放着周杰伦的《三年二班》，“为何比较漂亮的都是在隔壁班”。

九月，阿花以高出华东政法大学分数线60分的成绩远赴重庆。我们就这样相继离开了小镇。

很多年后，一个当年和阿花同班的男生跟我讲，阿花很凶的。

我说起通往阿花村庄的那条路，说起路边的荷花。

男生说：“哦，那是芋艿。”

我与梅花曾相逢

✽莉莉吴

徐阳依然记得自己第一次采访傅梅堂的场景:骨相分明的少年,穿着宽大的黑白校服,黑色的裤脚挽起一截,露出白玉般的脚踝。

他坐在沙发与墙壁形成的逼仄空间中,低垂着头,明明看不清表情,却莫名地散发出柔软的情绪,像是水中的一团青荇。

后来,他站起来,挂着温和的笑容与新闻社的学长学姐们打招呼,并按照他们的要求,在礼堂与教学楼前念演讲稿。

徐阳举着打光板跑前跑后,望见乳白色的光点落在少年的鼻翼上,竟有些愣神,以为自己看见了光之子。

"他是不是长得很好看?"不知何时,学姐站在了她身后,"他可是咱们学校公认的校草呢,成绩也过得去,不然你以为学校为什么找他录招生VCR?"

徐阳愣愣地点头。其实她早已听说过他的名字,才貌双全的少年,如火光般耀眼。徐阳曾多次在杂志内页上看见他的照片,身姿挺拔,眉目疏阔,脸上的笑容恰到好处,温和亲切却不媚俗,仿佛事先用尺子测量过。

徐阳早就见过傅梅堂,却直到今日才感受到少年身上的吸引力:不同于镜头下的光芒四射,独处时的少年安静、封闭,由内而外透出一股笃定,让人心惊于他体内蕴藏的能量,愿意毫无怀疑地跟随而去。

这种状态对徐阳来说极为陌生。她才十七岁,终日与混乱、崩溃和自我怀疑为伴,偶尔学着日剧里的女主角在路上奔跑,却因为用力过猛显得狼狈。她并不知晓未来将通往何方,只觉得那里是光与影的交会之处,是一片混沌。

而她则是人群中的大多数，是面容模糊的影子。

从上幼儿园开始，徐阳便是“孩子王”身后的小跟班，替他们跑腿，帮他们写作业。年岁渐长后，这种特性变成无底线的附和。

她沦为“乌合之众”，懵懵懂懂地跟在其他人的身后，亦步亦趋，却不知道自己将去往何方，会遇见怎样的风景。

可是傅梅堂是不同的，徐阳很确定这一点。他长着一张没受过欺负的脸，不受束缚，不疾不徐，朝着既定的前路走去。这样的姿态无疑是迷人的，却也让人觉得泄气，一如夜半赏月，却心知明月不会奔向自己。

拍摄结束后，学姐姿态自然地上前与少年搭讪。徐阳吃力地扛着器械，汗滴顺着刘海落到地上。傅梅堂微微侧过头，似是惊讶地望了她一眼。两人的目光一触即分，而天边有大朵大朵的鲸鱼云。

第二次遇见傅梅堂，是在深夜。

徐阳家的麻辣烫店开在路边，三十平方米大小的空间，摆了两排桌椅，人出入时必须侧身，以至于碗里的食物也透露出窘迫的味道。来这里吃饭的多是附近工地的工人，赤着胳膊，搬着小板凳坐在门口。

因此，当傅梅堂出现时，单薄的身形便与这里格格不入。他戴着鸭舌帽，帽檐压得极低，只有在将食物筐递过去称重时，才微微抬头，露出布满血丝的眼睛。

“你是……新闻社的学妹？”傅梅堂极轻地笑了一下，“这是你家开的店？”

“嗯，”徐阳从未与风云人物说过话，一时间有些紧张，“我……我叫徐阳。”

“你好，我叫傅梅堂。”少年做了自我介绍，姿态镇定，仿佛两人是平等的。

徐阳有一种莫名的心安。

傅梅堂点的东西极少，几片菜叶，两块鸡胸肉，主食是一小把红薯粉。徐阳偷偷多加了一些肉片，端上去后，却看见傅梅堂将它们挑拣出来，放到了手边的纸巾上。

“我不能吃这些。”察觉到徐阳的目光后，傅梅堂有些不安地解释了一句，“最近有几个试镜，需要控制体重。”

男生为了控制体重而节食，听起来总有些不够男子气概。傅梅堂对此心知肚明，因此不再说话，只安静地品尝面前的食物。离开前，他在盘子前多压了十元钱，当作感谢。却没想到，徐阳直接追出来，问他：“我可以陪你参加试镜吗？”

大约是知道自己的请求过于冒昧，徐阳涨红了脸，有些局促地解释道：“我很安静的。”

徐阳也曾控制过饮食。生长期的少女，胃仿佛没有尽头的黑洞，每天只能靠一袋苏打饼干度日。有好几次，徐阳都觉得自己的胃里火烧火燎地疼，仿佛刚刚吞下了一个太阳，正灼烧着每一寸骄傲与自尊。

最后，她冲进便利店，买了满满两袋子垃圾食品，拼命往嘴里塞，直到再也咽不下去才“哇”的一声吐出来，仿佛要吐净所有的污秽与罪孽。

凡事都有既定的代价，徐阳如此想到，在美丽的背后，是浓重黏稠的阴影，是咸湿的海。

试镜那天，傅梅堂和其他十几个少年挤在一个四面漏风的录影棚中，等待命运的垂青。徐阳拿着饮料站在门口，看着那些相似的、漂亮的面孔，忽然觉得他们失去了原本的吸引力，变成了黏稠的、浓厚的云。

这时，傅梅堂看见了她，对她露出了一个笑容。于是，他的面孔从云层中挣脱了出来，变成了天上月。

傅梅堂最终没有拿到那个角色。

听到这个消息的时候，徐阳正在修之前拍摄的新闻图，照片中的傅梅堂眼神干净，眉骨微微凸起，眼睛里盛满了春日的温柔。学姐坐在她旁边，用一种隐秘的语气告诉她，傅梅堂试镜失败。

“听说是在镜头里不够帅。”

“可是，我觉得他长得很好看啊，”徐阳局促地辩解着，“你不是也这样说过吗？”

“是吗？”学姐用手指在电脑屏幕上随意点了两下，“他只是比普通人好看吧，和娱乐圈的标准还是有差距的……你看，他的眉骨未免也太高了。”

很快，傅梅堂落选的消息传遍了整个校园。人们如同闻到血腥气的鲨鱼群，用残忍的、兴奋的语气将关于他的所有传闻一一剖析："仔细看看，他长得也不算特别好看。"

"比他学习成绩好的多了去了，凭什么他可以录制招生VCR？"

"人家以后是要做大明星的人，家里肯定有背景，咱们小老百姓可惹不起。"

直到那时徐阳才发现，人们对于傅梅堂的与众不同一直是抱有嫉妒心的，而这份恶毒的情绪在平日里悄悄隐藏了起来，宛如深埋地下的火种，只等一声沉闷的惊雷后，才争先恐后地破土而出，变成熊熊燃烧的野火，誓要将少年烧得魂飞魄散。

徐阳有些难过，却又不明白这份悲哀从何而来，只能在夜深人静的时候，将傅梅堂的新闻照修得再干净一些，假装是少年自混沌中走来，不染尘埃。

她没想到会在自家的小店中再次遇见傅梅堂。

他看起来比之前瘦了些，两侧微微凸起的眉骨，进餐时，可以看见它们微微抖动，仿佛鼓动的蝶翼。徐阳犹豫许久，终于走过去，问："你愿意和我去一个地方吗？"

他们去了后山。

虽然已经是晚春，但山上仍有两株晚开的梅树，泼洒一地的冷香。年幼时，徐阳常常到这里玩耍，梅树的成长拉扯着她的成长，而她的烦恼亦是梅树的烦恼。

"你听说过病梅吗？"

古人以梅曲、欹、疏为美，因此商人们便刻意将梅树如此培育，以卖得高价，这样的梅花被称作病梅。可是这里的梅树不一样，它们长在深山中，树身笔直，枝干细密，点点梅花缀在枝头，仿佛墨色中的红日，寂静又绚烂。

徐阳喜欢这样的梅树，有时候看久了，会觉得自己也是天地间的一棵梅树，是一株枝干稀疏的病梅。

那些迎合与谄媚是锋利的斧锯，将她的自我一一肢解、重组，而她咬牙忍受这般苦楚，不过是因为她想要成为更好的人。合群比孤僻好，浮夸比沉默好，假笑比落泪好……她一直如此坚信着，直到她遇见了傅梅堂，遇见了这场水中月。

傅梅堂似乎听懂了她的未尽之意，又仿佛没有，他提起了另一个话题："下个月我要去北京参加艺考。"

徐阳点头。人人都知道他迟早会走上这条路，这并没有什么好吃惊的。

可是他扭头看着她，眼里却流露出局促的笑意。

"在那之前，我想去医院，将这里……"他指了指自己眉骨的位置，"小小地调整一下。"

徐阳睁大了眼睛。

在她没来得及说话之前，傅梅堂又说："但是就在刚刚，我改变了主意……我不想成为病梅。"

梅是君子树，可是梅并不高洁，高洁的是君子，是人在纷纭的俗世中的选择，是"我与我周旋久，宁作我"。

那一天，两人在树下拍了第一张也是唯一一张合照。徐阳站在傅梅堂身边，微微侧过头看他，而他直视着镜头，神色沉静，眸子亮如星火。

晚春的梅树已经开得将至凋零，花瓣边缘呈现出细弱的暗沉，仿佛疤痕。

徐阳忽然有一种错觉——这才是真正的梅。

一个月后，傅梅堂和其他艺术生一起离校。

离开时，几个年级的学生全部跑出来，在走廊上喊他的名字——所有人都默契地遗忘了之前的不愉快。天空呈现一种近乎透明的青蓝色，流云飞走，而傅梅堂单手抱着纸箱，另一只手在空中用力地挥舞了两下。风停驻了两秒。

徐阳觉得，那是少年对自己的告别。

说来奇怪，那天与傅梅堂交谈后，徐阳忽然找到了与人沟通的钥匙，可以不用一味地去附和、讨好他人。相反，她想要报考新闻系，想要成为记者，想要真正地和人展开交流，因为，"自己变自由之后，与他人的时间才真正开始"。

她也好，傅梅堂也好，他们都路过了一场梅花的盛放，从此，山高水远，处处相逢。

他不懂我的天真

鹅打

一

李裕和我讲过最多的一句话是：别信男生说的话，说得再好听也别信。第一次听他讲这话时，我才十五岁，因为偷偷和同班男生谈恋爱，被妈妈掐着耳朵骂了一通，最后委屈地坐在家门外的楼梯上哭了半小时。李裕当时补习刚下课，漫不经心地提着书包，本来是打算绕过我就上楼的，但想一想，大概是心软了，又原地打了个旋溜回来，蹲下来问我怎么回事。

“是作业没写完啊还是和爸妈吵架了？”他没轻没重地拽我辫子。

我把头埋在膝盖里，双手环着胳膊，两只眼睛又酸又涩，本来就难过，当然更不会理他。李裕等了一会儿，叹口气，随手就把提着的书包垫到屁股底下坐下来，在旁边托着腮看我哭，突然，他想到什么似的：

“你这辫子都被拽松了，我给你重新扎一个。”

讲着讲着就上手了，他轻轻摘掉皮筋，将我脑后的头发拢在自己的手心里，很温柔，仿佛刚才拽我辫子的那个人根本不是他。

“我扎得可漂亮了，你抬起头来看看。”我抬头看李裕，压在胸前的那些纸条也顺势露了出来，“啪”的一下掉在地上，李裕低头一看，两三秒完成了辨认，然后没礼貌地笑出声来。

我用红红的眼睛瞪他，李裕收敛住笑，摆出一副强装的老练模样，深沉地和我说：“别信男生说的话，就算他说得再好听，也别信。”

“男生啊，都坏。”最后还撇着嘴强调了一句。

“走吧，先回我家待着。”

李裕一只手捡起书包，一只手牵我上楼，带我回家，就像小时候那样。我一边擦眼泪，一边乖乖跟在他后面，完全忘记了那些幼稚的纸条带给我的烦恼。

我就是从那个时候开始喜欢李裕的。

二

李裕大我两岁，住我楼上，是大人眼中那种不听话的小孩。虽然从小就认识，但其实我们关系也没那么好，尤其是进入青春期后，大家无师自通地有了避嫌的意识，于是很长一段时间，我和李裕都不讲话，直到他撞见我在楼梯上哭。

那时候李裕对我来说已经很陌生了，他的房间贴满了摇滚乐队的海报，好神奇，那么多个乐队，我居然一个都不认识，就只好呆呆地听李裕眉飞色舞地谈着他们，他的模样张扬又快乐，那种快乐具有一种感染力，裹挟着某种力量。

原来拥有热爱的东西是一件这么好的事情。

讲到一半，李裕妈妈敲门进来留我一起吃饭，阿姨还是那么温柔，一边在围裙上擦着滴水的手，一边念叨着给我烧了什么什么大菜，但李裕却一脸不耐烦，随口应下后“嘭”地将门关上。

“你怎么对你妈这么凶啊。”我有点不开心地问他。

“她什么也不懂。”

李裕凶凶的，莽撞又任性，这种反抗在很长一段时间里都没有得到改善。他高中毕业后就在家旁边上大学，但还是很快地搬出了家，迅速和朋友组建起自己的乐队。

李裕的乐队有个很文艺的名字，他一个背头，加上两个披肩发搭档，可朋克了，他们也有自作曲，但更多时候还是在唱老歌。我算是他们乐队的第一个小粉丝，见证了这个乐队是如何潦草地诞生的。

三

李裕会让我在周末去看他表演，他们一开始在大学城的路口唱歌，后来唱出了点名气，顺理成章有了一小拨粉丝，又转战去一些酒吧里驻唱，唱一首好几百块钱的那种。

李裕长了一副聪明样儿，就总以为自己什么都知道，讲起话来一副长辈口吻，但其实多的是他不知道的事情。

他不知道我翘过好多节晚自习去看他的表演，他在台上拿着吉他说话，有人交头接耳，他拿食指比在嘴前轻轻比“嘘”的样子，可好看了。

他不知道我听他唱一首歌好多遍，每次等他唱到“爱你的每个瞬间，像飞驰而过的地铁”时，我就跟着一群女孩在台下乌泱泱地尖叫，瞎叫，扯着嗓子叫，什么“李裕你好帅”，“你太帅啦”。在一群沸腾的混乱中，人会获得一种畸形的归属感，就好像他是我的。

他不知道我早就不会因为被爸妈发现书包里有纸条这种事情哭鼻子了，我学会锁上自己的房间，学会礼貌地拒绝别人的示好，学会怎样去喜欢一个人。

而且我也是才知道，原来真的喜欢是无师自通的，谁也不用教你，当然谁也教不会你。

当时李裕身边总会围着一大圈朋友，他每次介绍总说我是他的傻妹妹，在一片口哨声和叱骂声中，李裕走过来轻轻捂住我的耳朵，一边笑着让我别听，一边又凑过来和我说话，当然还是那句熟悉的话。

“男生说的话，你一个字也别信。”

我疑惑了，如果你让我不要相信男生的话，那我到底要不要相信你这句话啊。

后来事情慢慢有点变质，在各个方面上。李裕身边开始不只有奇奇怪怪的男生，也会有奇奇怪怪的女生，尽管我承认她们都是漂亮得有些过分的女生。

李裕顺理成章地交起女朋友，一个接着一个，一个比一个漂亮。

我妈不再让我去那些地方。可我那时已经不是那个被骂后只会坐在楼梯上哭泣的小女孩了，我不顾一切地向南墙撞去，并且坚信自己在做一件很好的事。

我第一次涂口红时紧张得要命，旋转筒盖的那刻甚至以为自己完成了某种蜕变。但是在看到那些女生闪光的、精致的、浓烈的妆容时，闻到她们身上那股诱人香气时，我瞬间变成了一个丑小鸭，嘴上不合时宜的口红甚至让我倍感丑陋起来。

我畏畏缩缩地躲在漆黑的包厢角落里，又想逃，又想留，因为坐在椅子上唱歌的李裕，真的好帅啊。

唱到后来李裕被灌醉，他摇摇晃晃地走过来，问我为什么躲在角落里，不喜欢的话要不要先回家，我摇摇头，牙齿紧紧地咬住下嘴唇，有点怨念地问他："她们很漂亮，对不对？"

李裕点点头，却又说："但你更好。"

我睁大眼睛看他，有那么三秒钟我几乎以为马上就会发生什么了，而且我已经下定决心要放弃抵抗，不论会发生什么。

但李裕没有，他的眼睛闪烁了一下，两下，头顶的冷气从他敞开的衣领里灌进去，好像让他冷静了那么一点点，等了一会儿，李裕坐正身子说："你先回家吧，挺晚了。"

我才发现李裕从来没有送过我回家，我好像离他很近，但其实一直离他很远很远，我说不清自己心里是什么滋味，但我快要将嘴唇咬出血来。

四

我回到家的时候已经很晚了，爸妈锁了门，大概是执意要给我点教训，我坐在漆黑的楼梯上，发现自己变成了曾经最不喜欢的那种叛逆女孩，想哭却哭不出来。

在楼梯上坐着坐着，我收到李裕的短信："以后别来找我了。"

第二条短信紧跟其后，在屏幕上弹出的那刻我甚至还没有从上一条中恍过神儿来。

李裕说："不要被伤害。"

我看着手机屏幕出神，发呆，想不明白自己到底在被什么伤害，是被李裕对我的情感伤害，还是被我对李裕的情感伤害，或者是被这两种情感同时伤害。

我坐在楼梯上哭起来，哭了很久很久，哭到家门被打开，妈妈裹着一件外套走出来抱我，哄我回房间睡觉，妈妈告诉我，坏坏的男生最会哄女生开心，但他们的喜欢都很廉价，千篇一律，没有花样。

妈妈又把我抱在怀里，叫我宝贝："而宝贝不一样，妈妈知道宝贝的喜欢非常珍贵，所以一定要学会保护好你的这种天真。"

我在妈妈的怀里哭着睡过去，终于懂得了妈妈的好。后来，我不再去那些奇奇怪怪的酒吧，因为那里本来就不是我喜欢的地方。

我过生日时，李裕发来短短的话，他说："祝你生日快乐，希望你能天天开心。"当然最后还是那句话，"不要轻易相信男生的话。"

我问他："连你也不能信吗？"但他没有回复我，我等了一会儿，删掉了和他的对话记录。

是真的算了。

其实我一直在想，李裕总是让我不要相信男生的话，那我到底能不能相信他的话呢？后来我又想，可能就连他本人都不知道答案，因为这句话本身就是一个悖论。

但我能够明确知道的是，我的喜欢有多好，我的天真有多好，我付出过的情感有多好。

只是他不知道而已。

十五岁的白月光

✽淡蓝蓝蓝

小椿15岁那年生了一场病，一直断断续续地咳嗽，起初以为是感冒，但很久也不见好。后来拖得严重了，去医院检查，是重度肺炎。

那个春天真是难熬，就像窗外没完没了的沙尘暴。

刚入院的时候，会有朋友来看她，叽叽喳喳的，被护士赶了出去。时间久了，大家都忙功课，便只是打电话和她八卦一小会儿。

大多数时间，她就半躺在那里，看着透明的药水一点点进入她的血管，像寂寞无语的青春期。

窗外的春天快过完的时候，小椿床边的窗台上出现了一盆花，有小小的粉白色的花蕾。她问了护士、护工和病友，没有人知道是谁放的。她就每天给那花浇浇水、松松土，盼着盼着，花就开了。

过了几天，窗台上又多了一个鱼缸，巴掌大小，只有两条小鱼。她照例去问了，还是没人知道鱼缸的主人是谁。她反正没事可做，看书之余就伺候那两条小鱼，换水喂食。

诡异的事情一再发生：一条鱼明明要死

掉了，却在第二天下午又奇迹般地活蹦乱跳了。小椿仔细观察过，那条鱼分明是被人给换掉了。

小椿一下子觉得日子有趣起来，她猜测着鱼和花的来历，脑袋里有种种故事，就连去卫生间也会加快回病房的脚步。

有一天，她做雾化回来，邻病房的老奶奶急忙喊她："小椿啊，我看见有个男孩刚刚从你的病房出去了。"小椿一个箭步冲向电梯。身后几个老病友乐呵呵地笑，说看起来这姑娘的病好得差不多了。

她抢在最后一刻挤进电梯，里面有五六个人，用排除法，她把目标锁定在角落里那个穿帽衫的男生身上。男生看起来和她年龄相仿，个子高高的，耳朵里塞着耳机，帽子遮住了小半张脸。

小椿在他旁边站定，用眼睛瞄他。男生仿佛毫无察觉，只安静地听歌。

她想，他长得还挺好看的，有种干净的气质。

在他走出电梯门的一刹那，小椿伸手扯住他的胳膊。

——喂，花和鱼缸是你送来的吗？

男生吓了一跳，脸都红了。

——哈哈，果然和我想象的一样，是送给你暗恋的女生的吧？不过你送错房间了。

15岁是一个怎样的年纪呢？她可以情窦初开，像一枚酸酸甜甜的果子；她也可以纯白天真，仍如一张没有涂抹过的画纸。

15岁的小椿，显然是后者。迟钝、简单，只钟情于好吃的和好玩的。

男生在小椿大方热情的注视下显得有些手足无措，最后只闷闷地"哦"了一声，落荒而逃。

惆怅的小椿回到病房，看见自己的床头放着一本初三的学习笔记，应该是那个男生之前送来的。小椿抱着花和鱼缸，胳膊下夹着学习笔记，挨个房间走，寻找着和自己一样读初三的女生。

但是，直到出院之前，她也没有找到那个女生。

而那个男生，再也没有在医院出现过。

春天就这么过去了，带着一点儿悬疑，以及由此而来的快乐。而夏天的开场，就是小椿要参加的中考。因为落了太久的功课，成绩自然惨淡。但放榜那天，她在状元榜上看见了那个男生的照片，原来他们还是校友呢。

小椿没有去任何一所高中读书，她尚在病中的时候，父母就已经着手为她办理了留学手续。她的未来在伯明翰，做孤独又坚强的小留学生。

15岁终究会过去的。

16岁、17岁、18岁，当青春渐渐浓郁，女孩们在一起谈论"最浪漫的事"时，小椿总会想起那个走错病房的男生，想起那些没有送到主人手里的花、鱼缸和学习笔记。想到也许会有一段故事因为男生的失误而没来得及开场，小椿还会觉得有点儿遗憾呢。

后来，那一段小小的记忆也在时光中渐渐模糊了。

只是，她永远不会知道，如果她当时把那本笔记翻到最后一页，一定会看到一行钢笔字。

——罗小椿，我可以在A中等你吗？

15岁的许多故事，都没有回声。

少年的蜗牛没有壳

✽安宁

那时我是一个瘦瘦的女孩，又不美，站在人群里，常被人忽略，体育老师排队，下意识地便让我出列，等他先将那些体形匀称、面容柔美的女孩子排完了，才发愁地看我一眼，说：“把你排到哪里才合适呢？”我总是在他的这句话里，将头愈发地低下去。

后来在下雨天，看到那些缩在壳中的蜗牛，突然地就很羡慕它们，想着那时的自己，如果有一个温暖坚实的壳，可以在受到伤害的时候，躲入其中，做一个小梦，或者聆听一阵淅淅沥沥的雨声，该有多好。可惜，除了曝光在众人的视线下，焦灼，惶恐，惊惧，无助，我再也找不到，可以安放的表情。

那时班里有一个叫乔的男生，坐在我的后面，因为父母离异，个性孤僻，不喜与人交往，在人群里，亦属于沉默寡言、孤单无援的一个。只是，他的成绩，始终远远地走在我的前面，因此他的表情里，便多了一份孤傲与冷漠；有人与他说话，他的视线总是瞥向别处去，就像那个说话的人，不过是一缕无形的风，我也是偶尔才会与他说话。不过是交作业的时候，让他帮忙传过去。或者打球，不小心踢到他的脚下，跑过去捡的时候，他淡淡地回踢过来，我拘谨地笑笑，向他道声“谢谢”。有时候课堂上分组讨论，我回身过去，看到他依然在俯身疾书，不理会老师的要求，便觉得孤单，想要回转身的时候，他突然将我叫住，说一声“开始吧”，便将自己写在纸上的观点递交给我。这样的交往，不多，却还是像那夏日树下的一小片绿荫，将惶惑不安的我，遮住，并徐徐地给我丝丝的清凉。

我一直以为乔和其他的同学一样，对长在角落里的我漫不经心，也想不起来。我也一直认定，我们两个人的行走，是数学上的抛物线，看似从同一个寂寞的原点出发，却是离得愈来愈远，再无相遇的可能。乔注定是要读大学的，他的寡淡，甚至可以被女孩子看作是一种鲜明的个性；而我的未来，如此渺茫无依，我要到哪里，才能寻到一片可以让我纵情绚烂的泥土？

我依然清晰地记得那次数学课，习惯了将我跳过的老师，不知是为了调节课堂的气氛，还是一时兴起，突然将我叫起回答问题。不过是一个很简单的习题，答案就在某个地方若有若无地注视着我，偏偏，我如此紧张，大脑一片空白，任自己如何努力，也始终无法触及咫尺之外的答案。

午后沉闷的教室，因为满脸通红、手足无措的我，而瞬间有了生气。有人在窃窃私语，说：“这样笨，不如退学算了。”有人好奇地回头，目不转睛地盯着我，就像用一把刀子，一下一下地，在我的脸上，划下更难堪的伤痕。而那个向来不正眼看我的老师，嘲讽地瞥我一眼，说：“还能不能想起来？要不要你后位的乔轻而易举地来帮你找到这个答案？”

我的眼泪，就在那一刻，哗一下涌出来。我想那时的自己，一定是一只被人残忍地割掉硬壳的蜗牛，明明知道那壳就在身边，却是再也无法缩回到其中。而乔就在这时，站起来，用一种从来没有过的响亮的声音，回答台上的老师：“对不起，我也不会这个问题。”老师的脸，当即变了颜色，可他还是强压着怒火，启发着乔，一直启发到答案马上就脱口而出了，可乔，还是固执地保持着沉默。

那节课，乔陪我站到最后。铃声响起的时候，老师愤然扔掉粉笔，摔门而去；我回头，歉疚地看乔一眼，却碰到他温暖的视线柔软地流溢过来。我的眼泪，忍不住，又落下来。

那以后的一年中，我与乔，依然言语不多。我常常将不会的问题写在纸上，悄无声息地递给乔；他的回答，总是如此详尽，晓畅，我的视线一行行地看下去，宛若一只飞燕，穿过细雨，那样的喜悦让我想要大声地歌唱。我在人群里，终于不再感觉到孤单，我不用回头，但知道，乔就在某一个地方，陪我站着，驱赶那些飞虫，寒气，热浪，或者鄙薄与不屑。

而乔的视线，亦不再冷漠。他甚至学会了微笑，对那些看过来的陌生路人。他还在给我解答习题的纸上，画一个微笑的小人儿，没有注释，但我看得明白，他在用这样的方式，表达对这份情谊的感激。

两个少年的孤单，就这样，因为一次彼此深深懂得的外人的伤害，而融合在一起，生出一朵粲然的花朵。它站立在万花丛中，从容，自如，敏感，又孤傲自赏。没有谁，能够阻挡这样恣意倾情的绽放；亦没有谁，能够理解两颗曾经怯懦的心历经了风雨怎样的冲击，才有了今日这般缤纷的颜色。

而成长中的那些惧怕、忧伤与落寞，就这样，在这段彼此鼓励的并行时光里，轻烟一样，散去。

无声之爱

✿行之

01

苍梧城有条街，叫天鹅街。

高二那年，我转学到这条街上的天鹅中学念书。我的班主任姓许，教语文。

许老师那年刚满三十岁，瘦白斯文，戴一副细框眼镜，头发梳理得很整齐，穿着永远干净。他讲起话来，温和文雅，从没人见他发过脾气。班上的女同学都叫他“天鹅街段誉”。

许老师的课，就算最调皮的同学也不愿意睡觉。他会讲故事。教唐诗的时候，他总会顺着这些诗，讲一些凄美的故事，故事再简单，他也讲得好。女同学们常常备着纸巾听课。

我问过我的同桌兼二号班花苏琪同学：“你们这帮女生，究竟在哭什么？”她看都不看我：“哭得开心。”

奇怪的是，课本上唯独有一首诗，许老师总是跳过不讲。明明课本讲到这里，他说：“这首诗我们先放一放，回头再来讲。”这首诗是李商隐的《锦瑟》：

锦瑟无端五十弦，一弦一柱思华年。

庄生晓梦迷蝴蝶，望帝春心托杜鹃。

沧海月明珠有泪，蓝田日暖玉生烟。

此情可待成追忆，只是当时已惘然。

这一首无解之诗，千百年来，从没人能好好解释它到底在说什么。但它读起来那么凄婉，那么真挚，让人感觉教材上的译文都在胡说，根本配不上它。

大家都太想听许老师讲这首诗。“老师老师，给我们讲讲这首《锦瑟》吧！”许老师很少敷衍，但为这首诗，敷衍了我们好几次。最后，苏琪同学代表全班同学正式逼宫，冲到讲台抢了他的教案：“老师，你再不讲，我们就反啦！”

许老师红着脸，终于在那天开始讲这一课。我记得那天是秋分。他在黑板上一笔一画写下这首《锦瑟》，他先讲了半节课的李商隐，才开始念第一句“锦瑟无端五十弦，一弦一柱思华年”，声音有些哽咽。他接着讲：“这句诗的意思是……”

后半截忽然卡住了，他的喉结滚动，声音却发不出来。过了一会儿，他说：“不好意思，同学们，我先去下洗手间。”说完，匆匆走开。有个同学跟了去，回来的时候跟大家说：“许老师不知怎么的，躲在厕所里哭呢。”

我们想，他哭什么呢？女同学们没哭，他怎么自己哭了。许老师回来时，都快下课了。他对着我们笑，我们都假装不知道他在厕所里哭过。

02

我的同桌苏琪，本来是班上最好看的女生，只可惜小时候右脚掌被车轧碎过，后来有些瘸。美中不足，大家把她封为二号班花。

苏琪的后面，坐着我们班的倒数第一名，叫苏早。苏早和苏琪同村，长得挺帅，就是成绩一塌糊涂。但这人面冷心热，苏琪以前受伤时走不了路，都是他背着去学校。为了护着苏琪，他还跟人打过不少架，人送外号“护花使者”。

苏早读书，纯属破罐子破摔，经常晚上翻围墙出去通宵上网，白天回学校睡觉。睡觉还总被老师瞧见，一个黑板擦扔过去砸醒。他还经常做梦，做梦时手乱摸，老摸到苏琪。苏琪转过去，弹他的头，横他一眼。他抱着头，继续睡。

那时候苏琪的头发很长，还总爱散开。窗外风一吹，书页乱翻，她的发丝吹到我的脸上，弄得我耳根都痒。我说：“你这头发这么长，洗头不麻烦吗？”她看也不看我：“你管得着吗。”

快高考的时候，我跟苏琪说：“要不我给你唱首《同桌的你》？”

她说：“能不唱吗？”

毕业后，苏早没考大学，当了货车司机。而苏琪，去了外省，我想联系，却再没联系上。

03

前阵子，我又回到苍梧城，第一时间约许老师出来吃饭。他说：“来我家吧，我给你做。”我提着两瓶酒去他家，看见了他的女儿和儿子，他们是对龙凤胎。许老师说：“姐姐叫许一弦，弟弟叫许一柱，他们快念中学了。”

吃饭的时候，我们喝了点酒。我问许老师：“你干吗给他们取这名字？一弦一柱，我知道你能取更好听的。”他笑了笑，轻声说：“他们妈妈生他们的时候难产，去世了。

他们的妈妈，叫程华年。”

说完，他埋头吃菜。我忽然想起那年秋天，他讲的李商隐的那首《锦瑟》：“锦瑟无端五十弦，一弦一柱思华年。”

“老师，《锦瑟》这首诗，讲的是相思吧？”

“或许是吧。”

04

回去的路上，我找了家理发店剪头。理发师看着眼熟，看她走路有些瘸，我问：“你是苏琪？”

她笑了笑，对我说：“我以前叫苏琪，现在叫苏南国，老同学。”

“十年没见你了吧？”

“有这么久吗？”

“好像有。”

她给我剪头的时候，我问她结婚了没，她摇摇头。我从镜子里看她：“你的头发剪了。”

“我又不喜欢留长发。”

“瞎说，高中那会儿，你一直留长发呢。”

她低头，眉头紧了又松：“以前留长头发，是为了帮后面经常熬夜的少年挡一挡，让他能够睡个安稳觉，不被老师发现。”

“你说的是苏早啊，他现在人呢？”

“早死了，开货车酒驾，翻到河里，把自己淹死了。”

“……你想他吗？”

“……想他做什么？”

“他去世多久了？”

“四年五个月零二十四天。”

理完发，黄昏将至，夕照很快就移到长街上。苍梧城还和以前一样，街头的空气里，有淡淡梧桐树叶的气味。

第二天，我回乡下，问奶奶：“隔壁村里的苏早，前些年开货车出事死了，你知道吗？”

奶奶说：“早听说了，我记得呢，我还给他妈接生过。这小孩出生的时候，胸口长了个胎记，像一粒红豆，他妈就给他取小名叫红豆。”

我为什么昨天没有想起来，请苏南国喝一杯酒呢？

离开苍梧城前，我又去了苏南国的理发店。隔着玻璃门，我看见她坐在镜子前，抽着烟，翻着一本破杂志。她左脚赤着，踏在地板上，受过伤的右脚，穿着一只五彩斑斓的板鞋。

我曾听人说，这世上有一种女人，你是没办法从她的表情分辨出她内心的悲欢，唯一的办法，就是看她穿的鞋子。她穿的鞋子颜色越简单，她越开心。她穿的鞋子颜色越鲜艳，她越悲伤。

她没注意到我，我准备推门，这时理发店的音响里正好换了一首歌，是一首老歌：

红豆生南国，是很遥远的事情
相思算什么，早无人在意
……
最肯忘却古人诗，最不屑一顾是相思
守着爱怕人笑，还怕人看清
春又来看红豆开，竟不见有情人去采
烟花拥着风流真情不在

我收回伸出去的手，听完了歌，转身离开。去火车站的路上，我给许老师发了条短信：

老师，我读懂李商隐的那首《锦瑟》了。“此情可待成追忆，只是当时已惘然”说的是镂心铭骨，是念念不忘，是一生所憾。

他回了我一句：下次回来，再一起喝酒。

××××××

也许诗人不曾去过海边

苏小城

“歪果仁”

好像到现在我还是读不出来你的英文名，觉得自己真像个土包子，我还是喜欢叫你邱一顿。当时班上流行取英文名，你给自己取了个最长的，每天逼着作为同桌的我叫你的英文名。我哪里记得住，开玩笑说：“除非你请我吃顿好的，不然我不叫。”

你嘴上答应了，却迟迟没落实。我后来就老说你欠我一顿饭，于是就叫你邱一顿了。这个名字一直被喊到高中毕业，写同学录的时候，大家都这么称呼你。你看，我还是为你做了一件了不起的事，因为每个人都说邱一顿好听，像诗人。

可你偏偏是个毫无诗意的人，高考你考砸了，你妈想让你进厂，说以后能稳定一点，可你宁死不屈。后来你说想去考驾照，觉得会开车是一项了不起的技术。

三个月时间，你被晒得黝黑，远远看你逆着光走来，还以为你掉煤炭堆里了。身边的朋友都笑你成了非洲人，你露出一排整齐的白牙齿，摆出一个姿势说：“你们好呀，我是个不太正宗的‘歪果仁’。”

那个暑假，我经常往驾校跑，有时候给你带杯奶茶，有时候带几个橘子。你的教练是个胖胖的中年男人，他笑着说：“小邱啊，你以后可要好好对人家哦！”

我不好意思地转过头去，不敢看你的眼睛。我从未想过以后的事，我只是觉得你人好、老实，没什么花花肠子，你有情我有义，我们都是没什么朋友的人。

在学校里，你是大家眼中的坏学生，而我是书呆子，班主任的本意是让我感化你，没想到我们俩却狼狈为奸，我帮你抄作业，你替我做值日。有了你这个朋友，再没人敢欺负我。

所以啊，我愿意和你做朋友。

弯月亮

我去厦门的前一晚，你请我吃烧烤，普通的路边摊，你坐在风里欲言又止。你喝了几杯啤酒，也往我杯子里倒了半杯，说：“你不会喝酒，就一点点好啦，意思一下，毕竟你明天就要出远门了。”

廉价的一次性杯子，碰在一起都发不出任何声响。后来你喝多了，回去的路上，你坐在地上死活不肯起来，还拉着我的手说：“我舍不得你走。”

我笑你傻:“我是去上学,又不是去死!”

“呸呸呸,说什么不吉利的话。”你伸手一把捂住我的嘴。

我不知道你是真醉了,还是装醉,反正那晚我陪着你在路边坐了很久很久。你告诉我说,从小到大你都没什么朋友,一个院子里的所有大人都会跟自己的小孩说不要跟你玩。你说我是你第一个真正意义上的朋友。

我听得鼻子发酸,想抱抱你,可你又高又大,我不敢动手。

后来你清醒了一点,抬手指着头顶的月亮说:“你说月亮会不会笑话我?”

我没听懂你想表达什么。

你又接着说:“希望你看到月亮的时候想起我。”

我看看月亮,又看看你,光影昏暗中,你有一双好看的眼睛。你的额头上有一道弯弯的疤,那是你小时候打架留下的,我们刚同桌那会儿,你指给我看:“像不像包青天!”

第二天我爸妈陪我去火车站,在路上碰到去练车的你。你隔着马路朝我挥手,我妈问:“那是谁啊?”

“我同学。”

“怎么那么黑?”

我想笑,却脱口而出:“他是包青天嘛!”

真没劲

你考完驾照,你妈就托关系让你去了一个物流公司,跑长途。你大部分时间都在外面风餐露宿,偶尔休息,你就跑去网吧跟我聊天。

你瘦了,比练车那会儿更像一个非洲人了。

你问我:“厦门好玩不?”

“好玩呀,鼓浪屿可文艺了。”

“那你给我当导游,我还想去看一看大海。”

“好啊,我陪你去。”

你在视频里唱新学的许巍的歌,那么多人,你不管不顾地唱着。我笑你脸皮厚,你还一本正经地说:“我唱歌那么好听,没收门票已经算是便宜他们了。”

后来你攒了三个月的工资,买了一台电脑,你唱歌再没有人叫你小点声了。但你还是那么忙,我们经常对不上聊天时间。你大半夜给我留言,说你在路上的见闻,说跑长途很无聊,你喜欢在开车的时候听相声,笑着笑着就不打瞌睡了。

大一暑假回家,你执意要请我吃很贵的西餐,可你因为临时加班,风尘仆仆赶到的时候还穿着工作服,满面尘土。我们坐在高档的西餐厅里,服务员的眼神好像有些看不起你,你也不在乎,让我想吃什么尽管点。

我早已不是高中那会儿的大胃王,我减肥成功了,就连你看到我也惊呼:“原来你是真的瘦了啊,我还以为是摄像头的原因呢。”

我点了牛排和红酒,你喝了一口红酒说:“还是啤酒实在,可以大口大口地喝。”

你吃完牛排习惯性地想点一支烟,却被服务员阻止了,你念叨了一句“真没劲”。

从餐厅出来,我提议要不要去看部电影,你却推脱说:“太困了,估计会看着看着睡着了。”你还是那么没有情调。

那个暑假,我们见了大概不到五次面,每一次你都匆匆地来,又匆匆地走。我也不知道你为什么那么忙,你以前练车的时候总说以后买了车要载我兜风,现在却剩我一个人站在楼下吹冷风。

我不知道是你变了,还是我变了。从前亲近的两个人,如今却相对无言。我说的很多话你都接不上,而你想要讲个笑话,却再也逗不笑我了。

用力活

大二的暑假,我留在厦门找了份兼职,你发信息问我怎么不回家。我想了想,回复你:“回去也没什么事做,还不如找点事做,积累一点经验。”

你回我:“挺好啊,注意安全。”

过年因为跟爸妈出去旅游,我们也没有见上面。再后来,我听说你从物流公司辞了职,自己借钱买了一辆出租车,做起了的士司机。

与此同时，我和一起做兼职的一个叫陈锋的男生恋爱了。他没你高也没你壮，但他说话的声音很温柔，他每天会给我带一个爱心便当，我们一起分着吃。

那段恋爱一直持续到毕业，他因为要出国而主动提了分手。他对我说："我们恐怕不能继续在一起了。"

"我可以等你回来啊。"我不愿分开。

"我怕自己不能坚持，这样对你不公平。"

他还算是坦诚，送我回学校，一路上我们再没有说一句话。他离开之后，我在楼下站了很久，不知道是谁在阳台上说："快看啊，好圆的月亮。"

我给你发信息："今天晚上的月亮好大好圆，你看了吗？"

第二天才收到你的回信："昨晚很早就睡了，还梦到你了，估计是想你了。"

盯着屏幕，我鼻子一酸，眼泪就掉下来了。我们已经很久很久没有说过话了，连一句问候都没有。你每天开着的士满城跑，我沉溺在自己的爱情里无法自拔。我有很多次想告诉你我恋爱了的事，但始终开不了口。

我问你："过得好吗？"

你说："哪有什么好不好，我们都只是在用力活着罢了。"

你越来越像个诗人了。

兜兜风

毕业之后，我进了一家外贸公司，公司总部在德国。如果做得好，过个三五年，我就有机会去德国。陈锋正好在德国，我还想着能够再见他一面。

为了能去德国，我白天工作，晚上报了个德语班，每天只睡三四个小时，活脱脱把自己变成一个机器人。

等到我终于得到了去德国总部工作的机会，却得知陈锋根本就没有出国，当年他只是随便编了一个借口和我分手，而我还傻乎乎地想要去找他。

在爱里，每个人都是盲目的，有的人选择奋不顾身，而有的人选择急流勇退。我属于前者，而你属于后者。

再次碰到你，是在老家的火车站，你正好在外面候客，一眼就认出了我。你朝我挥手，大声喊着我的名字，又过来帮我提行李，问我在德国还习不习惯。

我没问你是怎么知道我去了德国的，只是看着你那张既熟悉又陌生的脸，心里一阵阵发抽。如今的你，已经被生活打磨成中年男人该有的样子，啤酒肚，发际线越来越靠后，油光满面。只是你的声音没有变，还是我记忆中的那个少年模样。

你告诉我去年已经结婚了，我埋怨你为什么不告诉我。你不好意思地说："知道你忙，回国一趟多不方便啊，想来想去，就没有打扰你。"

这样客气的你，反倒让我有些不适应。

其实你结婚的消息我早就知道了，你人真的很好，那一年我也真的想过和你在一起。不过我们谁也没有先开口，你铆着劲儿赚钱，我却以为你是故意躲着我。你以为我嫌你邋遢、没文化，所以从未来厦门找过我。

上了车，电台里放着许巍的歌，你也跟着一起唱："每一次难过的时候，就独自看一看大海。"

我还没有陪你看过海。

你点燃一支烟，半开玩笑地说："当年说要载你兜风，你说一辆大货车能开去哪儿，现在好歹是辆小车，你也好久没回来了，要是不嫌弃，我载着你在家乡走一圈。"

车窗外，不大不小，半个月亮。

于是我决定不走了

✽凉茶

我出生在1994年，而程成出生在1989年。

在我脑海中，在我们一起玩的那几年里，他总是穿着双黑色的足球鞋，荧光绿色的双星标志，黄绿条纹的大汗衫。夏天的他，在疯跑了一大段路之后，鼻涕总比汗水提前流出来。之后程成会抬起肉嘟嘟的胳膊，抹干净鼻涕。我不嫌弃他邋遢，总是跟他在大院里疯跑。程成偶尔会夸我，说我将来能当个跑步运动员，那个时候他很胖，而我很瘦。

那时候，我们住在父母单位分的房子里，对面是个很少有人的疗养院，树木和花草都很旺盛，天空很蓝也很高。

程成小学三年级时，我五岁，那年夏天特别热，程成和他的兄弟们蹲在疗养院大门口玩纸牌。之所以选在疗养院大门口，是因为那里很凉快。疗养院里充足的冷气顺着虚掩的玻璃门细小的缝隙，混进夏天的空气里，然后带着暖和的青草香钻入程成和他兄弟们的领口。我没钱买纸牌，也因为手太小总是拍不赢他们而被程成勒令离场。可是好奇心总是驱使我把毛茸茸的脑袋靠在程成的肩膀上看他们打牌。

那种情形总让程成很不耐烦，他揪着我额头前面的那几缕头发说他的脖子很痒，把我拉到离他们远点的地方，用那双黑色的足球鞋在粗糙的沙砾地上画一个圈。“喏，坐下，外面的世界很危险，这个圈可以保护你不被吃掉。”

于是那个夏天，我就是在蝉鸣里伸长了胳膊拔沙地外围草丛里的狗尾巴草中度过的。时常听到疗养院门口传来稀稀拉拉的笑声，我把狗尾巴草编成一个花环，青色的草叶、草籽上微黄或者泛红的细细绒毛在阳光下，清爽得就像那年未被破坏的时光一样。

我把狗尾巴草花环套在头上遮太阳，可还是被晒黑了好几层。看着变得和程成一样黝黑的皮肤，我笑掉了第一颗门牙。程成说上牙要往下扔，于是我在草丛里挖了个当时觉得很深的洞，把那颗牙齿埋在了很深很深的土里。算是埋下了一个秘密，也算是打下了一个伏笔，因为后来很长的一段时间我说话总是漏气。

菠萝味冰棒是那时候最喜欢的味道，妈妈总说每天只能吃三口，吃多了会中毒，嘴巴会肿得像香肠。程成熟练地打开我家冰箱门取出一根菠萝味的冰棒，一口咬下，直接吞掉，而我在他旁边小心翼翼吮着我那根剩不到三分之一的冰棒，非得等它们在我口中融化成糖水，让舌头上每一个味觉细胞都感受到那滋味，才舍得把它们咽进肚子。程成总觉得我可怜，于是大方地把他那根放到我面前，允许我咬一口。我惊恐地看着他，说："不能吃，会中毒！"程成骂我是个胆小鬼，小屁孩。于是我咬下了第四口冰棒。最终，我没有中毒，程成也完好无缺。我大胆地又一次打开冰箱门，拿出两根冰棒。第二天我拉肚子了，妈妈用水化开糖丸让我喝下去，她以为是我肚子里长了虫子。其实她不知道，我肚子里的虫是一个她不知道的秘密——我多吃了好几口菠萝味冰棒。

小时候的活力就像是夏天用不完的太阳光，头一天还缩在妈妈怀里发誓再也不要和程成吃冰棒，第二天就又活蹦乱跳地跟在程成后面上街玩。

上街就是把塑料袋套在扫帚的把子上捉蜻蜓。程成像个战士，我就是他的跟班，我们追着蜻蜓透明色的翅膀，出了一身汗却没有任何收获，可是我的牙床还是接收到了太阳发出的成长信号，门牙在夏末长了出来，那颗大大的门牙显得比旁边的稍微白一点。

这一年是我们的1999年，20世纪的最后乐章。

10月份是夏末秋初的季节变更点，蝉鸣声柔和了一些，程成家沙发上还是铺着凉席，风扇开小了一个风挡，我和他坐在他家沙发上看建国五十周年的阅兵式。他穿着白色的棉布背心和深蓝色的短裤，光着脚盘腿对着电视目不转睛。我偷偷从他背后拿来了他的游戏机，他也没有发觉。在游戏机里我浪费了他三个精灵球，程成对着电视说那很酷。国歌响起的时候程成站起来戴着红领巾敬礼，而我还是坐在沙发上，盘算着这七天不用上幼儿园的时光应该如何度过。最后，我拿旧报纸，折了一只青蛙，放在他家圆形的茶几上，然后躺在沙发上，睡着了。阅兵式里嘹亮的进行曲和飞机坦克全都在我的美梦之外。

傍晚，我和程成还有他爸一起翻墙进入已经关门的公园散步。他爸是个特别高大的男人，这样的印象一直持续到现在。那个时候，他爸爸一手抱着我，还可以一手揽着程成。程成借助树枝翻过比我还高的围栏，灵活得像孙悟空。之后他俩接力把我运到公园里。安静的公园很美，花是只给我们开放的花，树是只给我们欣赏的树，老程把我放到停转的旋转木马上，我坐在前面的小白马上，而程成在后面喊着："得儿，驾！"

关于我的童年，似乎每天都充满了节日或者纪念日。幼儿园午睡醒来枕头下面会有一朵小红花，自由活动时间，我们穿着不同颜色的裙子蹦跳着踩别人的影子，那些胡乱说出来的暗号和晚饭后嘴角没擦干净的油渍一起不修边幅地在我们的那些年里像野草一样生长。

当我们都开始学会把皮鞋上的泥屑擦干净，裙子里面套一层安全裤的时候，对于这些事情的怀念，也就开始像野草一样生长了。

1999年，像是一个符号，具体是休止符还是什么符号我也说不清，就算是有一些习惯在空气里氧化得很缓慢，我也真真正正地感受到了它们的存在。

初冬的小城冷得很突然，大院对面疗养院的玻璃门蒙上了一层灰尘，空气流动很缓慢，所以走到那里时，除了北方的凛冽坚硬之外，还有尘埃的味道。后来下了一场大雪，我学会了第一个用来形容大雪的成语，叫银装素裹。

幼儿园放寒假前最后一天上学，我把老师藏在我枕头底下的小红花都拿出来，换了一朵丝绒做的大红花，让老师帮我别在左边的胸口，就是心脏扑通扑通跳的那一边。

红色的皮鞋踩在厚厚的雪地里，咯吱咯吱响，就像是夏天我和程成咯吱咯吱咬碎的菠萝味冰棒。雪水顺着红色皮鞋濡湿了橘黄色的棉裤，我打了个激灵却不觉得冷，因为我有一朵大红花，因为我知道放了寒假就可以赶回家过年了。

那时候年的气息总是迫不及待地来感染我们，我和程成以及我们的家人。程成放假比我晚一些，但是他已经开始在放学的路上买五毛钱两盒的小炮。在楼门口程成拉开引线听“砰”的一声，没有光却很响。盒子上画着神奇宝贝、四驱兄弟或者中华小当家。那些印刷劣质的包装，是我最主要的藏品。程成递给我一个沙炮让我学着他的样子往地上摔，那是种柔和的炮仗，白色的旺仔小馒头一般大，摔在地上发出闷响，微弱的橙色的转瞬即逝的火花，很可爱。

阳台上晾着自家做的红肠，腊八蒜已经冒绿头，外婆做的熏鱼总是能招来馋猫一样的程成。红色的剪纸窗花要等正月才正式挂上，可辣椒和玉米已经被串起来了。一年最让人喜悦的时候到来，终于，我和程成一起小步快走地告别了我们的1999年。

雪地里我们一家和程成，被那台胶片相机记录下来，定格在底片里。那个时候，我觉得爸妈永远不会有皱纹，我的成长就算是寂寞也会顺利得像我总能得到小红花一样。那个时候，我总以为程成永远是个小胖墩，外婆会陪我再走一个世纪，让我在除夕那天不能睡着，要摸高守岁，放纵我把每个饺子戳个洞来判断里面是否有“惊喜”。

我仰着头，踮着脚站在他们中间，他们都是爱我的，一直是爱我的。

2000年的钟声比任何一年来得都隆重。

开春，整栋楼的人都在忙里忙外准备搬家，疗养院再也没开过门，院里的迎春花倒是开得不错。我们那栋楼里的邻居都搬去了城里，我和程成告别得特别自然，就像我们俩每天上学在路口告别那样，因为总感觉放学时我们还得从不同的方向走向同一条回家的路。

可是，这次再见之后，他在我的生活里留下了长长的一段空白，关于那一段空白，我都是靠道听途说来填满的。2002年的程成去了一所不错的初中，可是他并不喜欢；2005年的程成早恋，被他爸爸抓了个正着；2006年的程成进入叛逆期，经常和爸妈吵架。

妈妈每次提起程成时，都会跟我说：“楚楚啊，你说程成这孩子怎么成这样了？你可千万别学他。”

那，在程成看不见的地方，我是怎么样的呢？

很长一段时间，我都觉得自己是寂寞的，那种寂寞与1999年在程成画下的圈圈里编花环不同。

我躺在自己的房间里，盯着天花板，漆黑的天空和白色的天花板像是月光里黑白的钢琴键，我伸出手指去，听不见叮咚的和弦。我按照被规划好的轨道滑行，看着这个城市越长越高。

买学校外头老奶奶做的麦芽糖，没人和我分享，菠萝味冰棒被“你一半，我一半”的旺旺碎碎冰代替。

2008年，我读初中，后面坐着个好看的男生，他戴着无框的眼镜，手指修长骨节分明。他成绩不好，笑起来只有左边有一个浅浅的酒窝。每次月考，他都会伸出那双太好看的手戳我的后背，坏坏地笑着让我给他一份选择题答案。

其实那个时候，我纠结的性格已经基本成形。做选择题的时候就算知道哪个选项是正确的，也会傻乎乎地给错误的选项找个成立的理由，于是我的选择题成绩总是不好。说白了，我有点怕选择。

程成高考出成绩的那天，我正在进行模拟期末考试，后面的男生还是戳戳我的后背，等我把答案写在橡皮上传给他。我莫名紧张，后面的男生递给我一块德芙。

晚上回家，妈妈说程成高考成绩超了重本线

好多分。妈妈一边给我夹菜，一边说：“你学着点，玩好了也学好了，你程叔叔要骄傲死了。”

暑假，妈妈约程成一家人吃饭，再次见到程成，我已经开始觉得陌生，他长得比我高很多，皮肤黑了，身体瘦了。我有点紧张，他却赏给我一个大大的笑。

他叫我小朋友的时候，我莫名其妙地脸颊发烫。

后来他以一种倔强的姿态在志愿表上填了军校。

送他走的时候，老程双手提着两个行李箱，程成已经跟老程差不多高了。这次的告别很明显比2000年的那次更加郑重，我扯扯他的衣角，他过来拥抱我，说小朋友要快乐。我突然就想起来1999年国庆阅兵，电视机前的程成敬礼时候稚嫩庄重的样子，哭得上气不接下气。

我很直接地在日记本里说，我很怀念小时候的夏天，可现在的每一步我必须走得正确而郑重。

坐在我后面的男孩，像是跟我打了个照面的路人，在我毕业后的时光里留下一块被蒸干的水渍。我想起他的时候，总是会牵扯出一段美好的时光，他好看的样子占了一大部分，但只是样子而已。

我们旧家附近的公园成了全年免费开放的大众娱乐场所，疗养院改成体校运动员宿舍，沙砾地成了塑胶篮球场。雾霾成了困扰每个城市的巨大问题，每个人都有一块划定的领地，没人愿意越界，不断和不同的人擦肩而过，偶尔的交集之后分道扬镳，他们占据着生命里的短租房间，心里却总是藏着一个没人爬得上去的灯塔，被揉皱的旧时光一直闪亮。

我没见过大学之后的程成，和老程却见过几面。

老程五十多岁的时候买了辆白色桑塔纳，我高考时说什么都要去送我，上大学时也非得跟着我爸妈一起去送我，他力气依然很大，提着我超重的行李箱走在我前面，送我过安检的时候，把箱子放下，整理了好几遍我的领子，说：“楚楚啊，大姑娘了，别耍小脾气，经常给家里打个电话，找个男朋友，毕业就成个家。”

我觉得老程絮叨得有点可笑，但是他斑白的鬓角出卖了他的衰老。后来我才知道，这衰老一半是因为不饶人的岁月，另一半是因为程成。

程成上大学起就没怎么回过家，毕业以后就更少回来了，他在边疆的雪原驻守，却寒冷了老程的四季。

2013年，我也离家很远，我很想念那些无心经营的时光和程成。

2014年，新年伊始，程成带着满身风霜踏雪而来，我对着镜子整理了好几遍自己的领子，尽全力漂亮地去见他。

都说男儿有泪不轻弹，而程成哭了。程成给我看他这几年获得的漂亮勋章。而最漂亮的勋章是一句话，他说：“于是我决定不走了。”

小雪来得很温柔，铺满了疗养院外面那个篮球场，程成用黑色的皮鞋在雪地上画了一个圈，他说：“喏，坐下，外面的世界很危险，这个圈可以保护你不被吃掉。”

我乖乖坐下，程成摸摸我的头说：“真乖，于是我决定不走了。”

我怀揣卑微的爱情

方橘子

暗恋不是一个会过时的东西，但暗恋笔友是。这个年代已经很少有人愿意拿起笔认认真真地写上一封信了，尤其是我，总觉得自己糟糕的笔迹和画掉的错别字看起来很蠢。可当自己喜欢的人喜欢写东西的时候，努力走近他的方法，就是去喜欢他喜欢的东西。

最开始我就是用这招接近王一凡的。

我学生时代喜欢一个人的标准很单纯，高且好看。热爱打球的王一凡都符合，于是我开始暗恋他，从社交网络上寻觅蛛丝马迹。了解到他热爱文学，并且喜欢写信。于是用他喜欢的方式表达我的暗恋成了我选择的方式。费尽心思买了自认为他会喜欢的信纸，反复誊抄，直到信中没有错别字，并满怀忐忑地把信投进了邮筒。

我在信上说我暗恋一个男生，他长得很高，而且好看，热爱运动却很文艺，可是我很胆小，害怕跟他告白，希望王一凡能给我建议。我的信打动了王一凡，收到他回信的时候我甚至手都有点颤抖，撕开信封的时候把信纸扯开了一部分，让我懊恼了十分钟。然而信的内容，却让我开启了长达数年的挣扎。

王一凡在回信上说，他对我的情况感同身受。他也暗恋一个人，一个叫青青的女孩是他人生中全部的价值和意义。

暗恋一个人不可怕，可怕的是毫无尽头的暗恋。他把我当成可以交心的朋友，对我的信任和理解让我更贪恋这种病态的温暖。接近他唯一的办法似乎只剩下一个，成为他的“僚机”，帮他出主意，帮他追喜欢的人。

直到有天，我收到了他的信，信上只有一句话：

“我们能见一面吗？”

在准备和他见面的几天里，我每夜都睡不着觉，猜测他是不是意识到了什么，也许他终于明白了我的喜欢。我剪了头发，买了新的衣服，特意去挑了一支显白的口红，从来不敷面膜的我战战兢兢地每晚贴上面膜，祈祷着因为熬夜而粗大的毛孔和黑眼圈能在一周内消失无踪。

终于要见面了。

和室友确认了无数遍自己的穿衣打扮和妆容细节之后，我换上高跟鞋，来到了我们约好的小酒馆。

白天的小酒馆还没有营业，我敲敲门，店老板探出脸来：“你是橘子？”

我无言地点点头，掀起门帘，走了进去。

吧台上趴着一个人，一个我虽然没有走近过，但绝对不会认错的人。

我的心跳得很响，在安静的酒馆里似乎都能被老板听见。短短几秒，我的眼睛就适应了昏暗的光线，能把全部景象都看得清清楚楚。吧台上趴着的那个人，睡得很沉，只能听见轻微的呼吸声。周围乱七八糟的，桌上、地下，甚至调酒台上，都散落着空了的酒瓶，我的心沉了下来，空气中酒精的味道覆盖了我精心喷上的香水，也覆盖了我的心。

他睁开眼睛，慢慢地看向我。

“橘子？”他的声音里是欣喜的，是渴望的，是燃烧的，他揪住我的衣袖，“橘子，你帮帮我吧。”

当时我要是逃走就好了。

他告诉我，青青有重度抑郁症，写信成了她倾诉痛苦的方式。他对青青倾注了全部的爱，把自己从一个运动男孩硬生生掰成文艺青年，给她写信，挖空全部心思去讨好，把她每一条朋友圈和动态都当阅读理解去做。而青青却像一个黑洞，吞噬无尽的温柔和安慰。王一凡没办法停下来，他哪怕想要抽离一刻，青青都会尝试去自我伤害。这样无穷无尽的反复，让王一凡的热情燃烧殆尽。

她没法好起来，时不时的暴走让他感到恐惧，他没有力量拯救她。他到底只是一个人，青青全家都无法承受的消耗，他一个人承受不来。

而我，也许是他的救命稻草，我当时也天真地这么以为。

我开始替他给青青写信，完成初稿之后拿给他，他抄完了再寄走，每周一封，从不间断。

室友笑我傻，她们不知道的是，只有这样，我才能名正言顺地约他出来，一起吃一顿饭，静静看着他抄完信，和他踏着月色，像情侣一样在校园里走走。

我也病了，这种病，无药可治。

期末考时青青和他暂停了通信，他也不再叫我出去了。我为了能多见他一面，谎称自己考听力的耳机丢了，厚着脸皮发微信向他借。我戴着他用得脏兮兮的耳机听歌，舍不得摘，就算睡觉也要放在枕边。考完的那天晚上，我用4B橡皮，仔仔细细地擦了好几遍，直到它恢复了原本的白色才拿去还给他。

我其实很明白，在他们撕扯的爱情当中，我不过是个外人。我不会出现在他们感情的开始，也不会出现在他们感情的结束。

有时我在收发室会碰见青青，无数次看到她的照片，我不会认错。她皮肤苍白，眼睛很大，有一种脆弱的美。找到我写给她的那封信时，她总会露出一丝淡淡的笑容。每次见到她，都能听见她用好听的声音向收发员道谢，认真地签好单据，礼貌地用双手递给对方。

他们俩好像越来越好了，有时候在晚上，都能看见青青看球的身影。王一凡发微信给我时表情变多了，会问我青青给他买的球鞋好不好看，我以为我会跟着他一起变得快乐起来，可是我没有。

他们正式在一起的那天，就是我的深渊。

那天我看着王一凡发给我的照片，独自一个人喝了很多的酒。夜深了，我晃晃悠悠地顺着学校的大路向宿舍走去。酒精让我的心疯狂地跳动着，脑海中王一凡和青青的脸在我眼前像幻灯片一样反复闪过，脚底像踩着棉花，如梦似幻。路过还没有熄灯的篮球场，熟悉的身影在跑动着。我控制不住自己，睁大双眼忍住酸楚，走到他面前站定。

他看到是我，停下来冲着我笑，“橘子，你看到我的微信了吗？她终于答应啦！”

我看着他，一句话没说就开始放声大哭。

王一凡拉住我的手，表情从温柔慢慢变得无奈：“你别哭了好吗？你这样哭，我很困扰。”

“橘子，”他替我擦干了眼泪，表情有些尴尬和为难，“写信的事，你能帮我保密吗？”

我忽然意识到现在是我们俩该结束的时候了。作为“僚机”，我功德圆满，作为暗恋他的那个人，我明白我俩应该就此打住。不只是哭让他困扰，也许我对他的喜欢，也会让他困扰。他今后的生活中，不再需要一根救命稻草，不再需要“僚机”，不再需要我。从一开始，我就不能拯救谁的人生，也不能拯救谁的感情，自我狂欢病入膏肓的那个人，是我。

和电视剧里的剧本不同的是，我永远不会告诉青青，在她最黑暗的那段时间里，是一个女孩子代替王一凡去温暖她的。

感谢酒精的作用，那晚上所有的感受我已经记不太清了，只记得第二天我删掉了他，烧掉了我们俩所有的书信，然后开始缓慢地从身上剥掉所有他的喜好。推倒重来找回自己的过程是痛苦的，尤其是当我参与了他全部的生活，用他的角色感受过开心和悲伤，描绘过天空、小鸟和大海，我很难不习惯性地用他的眼睛去看世界，用他的心去感受世界。

以前我觉得被喜欢的人拒绝是巨大的失败，会带来持续数年的尴尬和痛苦。可就算我花费数年找回了自己，我还是不明白怀揣卑微的爱情站在角落等待被发现，微小的温柔就能点燃我的彻夜狂欢，这样的感受，为什么让我如此着迷？

我曾经无数次回想过那天站在球场上面对王一凡的场景，幻想着如果再来一次，我会不会把握住跟他剖白心意的唯一一次机会，跟他说些什么。

后来我才明白，就算回到过去，我也还是会问他同一句话：

“你幸福吗？”

暗恋永不过时。

✽冷莹

你是我的最高分

一

我的初中时代，同学们集体困惑的事情有两件：一是为什么食堂的饭菜那么难吃但每日都能卖完；二是我们班人气最旺的男生为什么是我的同桌——活宝兼闷葫芦张宝钟。

张宝钟同学的校园时光堪称传奇，直到现在，他的学业伟绩还在被当年的老师同学当段子讲。

张宝钟的面相比大家都老，据说是因为小学一年级曾连蹲三年，后来他爸急了，托了关系不管及不及格都让他跟班上。初中三年，张宝钟在我们班考试一直都是倒数第一。张宝钟的水平发挥之稳定，让他的好兄弟、我们班经常考倒数第二的李山倍有安全感。

比考倒数第一更传奇的，是张宝钟每次的考试成绩都是个位数，我很好奇，曾经特地请教过张宝钟：“一张试卷里选择题和判断题是二十分，你是怎样做到错误命中率百分之百的？”张宝钟谈到这事儿就很委屈，眼圈儿都红了，他瓮声说：“我怎么知道！老天爷跟我过不去，我打钩答案偏是叉！”我忍着不笑他，因为手里还握着张宝钟买的甜筒冰激凌。

甜筒冰激凌在那时候是稀罕物，我们身边的同学却人手一支。包括坐在隔我们一桌之遥的女班长小辣椒，嘴上还沾着一点奶油。

张宝钟祖上可能是孟尝君，非常热爱请客，而且很讲究规模。每次请客，以他为圆心，放射性辐射，周围八桌十来个同学都进入福利范围。

张宝钟的爸爸是小镇比较早先富起来的人，他对两个儿子有求必应，尤其是张宝钟。

张家两个儿子，老大张宝钟是他心目中最有出息的那个。

所谓出息是对比出来的。在很多同学一周零花钱还论块计算的初中年代，张宝钟的口袋里就成天装着大把钞票。学校里的老师没人喜欢张宝钟，老师们打心底爱的都是各自班上的小辣椒。

二

小辣椒长得秀气端庄，成绩永远名列前茅。张宝钟怕小辣椒，这是大家都知道的事情。张宝钟在班上的男生堆里很有威望，男生们都尊称他一声钟哥，但自习课上只要小辣椒一点张宝钟的名，正和兄弟们海侃的他必定马上低头噤声，并且示意大家也一起闭嘴，模样拘谨乖巧。

小辣椒是我见过的自尊心最强的姑娘。小辣椒爸爸早逝，妈妈一个人养大她和弟弟，她家境窘迫，大概只有张宝钟请客的时候，她心里没有那么大负担。因为张宝钟每次都是请周围所有同学，十几个人里，不多她一个。

大家最兴奋的，是像大人们一样下馆子的时刻。红烧牛尾、黄焖鸡、笋瓜煨肉……大家跟着张宝钟一起吃过的菜，有些家里的大人还没有尝到过。

后来，我悄悄发现了一件事，张宝钟每次都要点的那几个，全是小辣椒爱吃的菜。

初中毕业了，我和小辣椒考进了市一中。张宝钟和李山没有悬念地进了我们那时最烂的中学。在高中，各校高手云集，我有些力不从心，小辣椒还是一如既往地拔尖。张宝钟和李山仍然一起愉快地给各自班上的同学们垫着底。

每到周末，他俩就爱来我们学校转。有时李山有事，张宝钟一个人来。张宝钟高中时身高猛长，长过了一米八，我们学校还有几个女生喜欢上了他，但张宝钟没搭理其中任何一个。

录取通知书下来，小辣椒和张宝钟都去了北京。小辣椒作为我们学校那一届文科生的骄傲考入了北京某著名大学。至于张宝钟，则被他爸塞进了北京一所三本院校。

我上了一所西安的高校。张宝钟的死党李山开始混迹社会，和他的摇滚乐队兄弟们游荡过许多城市的酒吧。大学期间，同学群里许多对情侣横空出世，但始终没有张宝钟和小辣椒。小辣椒醉心学习，一心渴望知识改变命运。张宝钟忙于什么，谁也不知道。

大二寒假时同学聚会。小辣椒坐在张宝钟的斜对面，小辣椒和张宝钟的关系还像当年那样，熟悉但并不熟络，交谈欢喜但看不出喜欢。

饭吃到后面，喝酒的同学都喝多了。话题聊到张宝钟当年的伟绩，有个男生想起来张宝钟有回考了个七十分。众目注视下，醉意醺醺的张宝钟欣然点头。同样喝得有点高的李山突然大声问道："张宝钟，你说实话，你那次考试是不是抄袭了？"张宝钟一愣，然后红着脸老老实实回答："嗯，抄了一点点。"

在场同学一个个都笑瘫了。小辣椒清脆的笑声还像当年，最响亮。

很快，迎面而来的就是大学毕业。在同学们上蹿下跳找工作的时候，小辣椒考了研，张宝钟在家人安排下进了外企。

三

工作第二年，我去北京出差，酒店就在张宝钟公司旁边。张宝钟同学此时已经跻身领导层。张宝钟同学中午请我吃饭，强烈要求去鉴定一下他们这世界五百强公司的食堂。

在他们那个华丽丽的食堂里，我们碰见一位国际友人，笑着同张宝钟拉开一副打招呼的架势。

对方才点头说"hello"，张宝钟同学淡然点头，我还没来得及发问，就听见他小声催我："赶紧走，要不一会儿他跟过来就完了，翻译没在，我听不懂他说话！"好不容易挨过转角，我笑到倚墙，不能直立行走。

让我惋惜的是，张宝钟和小辣椒之间终究未见交集。

2016年，小辣椒作别国土，飞向她梦寐以求的大洋彼岸。那天，在北京的几个初中同学都去送了她，只有张宝钟没到场。同学璐子回来后在群里说，在机场看见小辣椒和她新交的男朋友了。两人是一起走的，他们是在托福培训班里认识的。

璐子说："两人很般配，完全一对璧人。"同学们叽叽喳喳地起哄。群里，我看见张宝钟头像亮着，但没有说话。一向话多的李山，那天也陪着张宝钟只字未言。

2017年元旦，张宝钟结婚了。新娘是北京本地的姑娘。

新娘在台上说他们的恋爱史，落落大方地承认是自己倒追的新郎，喜欢他有点木讷的实诚模样，她喜欢他十年整。

婚礼现场的音乐太过高亢，李山坐我旁边，小声告诉我："其实小辣椒出国的那天张宝钟去了机场，看见小辣椒和她的男友十指相扣站在那里，最终没有过去。"那天晚上张宝钟喝多了，给李山打电话，来来回回对他只说一句话："那俩真配，真的。"

在一个人的暗恋里，住着全世界所有的山高水长。

酒足饭饱后，李山开着张宝钟的车载着我们几个。进小区门时不见张宝钟的停车卡，李山伸手四下翻找。当李山翻开驾驶座上方的折镜时，一张纸飘然而下，落在坐副驾的我的膝上。我捡起，李山侧过头来看，忍不住说："张宝钟这个二货，还偷偷摸摸去考过雅思啊。"

听力两点五分，阅读两分，写作两分，口语一点五分，总成绩两分。

换成百分制，这大概是末等生张宝钟有生以来的最好成绩。

四

我曾爱过你，想到就心酸。那在网络上老掉牙的句子，永远都有人为它掬一把热泪，因为懂得，不是所有温柔的爱都需要晒在阳光下。

当你是渴望入云的鸟，而我是林间一只拂叶穿行的鹿。我是那双默然看你一路挥洒汗水捕云逐月的眼睛，虽不能一路同行，却在无人知晓处曾竭力陪你一程。

小辣椒永远不会知道，她，曾是张宝钟生命里的最高分。

小梦大半

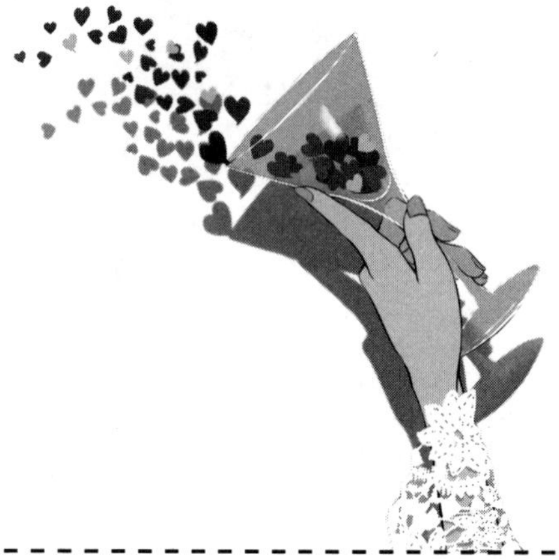

但愿你的道路漫长

充满奇迹，充满发现

但愿你的道路漫长

但愿那里有很多夏天的早晨

——卡瓦菲斯

灰姑娘的南瓜车

笛安

1

我长大的故乡是个暗沉的工业城市。那个时候我讨厌它。我觉得它闭塞、冷漠，没有艺术，没有生机，所以我想要离开它，走得远远的。因为年少无知，所以理所当然地觉得我的人生应该更美好。既然想要美好的人生，那么总得有个更好些的城市来充当舞台或者背景。不光我，我身边的很多朋友都是如此，连老师都会在课堂上看着窗外的沙尘暴告诉我们："如果你们想远离这个地方和它的沙尘暴，就认真一点上课。"

2008年，看顾长卫导演的电影《立春》的时候，第一个镜头，就觉得胸口被闷闷地撞击了一下。听着蒋雯丽饰演的王彩玲甩着方言一板一眼地说文艺腔的对白，时不时都会暗暗地微笑一下——我想我知道电影在说什么。因为我曾经和电影里面的男人女人——尤其是女主角一样，不知不觉间，神化了自己的理想。

所谓理想，不能完全等同于希望自己从事什么职业，希望自己住在什么地方，就像王彩玲，她希望自己能在巴黎，至少是北京的大剧院里唱《托斯卡》——但是这并不是她理想的全部，巴黎、歌剧、意大利语等等这些符号不过是花丛，而她真正想要的，是在这些美丽的花丛里尽情地绽放自己。绽放了，生命才够绚烂，才能清晰地感觉到那种"自己"终于成为"自己"的过程。我也一样，那时候我甚至都没找到一个具体的符号来充当我的花丛，可我满脑子都是关于绽放的幻想：我一定会变成一个更美好的人；我一定能做点什么变成一个更美好的人；一件事情，一个作品，一段爱情都有可能锻造我，锤炼我，把我变得更完美。就在这满脑子热气腾腾的狂想中，我的青春期就过去了。

高考考得并不好，倒是没有落榜，可是没能如我所愿，让我离开家乡。那个时候，"留学中介公司"已经渐渐被人熟知。

某个夏天闷热的夜晚，老爸问我想不想出国去上学，我头脑有点发蒙，但是很坚决地说："想。"那时候我十八岁，在十八年的生命里，小学六年，出了小区的大门，要往左转；中学六年，出了大门，要往右转——从没有离开过那条我出生并长大的街道。"外国”，实在是太遥远的所在，已经超越了我这个生长在内陆小城的灰姑娘的想象的边界。那个年龄的人一无所有，所以满怀勇气和好奇心。后来，就是这点原始的、青葱茂盛的勇气和好奇心支撑着我走过了很多日子，度过了很多困难和困惑的时候，直到它们在不知不觉间被用完了。随着它们用完，我就变成一个所谓“大人”。

2

2002年1月27日，是我永远都不会忘记的日子，我就是那天乘飞机去法国的。八年过去了，我很少跟人主动谈论关于法国的一切，文章更是几乎没写过。因为我从不觉得我真的去过法国，我的意思是说，那个雨果的法国，那个波德莱尔的法国，那个萨特和波伏娃的法国，那个香奈儿和迪奥的法国，那个与其说是浪漫，不如说被无数人“浪漫化”了的法国……

头几年我住在卢瓦尔河谷的一个小城里。那个地方有达·芬奇终老的城堡，离我们那个城市不远的乡下会盛开祥云一般的粉红的苹果花。那个小城安逸、漂亮，当地人大都要比巴黎人友善很多倍。可对于初来乍到的我，真正留下强烈印象的其实只有两样东西：比国内高很多的物价，还有刻骨的寂寞。

时至今日，当初通过同一个留学中介出国的中国学生聚在一起，还会笑着回忆往事——当初在超市里买回几桶最便宜的红酒，里面的渣滓把大家的牙都染成紫红色。

我在法国居住过的第一个房间，位于城边的公路旁。窗子外面的风景在全世界都能看见，独自蔓延着的公路是沥青凝结起来的，有的时候重型载重卡车呼啸着经过，带起来瑟瑟的风，加油站很新，但是不知为什么就是觉得萧条——我当时还不知道，根深蒂固的“公路情结”就从此扎根在血管里。有风雨的夜晚，我就在这样的窗口背法语单词，“彩虹”“希望”“有魅力的”“诱惑”……我身边来自清晨的面包店的长棍面包已经干瘪，静悄悄地死掉了，我还浑然不觉。其实除了这个已经硬得不能吃的面包，并没有什么东西能够让我真正觉得，我已在天涯。

天涯也不过如此嘛，十八岁的我暗暗叹气，仔细想来那是我第一次像个大人那样叹气。这时候隔壁房间的朋友来敲我的门了，小型的聚会永远在某个人的房间开始。大家穿着牛仔裤席地而坐，最便宜的红酒入了年轻的愁肠，流出来的眼泪滚烫，梦想或者关于梦想的错觉在体内燃烧着，一群人孩子气地互相鼓励着对方：不会永远喝最便宜的红酒的，只要我们肯奋斗。

可是到底要怎么奋斗呢？我自己也不知道。我倒是试过在念书之余，去给房东带小孩，按小时计费——我是个糟糕的保姆，很幸运的是，我碰上了一个特别懂事的小婴儿。就这样做了一个学期，攒出来一笔去西班牙玩的钱。

打工、攒点钱、旅行，这是所有的学生都会做的事。但是我没有忘记，我其实想要体验的，不过是那种看着自己一点点变得更强大，更丰富，也更充盈的感觉。事实上我也真的体验到了——当我发现自己渐渐在熟悉法文这种陌生的语言；当我慢慢学会了做饭；当我带着那个漂亮的小婴儿去摘樱桃，看着她纯净的笑脸……这美丽宁静的小城太小太安逸，所以无数次地让我产生了那种自己很强大的错觉。只不过，那种刻骨的孤寂从没有被治愈过，无论是我静静地一个人待着，还是和一群人在一起笑闹，它都能够在一个我看不见的角落，像月光那样猝不及防地抚摸我，微妙地隔开我这个人和一切火热的喜怒哀乐。

不能摆脱，就习惯吧。

那时候我已经搬到了一个更冷清的老房子里。就那个价位而言，老房子真的很大了。木地板踩上去就是一阵响动，很阴冷，居然还留着一个传说中的壁炉。阴雨天气里，雨水就不知从哪个角落滑落到壁炉里面，半夜里总听得到它们缓慢滴落的声音。有一天，我就是在满室的潮气中，打开灯和电脑，我想和自己说说话。可是如果很直白地用聊天的方式说，又不知道从什么地方开始——我早就已经学会了不去渴望倾诉什么东西了。那就编个故事，自己讲给自己听吧，在虚假的故事里，放进去我真正的、冷冰冰的人生。

那一年我十九岁，我还没有真正意识到，我编给自己看的故事，就是小说。

3

我是非常幸运的。我在很年轻的时候，就找到了一样我愿意为之努力一生的事情，就是写作。并且，一路上，我遇到过对我而言非常重要的人，给我鼓励支持，帮助我赢得一个年轻人在现实世界中来之不易的好的开始，比如最早愿意用我的稿子的编辑老师，比如第一个鼓励过我的电影导演，比如我今天的出版人……当然，这些都是后话。

在写作的初始，我只是惊讶自己居然如此迷恋自己的故事，还有这些生活在电脑里的人物们，我觉得我的存在因为他们才变得生动，变得热情，变得更有理由。

所以我就告诉自己，一定要写下去。就算不能用写作养活自己也不要紧，大不了辛苦些，毕业后去找份工作，白天上班晚上写，平时上班周末写……总之要写一辈子。就算写得不好也没关系，我和我的小说待在一起的时候，才觉得自己的灵魂是美丽的。那是一种一直在期待绽放的感觉，是一种又疼痛又自由的感觉。灰姑娘的南瓜终于变成马车，载着她往远方奔驰，金碧辉煌的宫殿就在前面，那个宫殿就是我心目中的“美”。

可是写完以后，钟声就敲过了十二点，马车又变回了南瓜，因为我每一次重读自己的小说，都会觉得我写的时候那种美好的感觉找不到了；我依然是灰姑娘，异乡的寂寞就是我脏脏的裙子和拖鞋。只是不知不觉间，我写的所有小说，都发生在那个我曾迫不及待想要离开的城市。

再后来，我离开了那个小城，来到了巴黎。一待就是四年。除了巴黎，我想世界上任何一个大的都市都有一批像我这样漂着的年轻人。在这里，我认识过来自五大洲超过三十个国家的人，越来越觉得阿加莎·克里斯蒂的话很经典：“人性在哪里都差不多。”因为无论肤色，无论种族，无论信仰，可爱的人们总是相似的，狭隘的人们则各有各的狭隘——别动不动就把“文化差异”挂在嘴边上，过分地强调“文化”也是狭隘的一种表现。我遇到过非常好的人，也遇到过非常坏的人，我经历过人和人之间不需要语言就能分享的温暖瞬间，也见识过最险恶的国际政治和种族歧视。除此之外，还见证过一些人出于种种原因，或者原因不明的堕落。四年的时间，几句话，也就说完了。

4

岁月是短暂的，很快就过去了。可是人生的确漫长，不然我偶尔回头的时候，为什么会不记得自己是怎么一路变成今天这样呢?

眺望一下当年那个关于“绽放自己”的理想，才发现，“理想”和海市蜃楼差不多，不是用来握在手里的。就像高等数学里讲的那个极限，你最多只能接近它，无限接近却永远不能抵达——我的数学从初二起就没有及格过，可是我依然觉得，当我第一次听到老师讲关于“极限”的时候，心里好像真的被感动了。我曾以为，当我确定我要写作的时候，因为心灵有了归属，还以为自己可以慢慢活成一个平和、宽容，然后恬淡的人……却不知道生活处处是陷阱，它有的是办法让你亲眼看见自己丑态百出，让你一遍又一遍地明白，你永远变不成一个“更美好”的人。

我相信未来，所以很多时候不敢妄言人生，只不过，确切地感到，当初那个灼热地追逐理想的自己已成往事。我的第一本长篇小说发行第三版的时候，我在后记里对自己说：“那个时候我不知道，对于一个人的生命来讲，挣扎跟和解，到底哪个更珍贵。其实直到今天我仍旧不会回答这个问题，但我在不知不觉间，学会了不再用这样的方式提问。那时我还固执地坚信着，无论如何，飞蛾扑火都是一种高贵的姿态。可是今天，我只能微笑地眺望着当初的自己。我不是在嘲笑她，我怎么敢。我只是羡慕，她那时候那么自信，自信自己是澄澈的，是纯粹的，是打不败的。而今，我已经被打败过了，我用曾经的飞蛾扑火，换来今天手心里握着的一把余温尚存的灰烬。”

值得庆幸的是，我依然没有忘记，这把灰烬的名字叫作理想。

他留在旧时光里

✿苏尘惜

他点起了属于自己的星星之火

20世纪90年代的小城，不似现在这般喧闹，晚上9点半以后大街上人影寥寥。谁家小孩这个点还不回家，肯定要挨爸妈一顿揍。一般小孩被训斥一两次就乖乖听话了，郑柳川可不一般，他那倔强的小身板，就算被他爸老郑拿着扫把在后面追打，他也不长记性，该晚归还是晚归。有一天，他甚至骗他爸说在我家写作业，导致晚上11点钟我家的门被敲得震天响。得知他不在我家，他爸的脸立刻就拉下来，可想而知，郑柳川会有什么下场。

隔天看到郑柳川时，他一副无精打采的表情，我好奇地问他："你是去网吧了，还是去游戏厅了？昨天你爸还上我家要人。"

他吐舌头做了个鬼脸："你不仗义哦，居然不给我打掩护。"

"也不看看你几点回家，我哪来的通天本事替你瞒天过海。"本来昨晚睡眠被打断我就生着气，没承想，他还怪到我头上。

"好啦，开玩笑嘛，不过我倒没去网吧、游戏厅，我去的地方下次有机会带上你。"看他那副神秘的模样，我也猜想过到底是什么地方对他吸引力那么大，然而当谜底揭晓之后，我……

他带我去的地方，居然是戏台！绿色的大棚占据了大片地方，一排排长凳密集排列着，阿公阿婆们摇着扇子悠然自得地等待开场，偶尔也会有几个中年人。再怎么看，郑柳川和我在其中都显得分外突兀，总感觉有异样的目光投射过来。郑柳川的期待和我的不安形成明显反差，他眼里闪着光，念念叨叨地告诉我待会儿要上的剧目是什么，并对要上台表演的越剧演员如数家珍……

那会儿我还沉浸在金庸的武侠世界里，脑子里都是郭靖、杨过之类的大侠，我连越剧是什么都不懂。那天离开戏台后，郑柳川哼哼着唱了几句，还有模有样地模仿着动作，从他眼神里的愉悦能看得出他非常享受这一切。

从那个时候起，我就觉得郑柳川跟我们普通小孩都不一样，当我们都在随波逐流的时候，他点起了属于自己的星星之火。

他的平静都是装的

男生喜欢越剧，大抵是不太常见的事儿。

我也觉得郑柳川是个“奇葩”，有时他在露台练唱腔，我就把电视机的音量开到最大，屏蔽掉他的嗓音。倒是我爸，每次听到郑柳川练声时，都不由得点点头：“阿川蛮厉害的，要是好好培养，一定是个角儿。”

可是郑柳川的爸妈对儿子的这项喜好，那是深恶痛绝，最不喜欢别人说起郑柳川唱越剧这事儿。有人办寿宴和喜宴，没那么大排场请戏班子，想请郑柳川去吼上两嗓子，说是会给丰厚的报酬，可郑柳川的爸妈一概拒绝了：“我家阿川读书要紧，哪能让这些事情打扰学习。”

“他们不就是嫌弃我唱戏丢人，这点小心思我会不知道？”这话郑柳川当然不敢拿来明着怼他爸妈，只是私底下找我吐槽。

郑柳川非常想接这些活儿，唱两嗓子一点都不费工夫，还能有收入。有个文化馆退休的老师傅精通越剧，打算栽培他，师傅愿意无偿教，可郑柳川心里过意不去，想着筹钱付学费，上台表演是筹钱的最好方法，偏偏被爸妈掐断了路子。

在家不受待见，在学校里的情况也好不到哪儿去。虽然郑柳川是打算瞒着的，可这世上哪有不透风的墙，他喜欢唱越剧的事儿成了同学之间闲聊时的八卦。年少无知时，都觉得唱戏是挺丢人的事儿，以此来嘲笑人，这对郑柳川是莫大的伤害。

那日，郑柳川跟着师傅去养老院公益演出，赶回学校上晚自习，来不及卸妆，脸上还有浓妆的痕迹。所有人的目光都聚焦在郑柳川身上，一个个捂嘴偷笑，像是在看一个滑稽的小丑。面对那么多的嘲笑，他仍旧面不改色地做着自己的事儿。

但我知道，郑柳川的平静都是装的，年少的心能有多大的承压能力？只不过看起来毫不在乎，其实心里滴着血呢。我这么说，是因为之后好多天，对面露台都未曾传出他练唱腔的声音。

他的眼里是茫茫大雾

别人的嘲笑，郑柳川可以忽略；练功的辛苦，他可以忍受；大风大浪他都愿意扛，荆棘遍地他也愿意闯，他唯一走不出的是亲情的捆绑。

高三那年，郑柳川想报考越剧相关的专业进行系统性学习，毕竟从前再怎么说都只是自学，想要进阶更高层，唯有考进专业学府。然而他的想法却被他爸妈强烈否定——理由是“唱戏不靠谱”，但最重要的是他们不想让他成为世俗眼里的另类，毕竟在小城里面，太特立独行也可能会成为舆论中心。

郑柳川从小就倔，当然没有那么容易屈服。那一年，经常能听见他家传来尖厉的责骂声，以及锅碗瓢盆落地的声音。有几次我爸过去劝架，回来的时候都惋惜地摇头：“阿川那么倔，老郑比阿川还倔，一家子都是倔骨头。”我爸其实是想帮郑柳川一把，劝他爸同意郑柳川学越剧，只可惜试了好几次都没成功。

郑柳川最后选择缴械，不再叛逆，不是因为想通了，而是因为老郑被气进了医院。医生嘱咐说，要是想让老郑多活几年，就别再刺激他了。

从前，郑柳川跟老郑闹，那是为了自己的光明前途而斗争；可以后他要是继续闹，就可能被扣上一个“不孝”的大帽子。

后来，他只能遂了父母的心愿，放弃学越剧，选择了老郑心仪的土木工程专业。

儿子终于听话了，老郑的病情也渐渐好转，可是他大概忽略了郑柳川那日益黯淡的眼神，那身躯里装着的不再是有生趣的灵魂，而是行尸走肉般的木讷。

我问郑柳川未来怎么办。他没说话，他的眼里是茫茫大雾。谁也猜不透，那迷雾的背后装着怎样的打算。

他却走得越来越慢了

当愿景破灭，想要假装什么事情都没发生，那不可能。

郑柳川大一的日子过得极为颓废，成天混在网吧里打游戏，夜以继日地把自己沉浸在网络世界里，似乎就不用再去面对生活了。

就连大一寒假，他也找了借口不回家，大家都说他不孝，但其实很多人都不理解，他不回家就是因为孝顺，他无法劝说自己去面对一个专制霸道的老爸，只能尽量不接触，免得再把老郑气进医院。

寒假结束，回校的时候，老郑让我帮忙去看看郑柳川，托我给他带些东西。

那么颓丧的郑柳川，是我没见过的，胡子拉碴，眼神倦怠，看起来总是睡不醒的模样，我几乎都认不出他了。

“你这是自暴自弃？”

“不然呢？我还能做些什么？”郑柳川自嘲地笑了笑，脸上满满都是辛酸。

从前为了保护嗓子，他很少碰辛辣的食物，那日他却带我去吃火锅，毫无忌惮地吃，吃下的每一口，都是他对自己的放弃。

在残酷的现实面前，什么样的劝慰都显得太无力，我竟连一句安慰的话都说不出口。每个人的人生都要自己走，谁也无法替谁拿主意，谁也无法替谁承受生活的重负。

想起旧时光里，那个甩着水袖唱戏的无忧少年，不由得感到几分苦涩。这一路的成长，是他让我知晓原来每个人的人生是可以不一样的，是他教会我去为自己的人生拼搏。可当我踏上人生坦途时，他却走得越来越慢了。

他就是戏中之人

时光的脚步不曾为谁停留，一转眼已是2016年。这些年我忙着事业，穿梭于上海、深圳、北京，渐渐地断了跟郑柳川的联系，只是偶然从我爸那儿得知，郑柳川后来回了老家，进了个小剧团，偶尔接一些商演，虽然不富裕，但过得开心，跟老郑的关系也缓和了。我曾经担心他会一直颓废下去，但这样的事情并没有发生。

当我问起郑柳川跟老郑是怎么和解的，我爸只说了一句：“父子间哪有那么多宿怨。”

世事变化，沧海桑田，岁月不知不觉就改变了人们的模样。

那次我刚好休假回老家，老郑来敲我家的门，是来送戏票的，说是郑柳川他们剧团要去省里的大剧院表演，车已经包好了，希望我们这些邻居去捧场。

老郑卖力地吆喝着，言语之间流露出对郑柳川的骄傲，跟从前那个誓死不让孩子唱戏的倔老头，简直判若两人。我接过票，纸面热乎乎的温度似老郑的热情，久久未散去。

因为时间，我无法在那天出席，便私下找了机会去剧团找郑柳川。我到那儿的时候他正在排练，那一板一眼认真的架势，动人心弦的唱词，蓦然回首时的流连婉转，仿佛就是戏中之人。

世俗里，唯有求同才不容易出错，大多数人都会选择随波逐流，那样的人生会顺遂得多。假若太特立独行，总会有很多阻力。

可郑柳川的小半生显然是特立独行的，他游离在世俗之外，只为心底固守的信念，一步步走向了他要的未来。

我恍然想起五月天《倔强》里的歌词：“当我和世界不一样，那就让我不一样。”他就是这样倔强的人啊。

你看见我的可爱了吗

✽单荨

1

宋婉婉第一次当面听别人说她像一只大熊的时候，她正在英语培训机构当助教。老师正在教一系列和动物相关的单词，当他说到“bear”这个单词，立马就有一个活跃的孩子高声喊道:“Becky老师就像一只big bear。”于是，所有孩子都纷纷朝宋婉婉投来好奇的目光。

都说童言无忌，却字字扎心。但是宋婉婉温和一笑，反倒夸他学得真快，发音还很标准。

那个杨柳青翠的季节，春色盎然，宋婉婉每天都乘坐同一路公交车上下班，阅尽这里温暖的早晨和温柔的黄昏。

宋婉婉总是最早到的人，前辈们夸她勤奋，她可不敢自傲，明白自己不过是一个小小的实习生，熬不过实习期的话，她又得奔波着寻找新工作，到时候拿不到合格的实习报告，还会影响她领毕业证。

8点半一到，家长们纷纷将自家小孩领进培训机构的大门，宋婉婉整理好着装，分分钟笑脸相迎。双方寒暄一番之后，她目送大人们离去，再将孩子们领到玩具大厅，一边陪着做游戏，一边复习近期学习过的知识点。

时间稍晚一些，老师们陆陆续续地来到。王知舟穿了一件米白色的薄款毛衣，衬得宽阔的肩膀更加好看。他推门进来，清凉的风跟着涌入，宋婉婉回头一望，正好与他对视。

“早呀。”王知舟率先打了声招呼。

“早。”宋婉婉含笑回应。

有个在王知舟课上学习的孩子一见了他，便忍不住跑过去展示自己刚搭建好的乐高积木。宋婉婉定睛一看，原来是那个喊她big bear的小Jacky。

她没有想到，那次课后小Jacky竟然会悄悄跑到办公室来，奶声奶气地跟她道歉，说是Eric老师告诉他不能随便说别人是big bear或者将别人比喻成动物，因为这样子可能会让对方伤心的。

“我只是觉得Becky老师刚好穿了一件棕色的外套，和大熊一样毛茸茸的。”小Jacky一脸无辜，圆圆的杏眼直盯着宋婉婉，宋婉婉的心一下子化成了一汪湖水。

2

王知舟认识宋婉婉，是在去年的冬天，前台小姐姐领着还有些羞怯的宋婉婉去办公室和同事们打招呼，眼光落在王知舟的身上时，她还刻意强调了一句:“这可是你的小师妹哦。”

王知舟笑着站了起来，继而他的轮廓在宋婉婉的眼前变得清晰起来。她觉得他好生面熟，直到她坐公交车回家的时候，恰好有几个穿着中学校服的男孩子抱着篮球从车窗外路过，她才猛然想起来，王知舟以前可是学院篮球队的一员，她和她的室友还曾经兴高采烈地跑去当过后援粉丝。也许是这段往事和同校的关系给王知舟添上一层滤镜，也许是王知舟性格随和且与她年龄相仿，宋婉婉总觉得他亲切，因此也和他走得最近。

但每个办公环境里总会有小部分比较难相处的同事，宋婉婉就遇见过老师上课上到一半的时候，突然让她去办公室里借一条数据线和一个充电宝。她感到很疑惑，迟钝地盯着对方，数秒钟后，她才反应过来，低头看了看身边正认真涂写的孩子们之后，她婉拒了。接着对方不高兴地嘟囔了一声，宋婉婉没听清。

原以为事情就这样翻页，对方竟然去和主管申请要换新的助教，理由是实习生不熟悉课堂内容，难以配合教学工作等等。

宋婉婉当然不服气，气得涨红了脸，正要跑去办公室与他理论，转身却撞见了上完课准备请假外出的王知舟。他见她一副火急火燎的模样，忍不住多问了一句，于是她讲清来龙去脉，瞬间却失去了底气。口说无凭，细想一下，如果要在一位拥有3年教学经验的讲师和一位就职不过3个月时间的实习助教之间做出选择，结果显而易见。

原以为王知舟会劝自己服软，没想到他却露出灿烂的笑容来，犹如他背后穿过落地窗玻璃洒落下来的明媚阳光，温暖但不刺眼。

3

宋婉婉改变了主意，私底下去和主管请示，既然有人指出她不熟悉课堂流程的话，是否可以给她一个机会澄清。至于配合度不够的说法，她觉得自己一直保持积极主动的态度，对于机构里的事情从来不敢怠慢，其他同事也都有目共睹，但如果需要她配合去做一些私事，那么她承认自己的确力不从心。

好在主管明白宋婉婉话里的意思，一番软磨硬泡之后，主管最终同意让她在一周后上一堂公开课，但是如果表现太差的话，实习期将会被延长一个月。

那段时间里，宋婉婉变得沉默，满脑子都是怎么上好人生中的第一堂课，白天观摩学习，夜里挑灯写教案，黑眼圈都加深了不少。

王知舟给她买了一杯咖啡，笑道："想不到你这么拼命啊，早点下班，我可就先走了。"

"你别笑话我了，再见吧。"宋婉婉苦笑，挥挥手，继续盯着屏幕做PPT。

格外焦虑又格外担忧的宋婉婉好不容易熬到上公开课那天，早早地过来布置课室，还带了许多亲手画的图画。按照主管的指示，她可以直接教新的课程。

孩子们对宋婉婉并不陌生，平日里见着她并不会产生多高的纪律自觉性，如往常一样活泼地与她互动，甚至有的孩子已经迫不及待地跑上来想要领取她手上的图画和蜡笔，这堂课还未切入学习主题的时候，便快要乱成一锅粥了。

宋婉婉暗地里做了个深呼吸，随即改变了原有的想法，先将所有蜡笔和图画派发出去，让他们各自为每张图画上色，孩子们随后坐定下来，低头认真涂抹。

她便抓住这个间隙，一边向孩子们提问，问题从"水果的颜色"慢慢延伸到"我所知道的颜色"。课堂上，宋婉婉还教他们学习一首与颜色相关的英文儿歌，加深他们对单词的记忆。

"如果你们下堂课过来能和Becky老师分享5个你最喜欢的颜色的话，我们就可以再玩一个很好玩的游戏哦，明白了吗？"宋婉婉像变戏法似的展示了一叠颜色的小卡牌，故意拉高了声调说道。

"明白了！"稚嫩的童声响起，又一次给予了宋婉婉鼓励。

4

"其实我的目的不是要取胜，但我同样有用心，也追求寓教于乐的教学目标。"宋婉婉请王知舟吃烤肉，如果不是他支招，她不会想到借机争取上一节课这样的主意，甚至已经做好了视死如归的准备，所以她不能不感激他。她举起手中的玻璃杯，接着说："总之谢谢你，我先敬你半杯。"

"客气了。"王知舟也跟着喝了一大口汽水，"听其他老师反馈这次公开课的效果还不错，继续努力啊。不过，你就不怕我是故意坑你的吗？"

"看在你是我师兄的分儿上，我才相信你的。"说完，宋婉婉哈哈大笑。

烟雾缭绕的烤肉店里，食物与调料的气味弥漫在空气中，周围人声嘈杂，坐的都是在附近就职的上班族，有的人神采奕奕，有的人一脸倦意，姿态也各不相同。

王知舟动作娴熟地翻着肉片，宋婉婉埋头吃了几片香薄的肉片，解饥的同时，唇齿间也尝到美味。

“对了，我这个月底要离职，准备先去乡下支教一年时间，然后再去进修。你呢？你会留下来吗？”王知舟忽然说，语气平淡，并不是在表达什么雄心壮志。

宋婉婉先是一愣，随即思索一番。她并没有太长远的打算，但是想要留下来的心是有的，于是她点点头：“嗯，我不讨厌我的工作，想先把手头上的事情做到最好。我总觉得，船到桥头自然直。”

“那我们就一路披荆斩棘吧。”于是这一回轮到王知舟举起玻璃杯，待两杯相碰，发出清脆的声响。

春夏相交之际，王知舟真的离开了这座城市，他拒绝了送别会，轻盈地走了。在他走后，宋婉婉无意间听到同事们在办公室的闲聊，才发现原来王知舟是这家机构老板的亲侄子。也是在他走后，主管提出要与宋婉婉签订正式合同，让她当授课老师。

所以，宋婉婉留下来了。

5

宋婉婉虽然当上了老师，但在多数家长的眼里她的身份仍与助教无差，即便是新学生的家长，也可能会因为她年纪轻而对她的教学水平有所质疑，她仿佛坐上了一张冷板凳，只有在偶尔其他老师请假的时候才有机会帮忙代课。因为平日里课少，宋婉婉还是兼顾助教的部分工作，给家长们发送孩子的学习评价，帮助新生适应新的学习环境。她当然也灰心过，但熬过低潮，慢慢调整状态之后，她的学习能力变得更强，因为平日里和家长沟通得越来越多，她也渐渐了解到他们有什么样的担忧和希望，机构里的每一份活动她都会参与其中甚至去争取做策划组织的那个人，以至她将以往写过的教案翻出来不断地完善。

盛夏炎热，窗外的青翠映入眼帘，宋婉婉撑着脑袋发着呆，被忽然出现的小Jacky吓了一跳，她低头问他：“你怎么了？”

“Becky老师，我要搬家了，以后不来上课了，我想送你一个礼物。”随即有一颗小小的玻璃珠落在宋婉婉的掌心上，她看见一朵黄色的雏菊被嵌入珠子中。“这是幸运珠，能给你带来好运的，你可以放在，放在这个笔筒里面，它会保佑你的。”小Jacky越说越激动，还伸手指了指她桌面上的透明笔筒。

宋婉婉被逗笑：“谢谢你，我很喜欢。我还需要念什么咒语吗？”

“不用，放着就好了。”小Jacky一脸认真。宋婉婉微笑着摸摸小Jacky毛茸茸的小脑袋，回送了他一支自己一直在用的钢笔，声音轻柔地叮嘱他日后也要好好学习，然后与他告别。

她忽然想起自己刚来这儿工作的时候，有个爱穿恐龙外套的孩子总是活跃到难以融入课堂的状态。

“老师你能看到我吗？”马上要上课了他依旧热衷于躲猫猫的游戏，宋婉婉跑到大堂里找他，角落里忽然传来欢快的声音。

“嗯……我猜你就在那只大玩偶的后面对不对？”

“那你也看见我的可爱了吗？”

宋婉婉感到十分惊诧，转过身去，发现他将帽子戴上了，只露出自己的背影，外套上长着他最喜欢的恐龙犄角和恐龙尾巴。

“是的，我看见了，很可爱哦。”

孩子们的世界只有纯粹的好与不好以及分明的对与错，连喜欢与不喜欢也分得明明白白，在他们的眼中，还有数不清的新奇事物。大人们的固定型思维，有时候反而是在孩子的引领下释放出种种“原来还可以是这样”的惊叹，所以宋婉婉也喜欢和孩子们相处，孩子们的温暖也是她的动力之一。

说来也巧，就在小Jacky送她玻璃珠的那天傍晚，主管告诉她，老板已经在另一个城区签了新的办公室，新的分机构开张的时间预定在今年10月份，她向老板推荐了宋婉婉过去打第一仗，到了那里也算是新的开始，如果将来业绩好的话，很大机会可以再升职。

宋婉婉听过太多“不过是一份能糊口的工作罢了，至于那么拼命吗”和“没想到当助教也这么忙啊”这类的耳边话，但她并不这样想。

前路漫漫充满未知数，对于宋婉婉来说，远方太过缥缈，握住身边的温暖才感到踏实。所以她勤勤恳恳，一步一个脚印，相信总有一天天道酬勤，再怎么样也不会是坏结果。

各有渡口，各有归舟

✽陈若鱼

一

我的老家在一个灰头土脸的小镇。因为常年采石矿，到处尘土飞扬，随处可见高大的烟囱，路边的树叶永远落满了灰尘。记忆里的一座座山被夷为平地，来来往往的大货车每天轰隆而过。正因为如此，我们镇还算富裕，只要家里有一辆大货车，就等于吃穿不愁。

我的同学里，初中毕业就辍学回家子承父业的男生不在少数，比如赵波。我跟他打小就是邻居，算得上是青梅竹马，我们一起上的幼儿园，又一起从小学到初中。说起我们的初中，不得不提到那所破旧不堪的学校，学生没有校服，周一不升国旗，一年还要做很多次的勤工俭学。3月的时候老师带领学生们拿着钉耙去山上翻石头、抓蜈蚣，4月的时候去茶山采茶，5月挖蒲公英，9月采野菊花，每个人都有规定的数额，如果达不到就补差价给老师。

大多数时候，所有人都达不到标准，统统交钱，还有人干脆直接交钱不用外出劳动，跑去网吧打一天游戏。

赵波就是交钱后泡网吧的男生之一，反正他爸有一辆大货车，出门一趟就可以赚几千块。我们家虽然也有一辆货车，但是在我升入初中后不久，父亲就把它卖了，原因是家中没有男孩，将来没有人继承，趁早卖了留钱养老。

而赵波刚升初中的时候，我们两家人一起吃饭，他父亲在饭桌上就说了，等赵波初中毕业之后就不打算让他再读书了，只要认识字能考驾照就行，然后接他的班，趁这几年石矿生意稳定还能多赚点钱。

我悄悄看了一眼赵波，他把头埋进碗里没有说话。

我忽然想起，我们一起去初中报到那天，秋高气爽，万里无云，我们骑着自行车从菜市场后面抄近道去学校时，他说要跟我一起参加中考、高考，一起去外地上大学。

他说那些话时，眼里发着光，一副神采飞扬的样子。

从小到大，赵波的学习成绩一直比我好，我每次还要用小布丁巴结他借我作业抄，常让他帮我补习数学。初二那年我迷上了写小说，他永远是我的第一个读者，有时候夸我写得好，有时候也批评我滥用成语，甚至有一次还偷偷帮我把写的小说寄给杂志社，我们忐忑等了几个月后终于放弃。

如果他不能继续读书，对我来说，真的是一件很遗憾也很难过的事。

二

在小镇不远的地方有座山，叫作喜山。每年一到春天，赵波就带我去山上找映山红吃，这是我每年春天最爱的活动。我们一路爬到山顶，看着被信号塔和山峦裁剪的碧空，俯瞰整个小镇。

起风的时候，我们能嗅到风里隐隐约约的兰花香。赵波总能循着香味找到兰花，鹅黄色的一串小花，凑到鼻子前才发现香气逼人，简直要把人熏晕过去。我忽然就深刻理解了什么叫“可远观而不可亵玩”。

初三那年春天，好不容易补完课，赵波又跟我溜到喜山，我们吃了一肚子的映山红。下山的路上，他突然跟我说，他不准备参加中考了。

我看着他泛红的眼睛，没有问为什么，我知道这一定是他父亲下的命令。赵波是家里最大的孩子，底下还有一个妹妹和一个小他10岁的弟弟，而他父亲年纪越来越大，货车司机又是高危行业。我知道，他一定也权衡过很久，最后才连争取都不争取就选择了牺牲自己的前程。

中考之前辍学的人不在少数，我清楚地记得，初一入学那天我们班上有73人，中考前只剩下39人，几乎有一半的人，不是辍学回家子承父业，就是出门打工了。

而我第一次庆幸自己是个女孩，尽管姥姥一直说女孩子读书没用，但父亲说女孩多读点书也好，将来能嫁个好人家，我也因此获得了继续读书的机会。

那年9月，我去了县城上高中，一个月回一趟家，而赵波被父亲送去市里跟亲戚学习简单的汽修。我拍了教室的照片在QQ上发给赵波看，上高中时我们也开始穿校服了，像很多青春小说里写的那样，而且不用勤工俭学。

赵波说，他也有"校服"了，还拍了照片给我看。照片上的他，穿着蓝色的沾满油污的工作服，剪短了头发，几个月不见憔悴了许多，有一种说不出的苍老，尽管他笑着，但我知道他一定不开心。

也是在那时，我才忽然明白，我的遗憾不是因为我不能再抄赵波的作业，也不是他不能再帮我补习数学或者帮我看小说，而是他的梦想落空了，掉在地上碎得悄无声息。

在我高三那年，赵波正式成了一名货车司机。

我们在教室里读书的时候，他在全国各地天南海北地跑，日夜颠倒。他在QQ空间里更新的照片，永远都是在路上，我偶尔的问候他也是时隔多日才看见，渐渐地我们就很少再联络了。

寒假时，小镇下了一场大雪，所有的尘埃都被雪掩埋。我跟母亲去菜市场买菜时遇见了赵波，他不再是那个清白消瘦的少年，而成了挺拔壮硕的男子，黝黑的面容写满短短三年的风霜，明明才18岁，却有一种说不出的老成。

他眼里没了初辍学时的不甘和委屈，而是坦然。看来他已经接受了货车司机这个身份，也接受了告别学校、告别梦想的现实。赵波不像之前那样善言，我们站在菜市场门口只寒暄了几句，他就往网吧去了。我望着他的背影蓦地鼻子发酸，我知道从此以后我和他将各有自己的归途，各有自己的人生。

第二年春天，我正在教室里背单词，赵波发来一条QQ消息，是一张照片，那座曾经长满映山红的喜山被夷为平地，货车在山脚下来来往往。从那天开始，那些成片灿烂的映山红和幽香的兰花，和少年赵波一样，都只能永远存在于我的记忆里了。

2008年夏天，我的人生中发生了两件大事：一是高考，二是汶川地震。我在地震发生的第二天接到父亲的电话，他说前一天地震发生的时候，赵波的货车碰巧开到成都，他父亲打了几十通电话也无法接通……

我望着窗外乌云翻涌，一副山雨欲来的征兆，不断祈祷。所幸，焦急地等到第四天，终于等来赵波安全的消息，我也终于松了口气。

高考前最后一次回镇上，见到了赵波，我才知道那次地震他并非安然无恙。原来，他从旅馆三楼跳下来的时候，摔伤了右脚，以后再不能开车了。

"那你会回到学校继续读书吗？"我问他。

赵波笑了一下，摇摇头，他说父亲决定卖掉货车，去县城开一家小超市，弟弟妹妹还要读书，他得留在超市帮忙。我看着他脸上的笑，一句安慰的话也说不出来，只望着河边茂盛的青草里星星点点的碧蝉花发呆。

三

之后，我去了外地上大学，后来所有关于赵波的事，都是从我父亲那里听来的。比如，我大一的时候他们一家人都搬去了县城，超市生意做得不错，他们在县城买了房子；比如，他妹妹以死相逼终于如愿上了高中；再比如，在我大三下学期那年，赵波跟一个女孩订婚了。

得知这些消息的时候，我总是情不自禁地想，如果赵波也念了大学，现在会是一番怎样的光景呢？谁也不知道，谁也无法预料。

大学毕业之后，我仍痴迷写小说，辗转去长沙做过杂志编辑，又北漂去做图书策划，陆续开始发表文章之后，我索性辞职专职写作，算是离梦想又近了一步。

这几年回老家，发现镇子附近的山都被挖空了，那些青山没了，我们的小镇变得更加灰头土脸，夜晚趴在窗口再也看不见漫天璀璨的繁星。我终于意识到，那些夜空里曾经明亮的星辰，也和我们青春年少的岁月一样，沦为记忆的点缀，再也回不来了。

少年心底睡着一颗星

✽云鲸航

高三时，我总觉得日子像被关在铁栏里的牲口，容易耗掉希望。

身旁的同学都仿佛入夏时在玻璃上撞累了的蛾子，默默地整理自己残损的羽翼。抬头是高考倒计时，低头是花样繁多的复习资料。每个人都面无血色，苍白得如同一张搁在时间深处的旧照，落满叹息与尘埃。

而我这时竟然还在为学校的话剧社供稿，写脑洞很大的剧本。比如莎士比亚穿越到现代，跟一个学体育的女生谈恋爱；比如男生一觉醒来，发现这个世界又回到母系社会；比如一个人盗取另一个人的记忆，取代对方生活；比如一个没有性别界定的世界里，人可以一会儿变成女人，一会儿变成男人，去破各种案子……

晚晚喝着奶茶，在雨天的走廊上对我说："最好别让你爸妈看到这些剧本。"我说："放心，我保密工作做得很好，只会让他们觉得我在认真复习。"晚晚把奶茶笑喷出来,回道:“我是担心你爸妈看到你写这么烂的东西会反胃,哈哈……”我生气地要夺走她手中的奶茶,却不小心打翻了,奶茶从透明的瓶口洒出,真像下大雨。我们俩站在弥漫着奶茶味的走廊上,不知笑了多久。

跟晚晚认识是我上高二的时候,当时我刚到话剧社。社里要排一场上海滩歌女的戏,就像《情深深雨濛濛》里那样。晚晚要打扮成依萍那样在台上唱《小冤家》,但她在舞台巡视了一圈后,发觉哪里不对。“哦,是歌女,歌女太少了,这排场哪算什么‘百乐门’啊,简直就像在乡下卖艺!我们演戏要演真一点,才对得起观众!”当时已经当上副社长的晚晚一本正经地说。

“社里的女生就这么几个,你说我们去哪里找?”另外一个副社长气呼呼地拍了一下桌子,想转身走掉,一只手却被社长拉住。“要不就挑几个男生上去吧,反正今天只是彩排,过几天再招一些女生进来。”社长用手抬了抬眼镜,目光随即投向我前排的两个男生,“你,你,都过来。”我前面成了被拔光树的平地,晚晚的目光瞬间锁住我:“还有你!”我到社里的目的本来只是写剧本,没想到这下却成了晚晚的伴舞。

“小冤家,你干吗,像个傻瓜;我问话,为什么,你不回答;你说过,爱着我,是真是假……”在这首活泼俏皮的上海滩舞曲中,晚晚开心地边唱歌边甩着裙摆,而我四肢僵硬地摆动着,还真像个傻瓜。

此后每天我都被拉去话剧社改剧本或当群演,因为话剧社不像校乐团、舞蹈社那样人多,很快我就跟晚晚熟悉起来,看她排演,听她讲述对角色的理解。她其实是一个很简单的女生,就想一心一意做自己喜欢的事情,别人怎样看她,她都不在乎。那时她还留着长发,怕被学校督导看到,就盘起来,偶尔会在我们面前把自己的头发垂下来,如黑色瀑布般。

有一天下着大雨,我们坐在排练厅前的台阶上,我问她:“为什么不去参加艺考,以后做一名职业演员?”晚晚笑了笑说:“我没别的想法,就只把它当成爱好,以后也没什么压力,这不好吗?”我顿觉自己之前的问题太无知,不知道该怎么回复她,索性不说话,只看着屋檐上的雨滴落下来,像在她黑色的长发上滑滑梯。

高三的某一天,晚晚突然出现在我们班门外,扶着走廊的栏杆朝学校体育馆的方向看。等我放学后,她跟我说:“知道吗,社里要排一场大戏,就在体育馆,作为学校社团夏日会演的一个节目,开心吗?”我不敢相信像话剧社这样只有几个人瞎打瞎闹的小社团,有一天也可以到能容纳800人的场馆里演出,瞬间喜出望外。我想象着有一天我能坐在礼堂前方观看自己编写的作品,台上主持人会大声念出我的名字,而我会在演出结束时隆重地走上舞台,镁光灯会在一瞬间将我照亮,我微微俯身,接受并感谢所有人的喝彩。这将是我青春岁月中最期待的时刻。

但很快,我的梦就醒了。高三上学期期末考试结束后,班主任将我妈叫到学校,苦口婆心地说:“还有半年就高考了,你家孩子还在参加社团活动,这件事你们知不知道?他的成绩原先属中上,是可以冲好大学的那种。现在是关键时期,希望家长能配合我们,否则就晚了。”末尾的“晚了”不知道为什么听上去像“完了”。我咬紧嘴唇,又无力松开。我清楚接下来将要面对的道路,只是一切都未完成,我不甘心。

可在老师眼里,在父母那里,在高考面前,所有的事都不值一提,所有的路都禁止通行。他们不知道那时的我多么渴望能被一束光照亮,我想变成一颗星,被人看到。这或许会被人认为是虚荣,但我无所谓,在平淡的日子和漫长的雨季里,这是我的一个出口。可惜,我不得不继续面对了。当我妈气冲冲地回到家没收了我藏在抽屉里的那些剧本时,我像一个从天梯上摔下的人,再也没有向上的力气了。当晚,我把自己蒙在被子里哭,有多难过,只有自己明白,晚晚不会知道。

晚晚只会记得两天后我跑去找她的情形,以及跟她说的最后一句话。当我将凭记忆重新写好的剧本交给她时,她察觉到我脸上复杂的神情,问我怎么了,我说自己以后都不能来了。晚晚当时正在教室里收拾课本,准备去排练厅,突然她停了下来,书包里没放好的物理课本滑落出来，“啪”的一声落到了地上。课本落地的声音像个巴掌，不知道打在了谁的脸上。我不忍心看她难过的样子，就转身离开了。身后的晚晚不知道在那天中午的阳光里站了多久，天空很亮，我的星星却掉入了深海。

话剧社的大戏上演那天，我故意迟到，怕听到主持人报幕时念我的名字，一个选择逃离的人不该被人提起。我躲在人群的最后面，看着眼前曾经那么渴望，此刻却这么刺眼的光束将舞台照亮，晚晚和新老社员们在台上全神贯注地表演着。她穿了三套衣服，扮演三个时空的女人，通过三个故事表达“自由与宿命”的主题，向世界喊出自己的声音。

可能是空间略显封闭，空调也不起作用，同学们在这炎炎夏日里昏昏欲睡。但舞台上的少女，此刻已将自己融入角色当中，她声音饱满、高亢，深情地念出一句句独白，半个小时的表演中她没有一丝懈怠，直到谢幕。她深深鞠躬，长发如黑色瀑布流泻下来，那么柔顺飘逸的长发，顿时引来台下人群的注视；她抬起头的一瞬间，脸上绽放出青春里最明媚的笑容。

我在最后一排使劲鼓掌，晚晚突然说了一句话，是我的剧本里没有的。她举目四望了一会儿，或许是在找我吧，但很快就把目光从人群中收回，说：“谨以此戏献给所有曾经在热爱的事物面前逃跑的人……”顿了顿，她又说：“和此刻即将逃跑的人。”我曾经的憧憬如今已成泡影，我的星星没能升上高空，让人望见它的闪耀，它依旧在深海中，那么暗淡。阵阵伤感瞬间袭上心头，我随即离开了体育馆。这也成了高中毕业前我和晚晚见的最后一面。

风很快吹过了那年的夏天，吹过了所有的断壁残垣，光阴自此遁迹于遗忘之中。最后的少年还是迈着各自的脚步离开了17岁、18岁、19岁，渐渐走向成熟。怀着懊悔和羞愧，我无法正视自己的高中三年，也会在和从前的同学聊天时刻意避开一些人跟话题。但记忆中那个发光的少女，有一天还是再次走进了我的视线。

大一那年的寒假，在高中附近的公交车站，我跟晚晚偶遇。兴许是剪了短发的缘故，她整个人看上去消瘦了一些。我们彼此寒暄了几句，耳边突然变得好安静，她先打破沉默，提议去附近的奶茶店坐坐。一路上我们聊了很多高中毕业后的生活，零零碎碎的片段像三棱镜折射出的五颜六色的光，在这些光里，我们似乎都过得很快乐。

天空阴沉，半路上，冬日的雨丝飘下来，异常冰凉。我们停在一个商店门口，看着路上人影渐稀，雨幕的另一边仿佛坐着高中时的我和晚晚。而此刻的我们已经跟昨天不一样了。我开着玩笑，问晚晚：“到了大学，女生都留长发了，你倒奇怪，头发剪得这么短，我刚刚差点没认出你来。”晚晚突然笑起来，答道：“短吗？其实已经比之前长了一些。”我有点蒙。晚晚的笑声依旧爽朗，说：“好羡慕你，考了一所还不错的大学，应该挺开心的吧？”

我转头认真看着眼前的女孩，很想告诉她，我现在其实并不开心，高中时待在话剧社的那些日子我才最开心，而她在那年盛夏的舞台上绽放的那个微笑是最让我羡慕的。我始终没有忘记在青春谢幕前，那些曾把她照亮的光，那么美丽、那么闪耀。雨声喧哗，我们的聊天断断续续，我终究没能将这些对她说出口。

也是在重逢那天我才知道，高三夏天的演出是晚晚最后一次表演。她的母亲整理房间时无意间看到了那些剧本，严厉训斥了她一顿，说她不务正业，浪费光阴，无论如何都要她放弃。但最后晚晚坚持了下来，她告诉母亲只要演完这次，自己就会认真备考，并立下“军令状”。她母亲虽然非常生气，但随后也答应了。“那是我最后一次上台。我跟我妈说，演出结束后我会剪掉长发，不再表演，专心学习。”

“我其实去看了那次会演，在谢幕时你说的‘即将逃跑的人’，是你自己，对吗？”我问。

“嗯。”晚晚轻声应着，一脸云淡风轻的样子，仿佛那个夏天已经过去很久。阶前大雨如旧，几乎要淹没整座城市。我们仍被困在雨中，说说笑笑，就跟当年坐在排练厅外面的屋檐下听着雨声一样。

眼前有几个少年从学校里跑出，步子轻快，在湿冷的雨水中泛着热气与微光。

愿他们永远年轻，没有悲伤。

远走他乡

绒绒

十八岁以前，我跟袁晓野都生活在黑龙江北部的一座小城镇。

黑龙江的冬天风来得比雨雪凛冽，我和袁晓野戴着硕大的口罩，眯着双眼，北风吹得我们睁不开眼，我和袁晓野一路眯着眼睛骑行去学校。

我扯着喉咙问袁晓野："你这回是第几次拒绝向峰？"

我的话一定是被厚厚的口罩给挡了回来，袁晓野同样扯着喉咙，声音有些嘶哑："什么？"

向峰喜欢袁晓野和袁晓野不喜欢向峰都是学校公开的事情。

向峰背包里常常塞着一本被学校禁止的读物，在我和袁晓野回家的路上堵着，斜倚在一辆新款深蓝色变速脚踏车上。

他说，男孩子每分泌一次荷尔蒙，就有向爱人表白的冲动。

16岁的向峰荷尔蒙分泌尤其旺盛，大概一个星期有四天的时间都在冲动，还有一天不冲动，因为他完不成作业而被班主任留在班级里做值日。

所以在我和袁晓野回家的路上，常常会出现莫名其妙的第三者，一次次骑着炫酷的变速脚踏车飞超到我们前面，摆出耍帅又可笑的姿势。

袁晓野应该不只是不喜欢向峰那么简单，而是非常讨厌他。每一段有向峰出现的路程，袁晓野把本来就不小的口罩抻得更大，眉头紧紧锁住，无论多大的风，袁晓野总能变成一道乘风破浪的闪电，"嗖"的一下穿到我前面，随之很快消失在漫天散落的风雪里。

向峰收起搭在地上的腿，吹着口哨跟过去。我同样抻了抻口罩，奋力地蹬着脚踏车。

我们三个人彼此心照不宣，成为一支最固执的队伍，随着东风南风或是西风北风，排成一道逆风奔驰的小队，脚踏车上的铃铛“叮叮”作响，突破呼啸的北风穿到我们耳朵里。

叮叮叮，从这一个冬天，到下一个冬天。

叮叮叮，一个冬天，变成许多个冬天。

2004年，周杰伦的《七里香》这一张专辑卖到脱销，大街小巷都飘满了秋刀鱼的味道。所有贩卖磁带和光盘的店子好像约好了一样，用劣质的音箱循环播放着同一种音调。

袁晓野往耳朵里塞上两团棉花球，对我说：“周杰伦的歌不应该是这样听的。”

我问袁晓野：“那应该怎么听？”

袁晓野掏出一个用淘汰的牛仔裤缝制而成的钱包，里面有两张晃眼的一百块钞票。

她说：“我再攒六百块就能买一个超薄随身听了。”

那一年，我们刚刚升高三。像袁晓野这样成绩好的学生，通常家长给的零用钱比较多。他们常常有一个奇怪的逻辑：好学生学习比较卖力，用脑过度，所以需要多吃饭来补身体。

一个月以后，袁晓野把钱攒到了三百块，她邀请我一起欣赏她把钱塞进钱包的仪式。三张百元钞票，袁晓野数了三遍，庄严地把它一张一张放进去。

袁晓野说：“等我攒够了钱，你就别骑车了，我骑车带着你，你一个耳机，我一个耳机。”

我从书包里掏出一大把零钱，五毛一块五块，最大的是十块。这五百块钱，是我攒了整整一年的零用钱。

我告诉袁晓野：“其实我也早就受够了路边的音像店。”

我们把八百块钱统统装到了牛仔布钱包里，兴奋地抱在一起。我和袁晓野约好，等到周末放假的时候，就去买一部属于我们两个人的随身听。

破旧的牛仔布钱包瞬间被塞成一个胖子。牛仔裤有一个原有的图案，鼓起来像是一个笑脸。它龇牙咧嘴地冲着我们笑，显得调皮又好看。

后来我和袁晓野没有等到周末。

周五的课堂上，所有同学面色凝重。袁晓野趴在桌上不停抽泣，身子高低起伏地抖动着。班主任的眼镜片后面，是一道道让人寒战的光芒。

她的声音吓得人发抖：“谁拿了袁晓野的八百块钱？”

班主任说，如果我们当中没有人承认错误，她就跟我们一样在班级里耗着。那是一个我人生里最漫长的夜晚。没有一个人说话，大家担心连上厕所也成为被怀疑的蛛丝马迹。我们每一个人都紧张兮兮，握着自己的书本或是圆珠笔，祈盼着有一个人能站出来结束这令人窒息的沉默，又真切地希望不要有人站出来。

毕竟我们不应该为了八百块钱就在自己同学的额头上永远画上一个抹不去的污点。

后来真的没有人站出来，后来的后来也没有。班主任并没有像她说的一样让我们一直耗在这里。

晚课的铃声一响，她幽怨地叹了一口气，眼里闪着泪，说：“放学吧。”

回家的路上我们没有骑车，袁晓野看起来比我还要沮丧，一直哭一直哭，哭得让人心里不好受。我停下脚步，说：“袁晓野，你不要哭了。我丢的比你还多！”

周末的时候，向峰把一部崭新的随身听交到我手里，让我转交给袁晓野。

我很兴奋：“哪里来的？”

向峰咧开嘴笑，摆出一副云淡风轻的模样。他把连在蓝灰色外套上的帽子罩到头上，右腿紧贴着一辆破旧的28式自行车。

后来一切事情发生得莫名其妙。

袁晓野得到了向峰用他的变速脚踏车换来的随身听以后，并没有想象中那么开心。每天放学，袁晓野带着向峰送她的随身听，冲在放学大军的最前方，像一个征战沙场的将军，冲锋陷阵，策马扬鞭。

我和向峰还没找到我们的战马，远远地看着袁晓野已经在黑色的夜幕中消失得无影无踪。我好像被袁晓野赶出了她的世界。而失去表白机会的向峰,也拿出了一点精力去学习。他告诉我,也许这是唯一一个让他感觉接近袁晓野的方式了。

2004年的圣诞节,我和向峰都没有成功约到袁晓野。

我们爬到了教室最高的天台上,五层的小楼最顶层是我们最接近天空的高度。我问向峰:“喜欢一个不喜欢自己的人,究竟是什么样的感觉?”

向峰侧过脸去笑,说了一堆我听不懂的话:“你信不信,再昂贵的随身听总有一天会变成一个古董,放在博物馆里,人们要查一本厚厚的辞典才能知道它的用途。我的青春也一样,过去了就没有了。所以我想变成一个博物馆。而我的青春,就是袁晓野。”

没有袁晓野的冬天,回家的路变得很长。我和向峰都不知道,这么长的路,究竟什么时候可以走到尽头。

那个春节下了大雪,大片大片的雪花让街上的人与车寸步难行。袁晓野跑到我的家里,穿着一双沾满雪水的单薄鞋子,棉衣袖子上,套着一块刺眼的黑布。

袁晓野眼睛红肿,脸色白得像一张纸。她扑过来抱住我的肩膀,说:“我没有爸爸了。”

在我的记忆里,那是我见到袁晓野哭得最伤心的一次。她趴在我的肩头,声音凄楚而凛冽,像冬天的风。

我的思维飘到几个月前,袁晓野坐在教室里,哭得双肩颤抖,撕心裂肺。

那个时候她已经知道了,在几个月以后袁晓野就是一个没有爸爸的孩子。她拿了塞着厚厚一沓的八百块的钱包,跑到冰冷的医院里,送到罹患重病的爸爸床前,虽然是杯水车薪。

那年冬天很冷,向峰穿了一套黑色的西装参加了袁晓野爸爸的葬礼,小心翼翼地跟在我身后。我挎着袁晓野的胳臂,一圈一圈地绕着棺木行走。

不知道走了多少圈,所有的亲人与好友哭过以后各自离开,袁晓野整个人瘫到了地上。我和向峰走过来,没有扶起她。我们三个人抱在一起,痛哭声从寒冷的北风中呼啸而过,冲破了云层,冲到天空。

那是一场属于我们三个人的劫难。劫后余生后,袁晓野少了一个庇护她的亲人,多了一个需要她照顾的脆弱母亲。袁晓野在一夜之间长大,成为一个坚强的姑娘。而向峰和我,好像也跟着袁晓野顽强、刻苦起来。

袁晓野坐在教室的最前排,眼睛永远盯着黑板。向峰很努力地读书,可任凭再怎么用功,也只不过从班级里的倒数第一名,变成倒数第八,倒数第十,倒数十一。

他看袁晓野的角度,从仰望到仰望,竭尽全力以后,还是仰望。

2005年的6月,我们被无情的高考活活脱了一层皮,连着肉带着筋,我们还赠送了本应属于青春的轻狂与自由。

向峰常常无奈地问我们:“我们的青春真的应该这样过吗?”

高考败北,向峰接手了他爸爸的小饭店,成了我们当中最早步入社会的人。除了不能与袁晓野一起在南方的温暖城市里读大学,他认为自己没有什么失败的地方。

大学前的那一个暑期,袁晓野和向峰我们三个人只见过一面。袁晓野的妈妈打算带着她回到重庆的外婆老家。

她离开的前一天,把我和向峰约到了教室顶楼的天台。

那一年,我们居住的小镇没有高楼林立。站在五层高的天台上,远远眺望出去,可以看到烟火缕缕。

袁晓野说,也许这次走了,以后就再也不回来了。

向峰和我听了以后,很久都没有说话。

八月的东北,天气闷热得让人喘不过气,向峰穿着一件橘黄色的T恤衫,前襟与后背统统被汗水打湿,整件衣服趴在他的身上像是一个哭泣的孩子。

我们在天台上足足待了一个下午。从艳阳高照到乌云盖日,我们挤在一个废弃的小仓库里,浓郁的发霉味道没有令我们有不舒服的感觉。

袁晓野一个下午絮絮叨叨说了很多不着边际的话。

她说，其实她只是假装讨厌每一个冬天里，寒风刺骨，一张嘴就吃一口沙尘。我们三个人逆着风骑行在回家的路上，那个时候，多好啊。

后来向峰在我和袁晓野离开以后，一个人蹲在天台上哭了好久。

有人说，人生的每次别离，都是为了更好地相聚。但是向峰特别想知道，远走他乡的青春呢？会不会有相拥而泣的一天。

我去学校那天，向峰到车站送我。九月的东北天气微凉，向峰提着满满两袋子零食一路送我到绿皮火车的卧铺车厢里。

列车的喇叭里不断发出“送亲友的朋友请下车”的广播声音，我对面的那一对母女哭成了一双泪人。

向峰帮我把皮箱塞到行李架的上方，拍拍我的头，学着大人的样子说：“好好学习，不要总想家。”

我站起身，泪水迷离了眼睛，告诉他：“好好做生意，不要总想袁晓野。”

2005年的9月，我们长到18岁的年纪，拥有的一切，是年轻与彷徨。

这一年袁晓野去了重庆，我到了离袁晓野不远的长沙，曾经的北方小镇，成了落拓到我们青春里的一道印记。

大学的四年时光里，我和袁晓野在重庆见了一面。她交了一个男朋友，高个子，很瘦，笑起来有浅浅的鱼尾纹。

为了吃一碗重庆小面，我们在洪崖洞里穿过熙攘的人群，段华牵着袁晓野的手，一刻也没有松开。一旁卖手卷的店小二戴着一个口罩，卖力地冲着我们喊着一堆难以辨别的语言。

我忽然鼻子发酸，我好像看见有一年冬天的自己，戴着一个硕大的口罩，迎着风眯着眼，我问袁晓野：“你这是第几次拒绝向峰了？”

我跟在袁晓野身旁，说：“袁晓野，我想回家了。”

袁晓野被段华拽着，瘦弱的身体塞进人群里，我抬起头，只能看见段华一个清灰色的背影抓着袁晓野越走越远。离我和袁晓野的曾经越来越远。

重庆的夜晚闷热难熬，我和袁晓野挤在她一米二的床上，没有空调，只有一台风扇有气无力地吹着股温热的风。

袁晓野说：“每当晚上被热得睡不着的时候，就会怀念家里的冬天。我们躲在又肥又厚的棉衣里，呼一口哈气在口罩上，温暖的气息停留两秒钟，湿漉漉的棉布结成细碎的冰碴。”

我问她：“真的再也不回去了吗？”

袁晓野从墙上的挂袋里掏出一对耳机，塞一个给我，又塞一个给自己，轻柔的音乐声响起，袁晓野闭上眼睛说，心静自然凉。

窗外的月光洒进来，向峰用脚踏车换回来的随身听露出半边，袁晓野动了动身子，滚烫的胳膊碰了我一下。

回长沙以后，我再没见过她。

大学毕业以后，我辗转了两座城市，最终在离家两千公里以外的城市安身。每到过年的时候，我都会回去看看家乡的亲人，去向峰的店里看看。我看着他的店从50平方米到200平方米，从200平方米到500平方米。

他真的把自己变成一个博物馆，苦苦守着他的承诺，等着远走他乡的青春。

成长是一生的事情

✽潘云贵

1

2018年9月，是我研究生毕业后教书的第三年，面对每天相似的奔波、讲台下无精打采的学生、部门烦琐冗长的会议、身边同事的一一离职、长年阴晦沉闷的天气……我想换个环境了。那时并无确切方向，远方太远太大了，去哪里真的不清楚，但去哪里好像都可以。

去远方的目的是确切的，读书，成为我前往的缘由。我太想恢复学生的身份了，工作后才知道自己是如此渴盼知识与真理。始终没有忘记对自己的期许——在与签约学校三年合同到期时，我要去读博。

于是在这一年，我迎来了与理想对接的最后时刻。我告诉自己，必须努力，为了心中不死的理想，为了让世界不小瞧自己，为了给迷惘中的学生和读者一点力量，我要与曾经在6月雨夜里那个咬着嘴唇往前跑的男孩重逢。

2

工作后，我在写作上总是磕磕绊绊，没有较为完整的时间去顺畅处理一个作品。好几次在书店里看到几个朋友仍有文字不断面世，我捧着他们的作品，看了好几遍，替他们开心的同时，又对自己欲哭无泪。也曾试着再动笔，但写了几个字后发现，这些字似乎已然不认识我，都想逃离。我想努力摁住它们，但一旁的工作手册被风吹乱了，堆在桌角的学生作业倒了，身后的手机吵嚷起来，我无法再往下写。

在现实的嘉年华里，我成了一个怎么也笑不起来的人。

我该如何自救，从这困境中看到远天的曙色？那些接近于未来光亮的部分，我该如何触摸它？终于下定决心，暂且放下一切文学创作，把工作外的时间都用来专心复习考博。

于是在半年里，公众号不更了，微博也没有频繁更新，我逐渐变得透明，不怎么出现在读者的视线里。其间，收到他们发来的很多私信留言，询问我的近况，提醒我要更新文章或状态。

我欣慰于这世上关注并鼓励我的每一个人，也继续咬牙忍住，为了自己能更好地归来。就像同样为考博奔波的L曾跟我说的那样："等我们缓过气来的时候，这个世界依旧属于我们。"

2019年春节，我回长乐家中，为避开家人的絮叨而能够专心复习，我每天早早坐上公交到区里图书馆，入夜时才归家。房门一推开，就看见父母亲坐在饭桌旁，脸上是淳朴农民的隐忧和不解。爸说我快三十岁了，找对象最重要，顺道说起我的发小又生了几个娃。妈说我放着好好的工作不干，偏让自己过得这么苦，真是读书读傻了。我说，你们别骂我了，我就用这一年做这件事，没结果的话也认了。父母亲看着我，紧皱的眉头仍未松开，说我是真傻。

3

考博结果出来前，我没对太多人提及，个人空间里甚少有相关状态记录，可能是自己还没做好失败后如何面对这个世界的准备。身边有越来越多只会吹嘘自己的梦想而没有行动力的人，我不想成为他们中的一分子。这条路走得确实不易，除复习之外，便时刻关注招生动态，费心于和所报导师的日常联络，向已成功入学的前辈讨教经验，也忧心忡忡于考博路上走得不太顺畅的朋友所说的种种情况。

满心承载未来的星光和此刻长途上的黯淡，所有的风来了，便迎风吹着，所有的桥塌了，便撑船自渡。

有过的不安和难堪，我都吞下，没跟任何人讲。家人在电话里问我近况，我说都挺好，不向他们吐露腹中苦水。我把它们搁置在心里，像墙上挂的时钟，滴答滴答在走，分分秒秒的步履在很多个失眠的夜晚，踩过我的身体，一遍遍。然后就想到另外的问题，被一些人问，当个职业撰稿人不好吗，为什么找罪受？考了博不就为了工作，你都当大学老师了还要瞎折腾？我被他们问得一时语塞，尴尬微笑。

到后来，我才明白，自己是需要向外生活的，一个作者容易封闭在自己经验的容器里，他需要走出来，感受这个可爱又可恨、冷酷又慈悲的世界。同时，我也需要有懂得的人前来倾听，与我交流。我所任教的学校是一所独立学院，身旁许多老师都在上演一种相似的经历：认真备好今天的课，却在走上讲台后，看见台下学生各自玩乐，讲得辛苦，他们全然不听，于是自己唱着独角戏，受辱似的表演了一场又一场。孤独成为我们最可信赖的听众。

生命是流动的，我想打破现状，去寻找知识、真理、更加理想的生活和乐于倾听自己的群体。年轻时，我们面对未来，想望见它清楚的面目是艰难的，常常会因一切未知、不确定而彷徨。但我的心底总有个声音在跟自己说，你只管努力往前，命运自会带你去一个不错的地方。

这期间付出太多，自己连高考都没这么努力过。准备了大半年去考一所大学，文学专业课考得还不错，可自己的英语还是不争气，差了两分，辜负了那个已经为我想到读博选题的教授的心意。又通过了上海一所大学的初试，前往复试，报考的导师很欣赏我，说我很优秀，但一周后他告知我，他没有竞争到今年的博士生名额，不能带学生，要我明年继续。我把最后的希望寄托于台湾的学校。

我不会忘记离对岸申请审核材料截止接收还有两天时，自己在大半夜拨打快递员电话的情景，几乎是带着哭腔，央求他来收件。等待的过程如坐针毡，也想到如果没有人前来接收，我将面对怎样的结果。足足准备了一个月的材料，这些本科和研究生的成绩单、毕业证与学位证、获奖证书、发表的论文、出版的作品、从老家寄来的户口本的复印件，都将因此失效，成为一堆埋葬希望和期待的废纸。

当快递员喊我下楼，由他亲手接过约有5公斤重的纸箱的那一刻，我知道自己可以喘口气了。我对快递员不停地说谢谢，他骑上摩托，飞驰而去，他身影远去的方向，连接着我的未来。

4

2019年5月27日上午10点钟，陆生联招会开放最终录取结果查询系统，自己以第二名的成绩被台湾“中山大学”中文系录取，这是一所胜于我之前考博院校的大学，曾经留有的遗憾成为此刻惊喜的铺垫，我完成了30岁前读博的心愿。

想起许多年前的一天，我在图书馆微机室里看见一个女孩对着电脑屏幕上的考研成绩哭了。我那时以为是她没有考上心仪的学校而流下青春遗憾的眼泪，这一天我突然意识到那或许只是她因为喜悦而掉落的。因为现在的我也这样，看着电脑上公布的录取结果，没忍住，哭了。

王尔德曾说：“生活是世界上最罕有的事物，大多数的人都只是存在着，仅此而已。”

庆幸梦想始终陪伴身旁，足以让我有力量去寻求想要的生活，去与这无比强大的庸凡俗世抗衡，找到生命意义的路径，不泯然于众人。

在30岁到来前，我最终告别了青春里一段无以为名的时光。那些焦灼、那些失落、那些迟疑、那些等待，都因“努力”二字的实践有了一个尚还不错的结果，在人生重要的节点上得到命运珍贵的眷顾。

越努力，越幸运。这话没错。

成长是一生的事情。我珍视自己付出后被这世界善待的时刻，也珍视自己在暗夜里艰辛蜕变的过程，就像同事D在我坐上离开重庆的航班前，送我的那张明信片上所写：“成功的含义不在于要得到什么，而在于你从那个奋斗的起点走了多远。”

山川岁月长，余生须尽欢。愿与你度过青春最漫长的雨季，在晴天的起跑线上再次出发，踏遍万水千山，对这世界满怀爱与期待。

喧嚣都已沙哑

✽陈晨

1

这一年的2月我要去北京。

买了晚上12点的火车票。父亲开车送我去火车站。一路上，我们一直沉默，什么话都不说。我塞上耳机，侧过头，看着匍匐在高架桥下面的昏黄灯光。

想起前几天和他们的争吵。想起母亲恶狠狠地对我说“去什么北京！你就是想去玩儿！你就是收不住心”，突然不想再解释什么，只是装作漫不经心的样子收拾着自己的行李。但那种沉闷的气氛仿佛能让人窒息。空气像被吸干了水，干燥得让人喘不过气。

其实我知道，他们只是担心我，并没有恶意。可是，他们大概不知道我有多难过。

到了火车站，父亲默不作声地走在前面。我背着大包跟在他的后面。我看到他突然转过头，看了看背着沉重行囊走路有点摇摇晃晃的我，好像要说什么，却始终没有开口。

大量回城或是回家过年的民工因为大雪被滞留在了火车站。那种充满着危险感的混乱气氛让人感觉莫名紧张。父亲用很认真的语气对我说：“千万不要和陌生人搭讪。若是别人给你东西吃，是千万不能接受的。若他们缠住你，就头也不回地往前走。”

凭票进入候车室。父亲被拦在了候车室外。我对他说：“你走吧。”他顿了顿，有点犹豫的样子。但还是小声地对我说：“那我就先走了。”

可是过了好久，当我不经意间向候车室外看，我看到父亲还站在那里，还不住地往里面探望着。

2

北京是一个开阔但冷漠的城市。晚上7点以后，商店就陆陆续续开始打烊。它和很多大城市不一样，它是一座会沉睡的城市。这是一座在深夜里会闭上眼睛的城市。行走在里面，人与人之间，人与城市之间始终有距离感。

住在雍和宫附近的国际青年旅社，12人间。一屋子背着庞大行囊的外国人。有些人神情冷漠，有些人很热情，会主动过来和我聊天。他们一直行走，就像浮萍，飘忽不定。每当他们背着几十公斤的旅行包对我说再见的时候，心里总是会有些小失落。

早晨5点钟就要起床。然后赶地铁，再转公交到北京电影学院。早晨地铁站里人很少。时常有冰冷刺骨的风从铁道深处袭来吹乱干燥的头发。我裹着围巾啃着干面包，艰难地咽着白开水。

时常在考完试的时候在北影附近闲逛。那日非常偶然地走进了北京电影制片厂。里面有高大的白

杨树，伸向北方高远的天空。看到形似大型仓库的摄影棚。很多吉普车停在外边，有剧组在里面拍戏。看到一大群工作人员围坐在挡光板和机器周围吃着盒饭。

其实，我早就有这样的想法，想跟着剧组跑，即使跑龙套也可以。

最恐惧的事情其实是看复试榜。几千人挤在一面墙前等着榜单被贴出来。我被挤在人群中间。我听到后面有个女生说："这多残忍啊，看着榜单一点点地贴上去，要是自己没进，就等于希望一点点地破灭。"旁边有人笑话她。可我却觉得，这个时候，每个人心里都是畏惧的。

工作人员把榜单一点点地贴上去。我身后的人群开始向前拥上来。我踮起脚，顺着准考证号码摸索着。看到结果的那一刻，我紧紧攥住了裤子，我看到了自己的准考证号。

3

在青年旅社，认识了很多和我一样来北京参加艺考的孩子。没有事的时候，就和他们一起在北京城里玩。那日，我们一起去四环外的798艺术工厂。我们在798看了很多画展，还有形象艺术展。看到了很多专心创作个性鲜明但诚恳善良的艺术家，还有满墙满墙五彩斑斓的涂鸦。

我们都很喜欢那里。于是一个孩子说，以后一起在798租个房子啊，然后开个工作室，一起做杂志或者做设计赚钱啊。然后我们就真的分起工来了，谁谁谁做美术设计，谁谁谁写稿子，谁谁谁做策划。

不知不觉中，天色渐黑。北方宽广的落日渐渐掩起了脸。

考试结果出来后，很多孩子都因为没有进复试带着复杂的心情回家了。最后，只剩下我和水水进了三试。水水是广东人，她一个人来北京考中国传媒大学。她每天花五块钱上网，只为看天气预报，她从未看过雪。

大多数时间，我都和她在一起。我们一起坐在西单广场中央的石凳上，看着周围如潮水般退去的灰色人群。我们去南锣鼓巷，买了很多手工本。我们站在五道口的马路中央，看着四周拔地而起的石头森林。我们沉默地坐着地铁从东直门到西直门。

这样的友情平淡却深刻。

旅社一楼的小酒馆在深夜里也不会打烊。我和水水经常坐在里面红色的沙发上彻夜复习，偶尔聊天。不知道为什么，那个深夜里，我们聊到了死。

她说那年她高一。快要期末考的时候，妈妈突然打电话来，说爸爸出了情况，让她赶紧到医院去。

到了医院，爸爸就已经去世了。

她爸爸坐的公车在高速公路上翻了车。全车七个人，就她爸一个人没了。

“为什么？”她说，“为什么这样不公平？”

突然想起了在深夜里接到父亲打来的电话。他告诉我：“你妈妈这几天晚上都睡不好，太担心你，又让我给你卡里打了钱，叫你别省着，还有，衣服都拿回家里来洗。”

我握着电话，在黑暗中微微红了眼睛。

4

那天，水水兴奋地对我说，明天下午会下雪啊。于是第二天下午，我和她一起去了后海。

我们裹着围巾坐在后海湖边冰冷的石头凳上，看着对面结着厚厚冰层的后海。有人在湖上溜冰，三三两两的人在冰上行走。我眯着眼抬起头，看到了北方广阔无垠的天空，明晃晃的阳光微微刺痛了眼睛。

离开北京的那一天，和水水最后一次去了后海。

一路上，她什么话都不说。我问她：“不开心吗？”她说：“你今天晚上就走了，真的只剩下我一个人了。”我笑着拍了拍她的肩，心里却莫名其妙地难过。

我们去逛了逛烟袋斜街，买了很多破旧但很便宜的英文CD，还有胡同文化的明信片。路过一家藏饰小店的时候，水水执意要进去看看。

店里卖着各种藏饰。热情善良的藏族姑娘走过来说“扎西德勒”，然后介绍各种藏饰。

水水对一个祈愿盒很感兴趣。那是一个用藏银制成，可以挂在脖子上的小盒子，却有一个巧妙的机关，可以将盒子打开，里面放着经文。藏族姑娘说，可以把心中的愿望写在那张经文纸上，第二天早晨起床的时候，只要默默祈祷，愿望就能实现。

水水问我：“你要买一个吗？”我对她摇摇头。

藏族姑娘把她带到了神像面前，默默为她祈祷。她说：“姑娘，神会触碰到你的愿望的。”

离开的时候，我笑着问水水：“你是不是在经文纸上写要考上中国传媒大学啊。”

她顿了顿，小声地说：“是的。”

我们又走到了北海公园。北海湖上的冰开始融化，那好像是在北京最冷的一天。没有参观公园里的寺庙和建筑，只是沿着北海湖走。快到南门出口的时候，水水突然说：“陈，能不能给你拍一张照片。”于是我停了下来。

那是那年冬天我在北京唯一的一张照片。背景是北海公园已经融化了一半的湖，还有白塔。我的脸被冻得有点泛红。我半眯着干涩的眼睛，害怕眼泪毫无防备地掉下来。

晚上，水水要送我去火车站。走到地铁入站口，我摆摆手对她说：“你还是回去吧。外面太冷。”她有点犹豫，但还是小声地说：“好吧。你快点进去。”

地铁站里人很少。我背着沉重的旅行包等待着即将驶来的列车。肩膀很疼。突然想起在很多个深夜，都想拨通他们的电话号码，想把这一路上的委屈、惊喜和迷茫统统告诉他们。可拿起手机，却没有按键的勇气。

但我清楚自己所走的路。就像我清楚自己为什么要去北京。我不知道成长在穿越了疲惫和乏味之后，还会有多少人记得自己曾经这样执着地接近着梦想。所幸的是，我一直在坚持，一直选择着不后悔的人生。

5

3月的末尾。离高考还有70多天的时候，学校里的樱花盛大地绽放了，如同一场盛大不败的演出。那场在北京迟迟未落下的雪终于落下了。

我站在樱花树下，打开了水水寄给我的包裹。

一层又一层打开后，我惊讶地发现了水水在藏饰小店里买的那个祈愿盒。我摸索着打开了那个小开关，打开了那张经文纸。

我惊讶了。在一串陌生的藏文后面，是水水稚嫩的笔迹。

——希望这个和我一起去后海的男孩永远幸福。

有花瓣随着3月的暖风缓缓飘落下来，毫无声息地落在了那张经文纸上。

我摸了摸没有口袋的裤子，不知道该把手放在哪里。

姓氏乔

盖世英雄

1

我一生中只认识一个人，曾经有希望能冲击清华北大，然后攀龙附凤，飞黄腾达，差一点儿就摸到祥云的金边儿。

他叫董实，第一次自我介绍时，他说："爸妈给我取这个名字，是盼我能早日懂事。"那时候我在市里读高中，董实因为对数学格外有天赋，被数学系毕业的老校长特地从乡下特招到学校来读书。

董实第一天来的时候，背着丹宁旅行包，穿着洗得发白的纯棉T恤。很奇怪，他明明是田地里长大的，却格外白，格外瘦，笑起来露出一排人畜无害的大白牙。

那时候我属于学校里的刺儿头，按照欺凌弱小的正常套路，我是应该要把这个弱不禁风的小毛孩儿胖揍一顿的。但董实性格脾气是真的好，特老实，特善良，并且口袋一翻无法劫财更无法劫色，于是我竟然和他成了兄弟。

2

那时候我们一帮朋友里，就属我和董实最臭味相投。

虽然我数学不好吧，但是我语文好啊。董实

逆天就逆天在这里，他在文学上也很有造诣。

那时候我喜欢郭敬明，他的每本书我都是彻夜通读的，每每读完之后都热泪盈眶。然后成天整些什么青春啊，年华啊的句子。董实喜欢读诗。他抱着顾城、抱着海子哭得肝肠寸断，还像模像样地在背后偷偷写酸诗。其实那时候的我们哪有什么忧愁啊，心中的那点儿小九九全奉献给班级前排的女孩儿们了。

别看我一边特立独行地写着青春伤痕文学，但一写到那些少年温柔而秘密的心事，我真是一提笔脸都红到耳根。董实就更害羞了，他在诗里写祖国，写梦想，就是不写爱情。但其实他深深地暗恋着班长。

3

班长的人格类型十分变态，属于晨读时候风风火火的作业纠察队队员。我每次不写作业，就被她拿一小本，郑重其事地记下，然后振振有词地汇报给班主任。我估计全班同学就董实最期待每天班长收作业。毕竟那是他们一天中唯一一次理直气壮的相处。

早晨，班长来到董实的座位上，敲敲桌子。董实就把作业本慢悠悠地从抽屉里抽出来，把封面抹得格外整齐，最后毕恭毕敬地递给班长。班长点点头，继续敲下一个人的桌子。我每次都能看见班长走后董实的偷笑，他咬着嘴唇，笑得极其腼腆。后来中考那会儿，董实不知道怎么搞的，得到了一个和班长相处的大好机会，就是教她做数学题。

董实可是我校数学天才啊，于是每天疯狂向班长秀出智商魅力。大概认真的人真的挺帅吧，长此以往，我暗自觉得其实班长是喜欢他的，不然那个平常傲气凌人的纠察队队员怎么会忽然之间，语气变得那么温柔啊。

我劝董实："告白吧。"董实吓得赶紧摆手："人家对我最多就是单纯的友谊。"

我觉得董实实在是没开化，搬出王小波对李银河说的话点醒他，说俩人应该要巩固一下伟大的友谊。董实想了想，有道理，于是三番五次准备对班长开口，但或许是性格腼腆，或许是囊中羞涩，到最后，他对班长连一句逾越同学情谊的话都没讲过。

还是班长问董实："要考哪里的高中啊？"董实说："就这里，这里的老校长对我有恩情。"

班长点点头。

4

然而命运好像对董实特别不好，我永远记得他被一个电话紧急叫回家里，一周之后再出现的模样。形容枯槁，眼睛无神，他咬着牙，抓着我的衣袖，顿了很久，跟我说："你帮我想想办法吧。"

董实的父亲，因为中风，偏瘫了。家里瞬间失去了主心骨，妈妈得留下来照顾父亲，那就必须有一个人出去赚钱，不是董实，就是他的妹妹。大家召开家庭会议，说让董实读书，妹妹去谋生。董实双眼通红，说："我妹妹才十一岁，她能去干什么啊？"可大家一致觉得，董实成绩好啊，万里挑一的好，哪个老师看着他不是说，这孩子可以冲击清华北大啊。

他的奖牌是一路从区上拿到省里的，老校长那样赏识他，要培养他参加全国比赛。

他抿着嘴，沉思了很久，跟我说："不行。不能让小妹出去打工啊。"那是他亲自看着长大的小妹，看着她从一个白白净净的小不点，长成懂事乖巧的小姑娘，他怎么舍得因为自己，把她的人生全都糟蹋了。

最后董实跪在父亲的床榻前，说："爸，我去挣钱，让小妹读书。我跟你保证，我有法子能混得很好。"然后辍学，收拾行李，背包离开学校。

董实走的那天，我冲过去抱着他，狠狠流了几把眼泪，我说："这算什么啊？"

他说："你别哭啊，兄弟，你别哭啊。"然后自己一下子哭得稀里哗啦。我愣在原地，想起过来找董实的时候，班长跑过来，找到我。

她问："你去找董实吗？"

我点头。

她说："帮我带句话吧，我也上我们的高中。"

我把这些跟董实说了，董实哭得更加厉害。那时候我挺生气的，气他是木瓜脑袋，不争气，一句喜欢还要人家姑娘来说。但他只是擦擦眼泪，最后顿了顿，说："我不能读书了，我哪里配得上她啊。"

5

高中的时候，他的妹妹托老校长的关系来了我们学校读初中。那几年我只见到过董实两次，两次都是关于他妹妹。一次是他来我们学校门口打架。

他说："好久不见啊。"那声音和从前一模一样，小声的，木讷的，带点乡音的。我一听就没出息地鼻酸了，我说："好久不见啊。"

那天晚上我们去喝了一顿酒，他请的。他说他替妹妹来教训人的。他妹妹我在学校见过几次，但也没打过招呼，是那种脸颊红扑扑的姑娘，校服洗得发白，马尾扎得并不好看。他说："我妹胆子小，被学校的小混混欺负，还不敢告诉我。我见她脖子上有剪刀挫伤，问了老半天，才跟我坦白。"他说，他们看不起他妹，欺负她家里穷，欺负她人老实。

我拿起酒杯，说："以后我帮你照顾她。"他嗓子哽了哽，把那杯酒干了。

他问我："还写东西吗？"

我说："写啊，写得几乎和郭敬明一样好。"

那时候我还整天在悲伤逆流成河，董实却已经真枪实刀地讨起了生活，他拍拍我的肩，说："兄弟，我觉得你写得比郭敬明还要好。"那句夸奖我记了很久，那是唯一一次有人那么发自肺腑地夸我。

往后的许多年，郭敬明仍然大火，我仍然挣扎在温饱底线。

6

第二次见他，是他妹妹过生日。他让我带一件生日礼物给住校的小妹。我一看，一个硕大的礼品袋，打开了是一个鞋盒，再打开来，一双闪闪发亮的耐克运动鞋。那时候我们都还不知道什么是莆田货，我问董实："这么奢侈，哪里搞来的？"

他不好意思地摸摸脑袋，说是外贸。他说："送礼的时候，你把排场整大点儿。"我知道，他不想让小妹被人看不起。我应了，去初中部找他妹的时候恨不得敲锣打鼓张灯结彩，他妹红着脸说谢谢，末了又问我："哥哥还有说什么吗？"

我愣了两秒，随即发挥我的文学造诣，即兴来了一段自由发挥。

我说："你哥祝你百事可乐，万事芬达，天天娃哈哈。祝你前程似锦，锦上添花，拥有花样般的年华。"

他妹点点头，笑得很害羞，又连连说："谢谢，谢谢。"

其实他哥根本就没说什么，当时在校门口憋了半天，就说了句："帮我叮嘱她学习用功。"

后来我每次见他妹妹，她都穿着那双粉色耐克，每次都一尘不染，讲实话，那鞋子其实还挺漂亮的。

7

据说高中时董实还来过一次学校，我没见到他。

他是去找老校长的。其实老校长和他感情很深，据说他离开的那天，老校长也站在校门口偷偷地抹眼泪。他曾是数学系的高才生，最后泯然众人，搞了教育。一路这么多年，偏给他遇上了一个董实，于是他悉心栽培，想要董实完成他年轻时候的梦想。

董实来找老校长，是为妹妹初升高的事情，学校开设鸿志班，专门开给家庭条件不济但成绩优秀的贫困生。董实的妹妹成绩并不算特别好，按理说是无法进班里的。董实一是希望能减轻一些学费负担，二是希望妹妹真的能争气一些，早日飞黄腾达。于是，他去老校长办公室，他说："校长，求您一件事。”

老校长点头。

“能否让我妹妹进鸿志班？”

老校长从抽屉里摸出一张报纸，那张报纸上列举着那年一道格外难的数学考题。

老校长说：“小实，你还做得出来吗？”

董实看了看，花了五分钟，将题解开了。老校长看那题看了很久，看得老泪纵横，最后说：“小实，你回来吧。”

然后他们经历了漫长的沉默，双方都心知肚明，对于那句话，答案一定是不能够的。

老校长摆了摆手，把报纸递给董实，让他揣着。并答应让他妹妹上了鸿志班，董实也承诺，会抽时间辅导妹妹，盼她有朝一日也解开那样难解的数学题。可老校长只是摇摇头：“天赋是求而不得的。”

老校长过世了，他是个很好的人，一辈子两袖清风，鞠躬尽瘁。传闻葬礼那天董实跑去参加，在校长的灵堂前跪了一宿，泪眼婆娑。

8

后来等我上了大学，董实做起了小生意，还特巧，就在我学校所在的大学城那一块儿。他弄一小车，搭一小棚，车上整齐地码着土豆茄子鲫鱼，卖烧烤。有个雨天我和室友勾肩搭背说要去撸串儿，那天气别人都撤了，只有他还开着门。

我一眼就认出了他。他胖了许多，黑了许多，笑起来眼角多出几条皱纹，但他浑身上下那种特别的感觉却依然存在。我们都愣了愣，相视一笑，竟然也没有多叙几句旧。他烧烤做得很好吃，听说是专门跟师傅操练了几年才出来的。我大学毕业，他生意做大了，开了一家富丽堂皇的烧烤店，一身耐克运动装，挺精神的。

9

最近一次见董实，是他妹妹的婚礼。他妹妹最终还是没能飞黄腾达，但好歹还是混了个不错的二本。在学校里认识了一个有志青年。一年后，他妹妹和有志青年结婚。结婚那天董实很忙，招呼这桌，招呼那桌，他给俩小年轻订了家挺高档的酒店，花费全由他一人承担。

当他的妹妹一步步踏着红地毯，走向未婚夫的时候，我们忽然听到全场一声没有抑制住的号哭，是他。他哭了，双眼通红，还在笑，眼角多出几条皱纹。他说：“妹妹，哥哥看你过得幸福，真好，真的特别好。”那天婚礼结束，他妹妹还发了一条关于婚礼的朋友圈，掏心窝说了挺长一段话，最后一句是：“我哥是个盖世英雄。”

我忽然想起第一次见到他，他说：“我叫董实，爸妈给我取这个名字，是盼着我早日懂事。”他是真的懂事，少年时吃了许多苦，走了许多弯路，也没吭过一声。小半辈子为了家庭、为了妹妹鞠躬尽瘁，自己其实没享受过什么。那些年他爱过的姑娘早已结了婚，想要完成的理想早已蒙了尘。

我没再问他还做不做数学题，还写不写字，只知道老校长给他的那张报纸，他裁下来，一直放在钱包里。在路边摊，遇上小贩兜售盗版书，他总是会停下来，买一本海子，买一本顾城。

他辍学前，留了许多作业本在我那里，说是没地方放，让我帮他存着，也再没来取过。里边儿有一个本子专写诗歌。有一次我指着其中一首，说：“这首诗太好了吧，比你所有所有的都磅礴得多。”

他说：“去你的，别的都是我写的，就这首是抄的。”

那首诗我记了挺久，是海子的《以梦为马》。回想起来他的字迹依然清澈有劲，就那么一笔一画地写着：

和所有以梦为马的诗人一样

我不得不和烈士和小丑走在同一道路上

万人都要将火熄灭

我一人独将此火高高举起

昨天的少年与梦

✽陆俊文

①

靠近出水口的墙壁有一股暖流，涌到大腿，涌到我们的背后。太阳正好从天窗照射进来，把泳池里的水剪成碎玻璃，一块，一块……

楚浮说："上岸吧，毕业典礼快结束了。"

到现在我都还清楚地记得，那天我和楚浮，穿错了对方的学士服，一个大一号，一个小一号，两个人别扭地从游泳馆跑向礼堂，却见人群乌泱泱地往足球场走，于是我们只好被推搡着去，没有经历校长拨穗，没有听到万人合唱校歌，没有和大家抱在一起哭作一团，我们两个人，迷迷糊糊地顶着大太阳，在混乱的球场，好不容易找到了那支人数稀少的队伍，统共十二个人，和别的专业比起来，还真是冷清得可怜。

"你们又掉队了。"草引老师拍了拍我的肩膀，眼睛眯起来笑，眼镜差点掉下去。他说："你们毕业了，真好，真好。"

有什么好的呢？我虽是这么想，可还是紧闭嘴巴，看向楚浮，彼此默契地耸肩。那天拍毕业照，唯一没有笑的，便是我们两个了，这十二个人里，也唯独我们两个还没有着落。

庄庄和小艺去了北大读话剧，莎莎去法国学艺术，子文花他爹的钱成了新晋制片人，其他人不是回乡就是转行。最后只剩下我和楚浮，抱着一起在街巷路口淘来的大摞碟片、电影书籍，打包装箱后却不知道寄往何处。

草引老师见我们俩愁眉苦脸，想要逗我们乐，于是说："楚浮楚浮，不就是特吕弗的港台译名吗，你俩一高一矮，一胖一瘦，正好是他拍的《朱尔和吉姆》。"这段话，四年里他重复过太多遍了，每次说，都一副新鲜、调侃的语气。

显然，我是那个矮的，但我不胖，只是因为楚浮太瘦了，像根细竹竿，站在他旁边，肉质均匀的我也被挤兑成了乳猪。

我和楚浮结识，是在草引老师的纪录片课上。我发现，有一个人也喜欢坐在最后一排，而且是角落靠门的位置，片子一放完，老师开灯点名挨个儿发言之前他就开溜了。有一次，我跟在他屁股后面溜出去抽烟，才看清他的脸，是楚浮。那是我第一次和他正儿八经地说话，入学已经快半年了，我俩居然连招呼都没怎么打过，的确有些不可思议。男生宿舍就只有两间，大家抬头不见低头见；可这也在情理之中，学艺术的哪个没有些清高气，没有点儿桀骜不驯？

但是我预设的偏见都没有在楚浮身上应验，他不是冷傲，而是自卑。多年后我在电影节看《到阜阳六百里》，还没开播，我就哭得不行了。因为楚浮告诉过我，他是安徽阜阳人，他是全班十二个人里头唯一一个自己背着铁锅、棉被和凉席来学校念书的人。所以当我认认真真地回想起学生时代时，我才发现，我几乎没在食堂看见过他，聚餐会他也从不出现——为了省钱。他自己在寝室阳台开火，我们原先以为隔壁有人抽烟抽得凶，乌云般一团烟气往天上飘，其实是楚浮在做饭，老家腌的梅干菜和辣酱，冬日里炒一次可以留三天。

但别看他吃东西抠，淘碟和买书的时候，绝对大方，有时候瘦成皮包骨，没钱吃饭了，可一看到喜欢的电影,二话不说就从牙缝里抠出最后那点钱决绝买下。

我没问过他学电影家里是不是同意,他也很少提起他的家庭,只是有时候看着电影里的画面他会感叹一句:“秋天的时候,我家乡的麦浪比这漂亮多了,人钻进去,好像飘在风里,以后我拍电影,一定要回家乡取景。”

2

毕业后的那个暑假,我和楚浮磨磨蹭蹭地不肯走,在学校旁边租了个小单间,还是像读书那会儿一样每天抱着碟片去放映室,偶尔去网吧逛逛论坛,南京西祠胡同里有个电影版块是我俩最喜欢待的地方,有些影视公司发布的招聘信息,我们把简历投递过去,却总是杳无音信。心想好歹自己也念了个重点大学,就因为不在北京上海,不是戏剧学院,而被人排斥在外,心里实在不服气。后来有个网吧处理旧电脑,楚浮向我借了五百块钱,自己又凑了点把一台看上去还算新的买了下来,说是要学习剪片,可那台破机器连打开个软件都能死机,我真不知道他是怎么熬下来的。此后,他便开始了每天窝在屋里足不出户的日子。

那个夏天真的很漫长,我剃了光头,躺在凉席上,把风扇开到最大。傍晚偶尔走去海边,在槟榔树下发呆,看着稀稀拉拉的游客挺身冲向热乎乎的海水里游泳,不禁感慨万千,真想回学校的免费泳池游泳,可一毕业,学生卡就注销了,怎么也进不去。没想到毕业典礼那天竟是我和楚浮最后一次泡在那清凉的水里,真是不够尽兴。

算起来,还是楚浮教会我游泳的。他说,梭子形的身体最适合游泳,然后以他自己作为范例。我问他,我是什么身形,他毫不犹豫答曰椭圆,不过还是额外补了一句,容易漂浮。

差不多到九月开学的时候,凤凰木上又开了花。楚浮突然告诉我,他要去北京了。他说,他有个表哥在央视做旅游栏目,缺实习生,虽然没钱,但是管盒饭,还有交通补贴。他又说,他那个表哥,可能过阵子就去美国留学了,会带上他,他以后就能跟着表哥去美国蹭课学习。

我替他开心,但始终半信半疑,他什么时候多出来个表哥呢?我这四年里都没听他提过,要真有的话,为什么不早些让他过去?

几天后,楚浮收拾了行李,要和我喝酒,我们拎着一箱啤酒去木栈道。他有些开心,喝了很多,一个人解决了八九瓶,四仰八叉地躺在沙滩上,抱着我又哭又笑,吐了一地。到那时,我才听见他说,他很嫉妒我,我能写小说,能写剧本,他倒是也想写,可自知没那个天赋,只好先从脏活儿累活儿学起,扛摄像机、做剪辑……离导演梦好像越来越远了啊,没脸回家……我拍醒他,哪里是越离越远,明明是更近了呀,马上要去北京了,庄庄小艺她们在北大,离得近,以后还能常见面,我一个人留在厦门,多孤苦伶仃。

他那晚的话让我有些难过,不知道是因为要离别了,还是因为他终于吐露出心声。

楚浮走后的那一整年,我没有继续做电影,事实上也没人找我做电影。我给当地的报社写了几个月专栏,又去电视台当杂工,搬道具。住的地方,也离学校越来越远,等某天我醒来挤公交再也看不到年轻稚气的学生和老态龙钟的教授们时,我才切切实实感觉到自己毕业了。但好在仍旧是我熟悉的城市,宽阔的环岛路上棕榈树尖尖长长的叶子不断更新、落下,我站在树荫下,一抬头,就可以看到阳光被切割的样子。

3

北京奥运会前夕,我收到楚浮给我传来的一张照片,在天安门,他感叹,北京的天真蓝真美。他怂恿我也去北京瞧瞧,我猜他本以为我不会去的,所以当我把买好的车票拍照发给他时,他吃了一惊。

但其实最为吃惊的是我。我坐了三十多个小时的火车,根据他给我留下的地址“京都旅社”穿街走巷地找寻,最后在一个拆了一半的危楼附近,看到了那块牌匾,一个破烂不堪的四层半小楼,他就住在顶层只能容纳一张小床的储物阁楼里,有一扇天窗,还有一个电扇。

他打开房门让我钻进去的那一刻,我突然有些难过。还是那台笨重、运行困难的旧电脑,还是那口从老家越过千山万水背来的大铁锅。

我没敢问他，那个表哥和去央视的事情是不是黄了，他倒是先不好意思地开了口，然后递给我一个信封，里头有五百块钱。

“不用急着还，等以后什么时候发达了，随便给我加点利息就成。”我推脱着没要，但他还是坚持塞进我的口袋里。

“怕是这辈子都发达不了了，欠的债，得提前还才行，不然你可得追我追到阴曹地府里。”

“瞎说什么呀，不就是几百块钱的事儿嘛。”

“不止这些……”他摇摇头，没再往下说了。

那几天，我躺在他逼仄的阁楼里，脱皮的墙时不时掉着灰，一翻身，床便嘎吱响，天窗直射下来的阳光把我晒得眼花。他拉着我逛故宫、天安门、南锣鼓巷和北海公园，最后，我们站在文慧园路上的中国电影资料馆门前。那里挂了很多电影海报，有刚修复的民国老片，有欧洲的经典电影，还有从未上映过的影片。

楚浮说，他最喜欢北京这里，北京真好，真好。

他高兴地告诉我，自己一周能攒下一张电影票，他第一次来，就觉得要是能在这里工作可真好。他想一辈子待在这，但他又想，一辈子短点吧，不然太难熬。

那天晚上我和楚浮去找了庄庄和小艺，我们在北大附近的一个小餐馆里点了火锅。见了面我才知道，她俩压根就不晓得楚浮来了北京。

我问楚浮，为什么没找她俩，楚浮支支吾吾了半天，我才意识到，毕业那天，大家各奔东西，他就觉得自己已经和其他同学不是一个世界的人了，或许打一开始就不是，所有人都不用像他那么费劲儿，大家伙儿轻轻松松，就能把书念好，把梦想实现，包括我。他从来不觉得我和他是一样的人，我再不济，还可以回家，但他没有家，他注定漂泊。

回去的路上，楚浮坐在石凳上发着呆，不肯走了，我也挨着他坐，递给他一根烟，但他没要。借着酒意，他又感慨着，觉得自己是个傻子，他说北京人都是骗子，把他骗过来，他恨死北京了。可他又不舍得走，北京多好啊，北京还愿意骗他，许诺他一个梦，别的地方，就只会击碎他，戳破他了。

不知道是不是因为奥运会临近，北京的天空居然能看到星星。在厦门读书的时候我就喜欢数星星，楚浮嘲笑我说：“你们这些城市来的人，没见过什么是真正的星空，像撒了一手掌的金粉那样密密麻麻数不清的，才叫作星星。”我记得我那会儿总喜欢说：“等你当了大导演，赶紧拍下来让大家欣赏欣赏那样的美景啊，不然像我们这样没见过世面的，还真不知道什么是星星。”楚浮笑了笑，说：“那你可别怪我到时候用蔡明亮或者侯孝贤那样十几分钟不动的长镜头拍星空啊。”我说：“我怕什么，就怕你回头拿了金狮奖翻脸不认人。”

那时候的玩笑是真，祝愿也是真，可现在回想起来却句句是伤。楚浮再也不敢和我感叹他家乡的星空了，我也不敢和他提那如今比星空还遥远的导演梦。我们两个沉默地盯着天空看，只能时不时尴尬地感叹一句，那颗星星真美——我们彼此都知道，现在的我们再也没办法做到无话不谈了，也或许我们从来就没有真实坦露过自己。

4

离开北京的那天下午，我偷偷把那五百块钱塞在楚浮的凉席下，又担心他翻不到，便压在键盘底下，鼓起来一大块。走的时候，楚浮一个劲儿地向我道歉，觉得自己没招待好我。

“我又不是十六七岁的小姑娘，没那么讲究啦。”

他仍旧怏怏不乐，我只好拍了拍他的背说：“来日方长嘛。”太阳升到最高点，要把我们的皮肉都烤焦了。

最后分开的时候，我使劲儿踮着脚给了他一个结实的拥抱，他把高高的头颅也低下来靠在我肩上，两个大男人，矫情地抱得死去活来。他说：“你的胡茬儿弄得我真疼。”我故意用力再多扎他几下。我俩都笑了。我看着他，原本憋了一肚子告别的话，却怎么也说不出来了，终于只剩下嘴里反复念叨的那句，来日方长了。

返程的火车上我又收到了几封“简历未通过”邮件，如一开始所料，我终究是要一事无成的。

回厦门没几个月，母亲就打电话催我回家了。那会儿刚刚入冬，我站在楼道的阳台接电话，海风呼呼地吹过来，她在电话里带着哭腔说：“你不是老跟我说想要做文化事业嘛，我好不容易托关系给你找了个文化馆的工作，你赶紧回来吧，想怎么折腾怎么折腾啊……”她原本还准备了一大堆说辞的，但我很迅速地告诉她“我回去”之后，她反倒愣住了，在电话那端久久不知该怎么接话，最后嘱咐我，路上注意安全。

以前，总以为真要离开的时候一定有特别多的不舍，但我异常镇定，没有焦虑不安，也没有通知任何人给我送行——除去把攒了很久的碟片书籍送给草引老师，让他分发给师弟师妹以外，我就再也没和其他人见过面了。

其实故乡的平凡生活倒也没什么不好。读书的时候像是给自己造了一个梦，系里的老师们也总喜欢把理想主义说得天花乱坠，别人熬夜追世界杯追NBA我们就追戛纳柏林威尼斯各种电影节，总幻想着自己哪一天也能作为一个电影人走红毯，哪怕只是做个小小的驻外记者举着话筒，也是心满意足的。

回乡的路上我酝酿着怎么给楚浮发短信，但写完又删，我害怕自己的懦弱影响了楚浮，我没脸面对他，干脆彻底消失，将未完成的梦偷偷寄托在他的身上，我把手机卡折断，放在手心里，等风呼啸而过的时候扔出窗外，像不知落往何处的蒲公英。

母亲说，回家之后我整个人看上去开朗了许多，我想也是，我不过是重新回到了既定的轨道，当然没有太多的不适，我甚至有些庆幸，再也不会因为才华不被认可而伤感，也不会因为孤苦无依而失眠。文化馆里所有的人都围着我转，我是重点大学毕业的，我博古通今，我去过北京，连县长写发言稿都不找他的秘书了，特地打电话要我来撰写。我每天顶着越来越大的肚子去各种酒桌饭局应酬，浑浑噩噩的几年，嬉皮笑脸的几年。

5 。

不知道从什么时候开始，我翻着年历计算着大家约定已久的毕业十周年纪念。但好像早早就被上天预谋了要提前似的，离十年之约还有两年的6月22日那天晚上，我突然接到了庄庄打来的电话，她说自己千辛万苦才联系到我——楚浮还是没等到同学聚会，先一步走掉了。他的遗愿是希望把骨灰撒在学校后门的白城大海，他还留了一个小铁盒给我。

我坐在办公室的老藤椅上摇摇晃晃，头皮是发麻的，嘴角是僵住的，直到天色暗下，人都走干净了，我仍旧没能缓过神来。

楚浮头七那天，我们戏文班的十一个同学，从世界各地回到学校，在大礼堂阁楼系里新修的放映室，举行了一个简短的告别仪式。那天草引老师翻出了大一那年我和楚浮两个人合作拍摄的纪录片作品，是纪录片课的期末作业，也是楚浮唯一留在世上的短片作品。我没敢看那部片子，怕回忆太多，我只是悄悄地问了庄庄，楚浮家里人为什么没来。

她把那个小铁盒递给我，然后说，所有亲戚都联系不上，去了他学校档案里留的家庭住址，整个村都空空荡荡，早就没几户人家了。

后来，我把盒子打开，里头有被胶圈隔开的几十捆钱，每捆都不算很多，他给我留了一个地址，是东莞某个鞋厂宿舍，他还给我留了一封信，让我每年过年前按照上面的地址把钱寄过去，备注是：儿好，母亲大人勿念。我以为他会在信中哭诉自己这些年过得多惨淡，然而他只字不提，那几句刚毅短促的话，却让我感受到他死前内心的安宁与平和。

那天下午四点，我翻墙爬进了学校泳池，肚子上堆积的肉令我姿势并不怎么优雅，甚至笨拙局促，可我真的轻易就浮在水面上了。我顺着墙沿游到池子中间，那扇天窗，在水底瓷砖照射出一道波光，那道光里有一条细长的阴影，像一块荧幕上的黑斑。我努力往下游去，肚子却鼓胀着往上拉扯，我把整个头朝向水底，我感觉我现在不再是一个椭圆，而是一个圆球。我伸出手，用力地触摸到池底那块晃动的阴影，好像有股暖流，涌到我的背后，再靠近一点，我的手指似乎碰到了什么温暖的东西，可一瞬间，身体又不自觉被水流冲开。

我大口呼吸着空气，脸被阳光晒得发烫。水雾弥漫中，我看不清挂钟上的时间。仰头躺在水面上看着天花板，光影一顿一顿移动得真慢，可日子却好像开了闸的洪水，过得真快。我想，楚浮说得对，椭圆的身体更好漂浮，但我现在已经是一个圆球了，没有棱角，不再害怕受到伤害。

你要学会从尘土里站起来

✽凌小汐

1

青杨去广州给人做保姆的时候，我初中还没毕业。

那个时候我以为，她的人生也就那样了。就像她妈妈规划的那样，给人做几年保姆，然后进厂打工，慢慢给自己攒点嫁妆，再结婚生子，复制上一辈的人生。

然而并没有。

半年后的春节，青杨从广州回来，我去找她玩，坐在她的床沿上，她兴冲冲地跟我讲异乡的生活，那里有高耸入云的大厦，有咖啡厅，有外国人，还有图书馆……仿佛声音里也带着光芒。

青杨的房间，她只占了一张床，另一头就是火灶，堆了高高的柴火，烧水做饭都在那里，中间则支了桌子打麻将，吵吵嚷嚷的，吃牌和牌的声音一浪高过一浪。

我和她说起学校里的事情，有趣事，也有感伤的事，说起我在看小说，也试着写一些片段，成绩下降得很快，可能不会再继续上高中，但自己心里没有什么想法，不知道明天会怎样。

"随波逐流吧。"我用了一个小说里看到的词，总结道。"可是，我觉得一个人必须要有自己的想法，"青杨转身从床头的袋子里拿出一本厚厚的英语辞典，"你看，我就想学英语。我是用的最笨的方法，买了这本辞典回来，一个单词一个单词地背，好在老师教过语法和音标，读起来不是太累……等到明年，我想再买个复读机，可以跟着磁带学习。"

那个时候我还是以为，青杨再努力，也不过是个会说英语的保姆。

就像大家打趣的那样，以后可以去给老外当保姆，操着一口土气的洋腔，把老外一个又一个的笑话带回来，正好成为牌桌饭桌上的消遣。

然而并没有。

2

一晃又是一年，青杨再回来时，我已经到县城上高中了。那天，我看见她的床上，放着一页电脑键盘。之所以是"一页"，是因为那不是真正的键盘，而是她自己用一页厚卡纸做成的，上面画满了按键，每个按键上写着字母，还有许多的笔画。

青杨告诉我，那是电脑五笔的字根，"王旁青头兼五一，土士二干十寸雨……"她随口背起来，说东家家里有电脑，她很想学习，于是偷偷画下了键盘，又买了入门的课程，先在纸上练打字。

"要用电脑，就必须学会打字，只是，到了我这里，又成了一个笨方法。"她笑道。我也跟着笑，但那时心里已经隐隐感觉到，青杨身上，有一股在别的女孩子身上看不到的劲头。她想要去做什么，就会不顾一切地去做，而且，用尽全力地去做好。

就像很多年后，我想起青杨所用的那些所谓“笨方法”，其实一点儿都不笨，相反，她很聪明，又很用功。

又聪明又用功的姑娘，运气又怎会太差？

青杨很快去了附近的服装公司做办公室文员。虽然只是一个跟单的文员，可是在几个老乡的眼里，已经是不可思议的事情，“她不过是一个初中都没毕业的小保姆，怎么就直接去了办公室，不是应该和我们一样坐在流水线上没日没夜地赶工才对吗？”

青杨不解释，也不理会，只是每天下班后，雷打不动地去上各种各样的培训班。她越来越忙了，忙得连春节都没有回老家。

不久后，我也南下打工，路过广州去找青杨时，她刚好升了职，还在准备参加成人高考。那天下班后，她陪我逛天河区，中信大厦的灯光照亮了夜空，在璀璨华丽的街头，她拉着我的手大声地唱歌，一首又一首。末了，她跟我说，想留在广州，想去很多的地方，想做很多自己喜欢的事情。

“你呢？”

我回答不上来。

那时，心里有关于文学的梦想，也有继续画画的愿望，但是现实摆在面前，我一无所有，又谈何未来，便只能走一步，看一步。

那时的我，更不知道，多年后，我会去写一本小说，而青杨的人生，却已经远胜于一部小说。

3

后来，我离开南方，漂泊于多个城市，一年又一年，有时随波逐流，有时随遇而安。其间，也会偶尔得到青杨的消息，换了岗位，升了职，拿到了大学文凭，英语过了四级，再学服装设计，做到了部门经理，不到三十岁，就获得了公司的股权，并创立了自己的品牌……

再也没有人觉得不可思议。

妈妈不再催促她结婚，哥哥们在家里商讨什么大事，也总会打个电话，听一听青杨妹子怎么说。

她从家中不受重视的小丫头，变成可以依靠的主心骨。

前些年，我回老家，遇见了几个从前的同学，有人嫁给了村里的铁匠，生了一群孩子，每天在村口打麻将；有人嫁到了镇上，开了发廊，染着一头的玉米穗子，毫不脸红地和摩的司机说荤段子；也有人铆足了劲地读书，考上大学，再回到县城做公务员，每日朝九晚五……

很多时候，我都想不起她们的脸。

于是又想起青杨，原来，她跟我们都不一样，是因为，她比我们都有狠劲，有韧劲。所以，她有能力蜕变。

可是很多人，只看到了她的“变”，却看不到那个“蜕”的过程——在暗无天日的逆境中活生生扒掉一层皮的苦，能承受的毕竟是少数。

承受不住的人，就只能做庸碌的大多数，棱角全无，光芒尽失，一天一天，复制自己，最终泯然于众人矣。

4

青杨身上的那股狠劲和韧劲，也可以称之为心气儿。有心气的姑娘，才能够自以为灯。自己有自己的内核，站在黑暗中，才有清晰的方向。

“这么多年，我就是提着一口心气，一路咬牙扛着，才走到了今天。因为起点比别人都要低，所以很多时候，都必须付出更多的努力。有人一步就能走到的地方，我必须踉踉跄跄地走上十步，一百步，摔倒了，就再爬起来，哪怕还要走上一千步。”

“我所做的一切努力，不仅是为了有一天可以得到什么，比如，可以活得像一朵花，也可以活成一棵树；更是为了可以拒绝什么，比如一种僵死的生活，或者一个封闭的世界。”

几年前，我的人生曾陷入僵局，那个时候，很多朋友都曾给我打过气，而青杨，曾这样跟我说：“心气儿，才是一个人再苦再难，也不能丢掉的东西。”

有一句话叫“扛得住，世界就是你的”。我信。但我更信，扛得住世界的人，用的不是力气，而是心气儿。

没有了心气儿，活着，也是一具躯壳。而有了心气儿，无论在哪里，你都可以再站起来，重新出发。

与你同行

感受到有一个人能完全理解你，

能绝对相信彼此之间的友谊，

人世间再没有比这更甜蜜的事了。

——波伏娃

蝉的歌

✽凉炘

1

她极爱读武侠，爱到骨子里。所以她爱去夜里的大排档吃晚饭——那里的餐饮文化更符合武侠情怀。不讲究坐姿，更无论吃相。

她迎接大口的啤酒和海鲜，迎接油腻和香辣，结尾处，仰头喝起玻璃瓶可乐来。咕咚咕咚一整瓶见了底儿。她直接用牙咬开易拉罐，咬开啤酒瓶，“嘎嘣”一声里卧虎藏龙，存着东邪西毒。绕唇经久的，净是刀剑、镖局、刺客、秘籍、恩仇，以及整个江湖。

“你快吃饭啊！看着我干什么！”

我对武侠可不感冒。总觉得砍砍杀杀里少了几分真实。那年某天，唐徕小区停电。暴雨肆虐，留下一地的霉味，我们感到十足的无趣。为了找点共同话题，我这样询问过她：“听说金庸笔下好多美女，你感觉自己和谁最像啊？”

那时她不带片刻的思虑。仿佛对这个问题早就深谙答案，掏出手机按下三个字：周芷若。

四年后，江城大学课堂上，徐教授恰好讲到金庸：“说到金老笔下人物之取名，那是极有讲究的，绝非随心所欲。况且，根据中文特点，一个人的名字是有能力概括、映衬甚至折射他一生宿命的。比如周芷若，芷为白芷，若为杜若，都是香草，借以形容周姑娘清丽脱俗。然而，芷字由‘艹’和‘止’两部分组成，表示香味令人止步的草，暗指周芷若虽美艳出尘却带有清冷、威严之态，令人难以与之亲近。而杜若，号称是一夜间灿然绽放，隔日便悄然凋零。貌坚实弱，一旦全力绽放，便注定颓败。你们回想一下周芷若。想想她从未真正温暖过的一生，是不是觉得这名字恰如其分？”

2

那一年，我咬牙跺脚做出决定——亲自去买卫生巾，不再劳烦母亲。偶遇店里几个同班男生来回走动，小店也狭窄，拿起之时脸颊发烫，便放了回去。她从远处瞥见我的顾虑，从柜台上扯下塑料袋，把卫生巾包裹其中，塞进我书包里。我付钱给她，她嘴里嚼着黄瓜，从容不迫地做着每个动作，像个大人一样："姑娘，你人小心思还不少，这有什么啊……真是的……"

她家离唐徕高中校园很近，临街开着这间小商店。中午放学的时段，她妈妈总在街边持锅热油，切菜烧饭，她便负责看店。她找钱，回到座位上，继续对镜抿嘴，尝试各种暖色调的口红。

那是我们第一次交流。我掩门而出的时候，心里有种感觉。它被夏日烘沸，流成汤汤水水的样子，那味道像极了她母亲锅中翻炒的红烧茄子。我胸膛处一整群细胞因此手舞足蹈。

她妈妈是聋哑人，中年离异，爱笑，爱打麻将。赢时满目激动，输时一脸颓败。在养育女儿这方面，除去衣食住行，她难以给予更多。面对家庭的残破，女孩的乐观尚属奇迹。

因为我考上唐徕高中，家里特意搬来这个小区。刚来不久，便听街坊时常在她背后说闲话，他们指着她挽起裤腿后露出的殷红脚链，指着她短版T恤露出的雪白腰线，"啧啧啧"的声音听得我头皮发麻。但凡有自家儿女路过，他们都要小声劝诫："看见没，像那坏学生一样瞎胡混！怎么能考上大学哟！"

她高三那年，我高一。在回家的路上，我看到男孩载着她穿梭在这样的林荫里，长长的头发被风拉得与地面平行。她的校服被放在书包中，总是不穿。而代替那身蓝衣服的，是粉色短裙。

她会在摩托车后座摆弄打火机，偶尔大笑，笑起来毫无遮拦。画得极红的唇和闪着白光的牙齿，在周围纷繁的光景里，最鲜明。

校园里男孩擅长拉帮结派，混到高三依旧厌烦书卷，他们常在小花园里躲着抽烟。等她出来了，就指桑骂槐地讽刺她。她闲庭信步般经过那些五颜六色的蓬松头发，手握着水杯面无表情。不过有一次，那些男孩的嘴里突然冒出她妈妈的名字，还有"聋子""哑巴"之类的碎片。她一改常态，疯狂追打他们。他们笑起来，跑在前面，朗朗的少年，额头上沾满了汗。似乎长久的夙愿终于得逞。她追着追着就蹲在地上，双臂环绕着膝盖，抽泣是她留给我的背影。飞出去，却没有砸中他们的水杯哐当落地，丁零作响，摩擦着坚硬的沥青地面。

3

偷窥大概真是容易成瘾的事。她住在小卖铺的后屋。从我的书房隔着巷子横看过去，正是她家的两扇窗。卧房洁净，不常拉窗帘。室内装修得简约普通，衣柜，床，写字台，三两盆吊兰，一两幅画框，并无更多。青绿色的地砖，恍惚看来，像极了雨林里脆嫩的青苔。

盛夏逐渐被烧红，熟透了，一股脑扑在我脸上，带来满身燥热。她长久地逗留在卧房里不愿出去。穿着短裤和背心，不穿鞋袜。她从不握笔，也不翻书包——只爱捧一本小说，每一个坐姿都保持许久的时间。如果有高倍的望远镜就好了，兴许我就能窥到书名。那是谁笔下的文字？让她大声发笑，前俯后仰。偶尔也一脸厌弃，自言自语，咒骂书中某个角色。而持续时间最久的，便是她把书贴在胸口，抓捏一缕头发，闭眼凝神的样子。

直到有一天，她偶尔开窗透风，向外打量天色时，她看到了我。那是一种血脉爆沸的感觉，心跳的声音屏息可闻。尴尬和羞愧一同袭来。那天，我第一次收下她正脸的剪影。她下巴很尖，眼眶里有闪闪的东西。像是咆哮的海洋内，浪尖上最璀璨的亮处。

那天之后，我依旧爱打量她的生活。她在晾晒衣服时，或在开窗闻风时，也会朝我这边望过来。起初她没什么表情，后来她冲我笑一笑，我便回一个笑。此番默契，不知所起，绵延夏季。

夏天逐渐走向深处，蝉鸣得过分啦！它们从不同角落窜出，像是宇宙的旅人，穿梭至此，终获至宝，就箍紧了树皮。

某天上学路上，光线缕缕带毒，射杀了绿地上的芽儿。难耐之时，她从身后，举着太阳伞将我笼罩。我停下来抬头看她，这才知道我的身高还不及她的脖颈。

“走啊，快迟到了。你看你，女孩家晒成这样还怎么有人追哦！”

真正有交流机会的时刻，我却毫无话题可以开启。不过她臂间环绕的各种旧书，是我长久以来的兴趣。

“姐姐。你最喜欢看什么书？”

那些书的外貌大多清素，没有硬壳，没有金边，和书店里被疯抢的畅销书比起来，仿佛来自不同的维度。

“喜欢武侠。”

我追问：“武侠？就是杀人的吗？”

她笑得很大声，太阳伞倾斜，手上斑驳复杂的链子一直响。

“天哪……只有电视里的武侠才砍砍杀杀啊！你们这代人，读书都读傻啦。”

她明明只大我约三岁，却用着长辈的语气讨伐着我的稚气，可说不上为什么，我毫无反感。相反，我会觉得，在她讲话的时候，我身旁行走着的，是一盏人形的暖灯。

而我的下一个问题，却将灯芯里红热的火光碾碎，当时的我，因无知而无辜。我问她：“那书里的武侠不写砍砍杀杀，还有什么可写？”

她前行的步伐顿时放慢，眼睛的色调贴近了严寒，说：“写啼笑皆非，写一场空。”

我听不懂，刚好也走到校门口。她嘱咐我说：“别跟你妈妈说你跟我认识了哦，小心她不给你做饭吃！”之后便如一阵热浪般，消失在高三的楼道边。

4

她喜欢跑步，天气愈热，她跑得愈用力。操场上，她像一台竭力燃烧的机器，跑到皮肤绯红，跑到脉搏狂舞，也不停不休。路过一些女生，我听到她们鄙弃的话语，但我从不担心。她的心似一座熔炉，能将语言的风波悉数融化其中。就像她从未抱怨过突然淋湿我们的暴雨，和疾驰卡车溅起的黑泥，自然也从未抱怨过周围的任何人。

忘带钥匙是我的陋习，每次如此，我就只能等到八点妈妈下班才能进家门。很多次我没带，就在楼梯上坐着，她在小卖铺门口朝我招手，手中拿着两个已经拆封的冰糖雪糕。我背着书包走过去，把钱递给她，她说：“收一收！姐姐请你的。”

她妈妈正在门口煮饭，我叫了声“阿姨好”。阿姨没说话，只是点头笑笑。她在一旁捏住我的手：“哈哈，她听不见的！不过应该知道你说了阿姨好。”

我吃了两碗米饭，又用菜汤泡了一碗，一并吃了。每次我礼貌性地收下碗筷，把双手贴在膝盖上，她都要讲一句：“好啦！把客气收一收！再来一碗！”她还说，“你们这些爱读书的娃娃，费脑子，最容易饿啦！”

周末的闲暇，她站在楼下故意剧烈地咳嗽。我扭头就喊：“妈！学累了，我出去转一圈。”

这样一来，母亲始终未察觉我们的来往。

我一路小跑跟她步出小区几个街区开外，她才安心。那天她穿着一件紧身连衣裙，粉透了。她从上到下地打量我，还教训我：“你怎么周末也穿成这个样子啊，还穿校服？应该穿裙子，少女的裙子就像歌手的电吉他，迈克尔的白袜子，还像国旗上的小星星，那是光荣啊，我的宝贝儿。”见我无法应对这样的言辞，她便拉着我进了饮品店，拍拍我的肩自言自语：“不过也是，你是要考大学的好学生哟！”

我们吃吃喝喝，我从不觉得她坏，所以什么事都跟她走。这是一个极其简单而自我的逻辑，绝对没错。那是我们聊得最久的一天。她母亲的聋哑，只是一次面部神经炎落下的后遗症。不过从那以后，生活开始变得空洞而苍白，她父亲开始经常外出，到最后，一纸离婚协议书恰好拍在了她初识字的年纪，离婚俩字的意义，以小学三年级的知识储备也足够看懂。

长久的无言后，她一句话惊呆了我：“告诉你个秘密，其实她是能听见的。”我的眼神里全是不可思议，也第一次主动地，握上她的手。她身体里，有一根根冰凉的骨头。她说：“蝉鸣树深，夏织锦瑟。”

我没听懂：“你说什么？阿姨她真的能听见啊。”

“每到夏天，蝉子叫成一团的时候，她都喜欢躺在家里，打开窗子。她不爱吃西瓜，喝冷饮，她似乎更爱流汗。她用手语告诉我，她虽然什么也听不见，但就是能听见蝉鸣的声音。”

“真的吗？”我把这当作一种特异功能，竟把兴奋的眼神和语调带给她。她不看我，眼里又换上了那个与冰原有关的熟悉景色。

“蝉唱的歌，人类听不懂的，就当作噪音。我妈觉得蝉的歌好听得不得了，它们很讲究节律，即使树林里有成千上万的蝉，可是发声的时候，那声音，从来都是共生共灭的。”

天黑了，我以运动会之名逃过妈妈的质问。坐在书桌面前，心中有很多压抑血脉的石子，让我无力翻书，那天的滋味，异常煎熬。

5

我们的关系一直持续到了第二年的初冬。那个季节，蝉们似乎集体旅行到另一个宇宙，彻底消失。我开始学她喝水的动作，学她骑自行车时飞快的速度。我们早起，到离镇子不远的湖坝上看日出，我们把吃剩的面包捏成碎屑，扔给河道里的鱼。直到那个冬天开始变得严寒，雪飘不断，也带来了锋利冰锥般的噩耗。

放学回家，我妈妈一巴掌打在我头上，让我不许吃饭，跪在地上。她哭得我心脉结刺，左刺右突，就跟她一起哭。

“你跟那个小商店的坏丫头玩得可好？

“我和你爸每天累得像驴一样，花钱就让你干这些事交这样的朋友的？

“幸亏街坊告诉了我，要不然我得什么时候才知道。我看你学校也不用去了！读书读到谁脑子里去了？”

大概妈妈方才喊得过重，所有声音轻轻松松传到了她那边。我回房间打开窗子朝她的卧室看的时候，那里第一次拉起了纯黑色的窗帘。里面的灯，映出了皮影戏一般的身姿。她用以往我所熟悉的姿态静坐着，一动不动地静坐。只是那黑影中，却缺少了书本的部分。

我答应妈妈，再也不与她联系。从小到大，长辈们经常用“知错就改”来夸我。不过，唯独这次的答应，在我口中说出时，带着从未有过的迟缓。

后来她再也没有找过我。

每当有高跟鞋的声音在周末的时段响起，我都要推窗去看，可是无一例外，楼下经过的都不是她。如果八九点的时候，我想吃零食，也只能忍着，忍到第二天，去附近的大超市买。我怕看见她，我怕相对无言。而她，向来是个聪明和懂得分寸的女孩，她刻意回避着一切可以让我遇到的机会。

整个寒假，我都在祖母家过。再次回到小镇时，冬天已经过去。

6

那是第二个夏天。第一次有蝉鸣的午后。在一辆中型货车的尾部，我终于，又一次看到她的身影。她指着一个颜色发红的木箱说："这个得慢点放！放在最上面，里面都是书！"

那天她穿得朴素极了，宽松的灰色裤子，民族风的花色背心，白色的球鞋被洗得多了，发黄。我发现她像极了一只美丽的蝉——这身装扮特别符合她的名字——夏蝉。

什么样的人，是值得深交的人？在我单纯，或许错误的理解下，我觉得一个能在自己心中埋下火种的人，就是值得交往的人。星星之火，可以燎原。点滴花种，能把荒芜开遍。她给我的种子，压抑了一整个冬天。

那天，在夏天的烘焙里，它早已令我的血脉温热，趋于沸腾。我感觉我的血液变成一波波红色的浪潮，以从未有过的方式，拍打我的经脉。我隔着窗子，不停地流着眼泪。

一切装车完毕后，她站定不动，看看天，看看草地，闭着眼睛，屏息了好久。师傅几声催促，她便将闭眼听声的母亲搀扶进副驾驶座，自己则两步登上后座，随着半声轰响，彻底离开。那是她最后一次出现在我的视线里。

7

十五分钟前，傍晚的新闻回放，有关于她的信息用了几十秒草草而过。她的消息于熙攘的人世，大概只是一条茶余饭后的谈资。我脚面的血，已开始外渗。母亲在这时，从厨房里拐出来，"天啦，你看个电视也能碎个杯子哦，我下去买些纱布吧。"忧心忡忡的眉眼，亦如当初的盛夏里，训斥着我，让我承诺不再与她往来时的样子。

方才的屏幕上，各式鲜花开得灿烂，在墓地上，它们覆盖了死者的棺椁和遗像，两个国家的国旗在远端共同升起。她那笑容一如曾经，只是长发不再染黄，黝黑黝黑的，和眸子一个色，纯纯的中国人。记者手中紧握的话筒里，传来她官方的语气："死者是意籍华人，中文名夏蝉，多年从事风力帆船运动。在挑战'独自完成YINGA航线'中，与指挥台失去联络。经三十五天海上搜救无果，当地政府宣布寻找终止。我们在此，深切缅怀这位敢于挑战人类极限的华人女性，她享年32岁，愿逝者安息……"

我试图从过往的碎片里，打捞她爱上极限运动的原因。她曾经在我耳边喃喃过几句书里的话，"蝉蜕茧时，那种生疼、煎熬、悸动和释怀、飞升、海阔天空，我们做人的……"她喝水的动作向来像个男生，喉咙朝天，咕咚咕咚，"唯有临渊而立时，一切方能明了。"这些文字，于当时的我，完全是虚缈梦话。我曾经问过："'临渊而立'是什么？"她也答过："就是让你在悬崖边儿上站着！哈哈哈。"

蝉子，和你相处过的日子里，我曾想过，要找个合适的时机，劝你醒一醒，你活命的方式太过较真。你总想找到巅峰上的巅峰，找到尽头背面的尽头。你太像周芷若——动心之际，就燃尽自己的热情，可是，你这一颗心，并不适合这个早已被柴米油盐征服的世界。不过我从来没有劝过你，从来没有。这绝对不是我的失职，因为我从未真正明白你的人生和我的题海，我的朝九晚五，我的钢铁森林，我的电器之音，我的工资条，我的房产证，究竟哪一种是梦，究竟我们谁该醒来？

可是蝉子，你一定得明白。你曾怎样颠覆、渗透、雕琢和改造过一个女孩的生命，使她坚定不移地将你视为最好的甚至最后的朋友，这比她至今三十余年的生命里，经历过的任何爱情，都来得生动、炙热；使她此刻背后的书柜里，琳琅满目，尽是武侠；使她毫不介意在众人面前大口喝水，大口吃肉；使她迷恋蹦极，将那高高的跳台当作悬崖。

闭上双眼，临渊而立，满脑子都是"蝉鸣树深，夏织锦瑟"。

我们必须相亲相爱，否则就会失散

陈思呈

××××

1

林欣家住在北堤下。

北堤这个地方长得有心机：堤坝隔绝了堤外江边的杂乱，视野里只看得见古朴的砖墙，还有堤上各种萋萋芳草，再上方则是蓝天白云缓缓流转。一切简洁明净，落入视野里的无一处不是诗意。

她家的房子是皮塑公司分的宿舍楼。我们放学时一起走，走北堤边下这条路，先到林欣家，如果天还早，我就先到林欣家写作业。

她家里的人，我都熟悉。

林欣的爸爸是转业军人，保持着军人特有的威严和身姿。“写字时坐直！”他提着公文包出门前，猛喝一声。林欣赶紧坐正，旁边的我也赶紧坐正。但她爸压根儿没有检查这声威喝的效果，旋风般地消失在家门口，上班去了。

我们都怕爸爸。我怕我爸连带着怕她爸，她怕

她爸连带着怕我爸。我们都盼着各自的爸爸上了班，然后我们就可以无忧无虑地腻在一起。小女孩的友谊，没有不腻的，每天分别时，你送我我送你，都要送好几个来回。

我们成天那么腻，有时候也会吵架。吵架这种事情，关系够铁的话，吵了之后会更铁；关系不够铁，可能就吵坏了。我和林欣属于前者。

有一次在我家，我和林欣又吵架了。争吵声越来越大，我妈一边擦着洗完菜的手，一边走进房间里训斥我。林欣赶紧对我妈说："阿姨，我们没吵架，我们是在辩论。"

2

不过，我们考上了不同的高中，又分别考上两座城市的大学，友谊节节溃退。这也正常，少年时代的朋友，就像流水，散了就散了，不用互相负责，但再见面也能无缝连接。

我和林欣在一起最喜欢做什么？逛街。

其实，我和林欣也谈不上是彼此最好的朋友。那时候，每个人似乎都只能在一个时间段内，充当另一个人最好的朋友。过了那个时间段，友谊也不会失效，依然在；不但在，我们还能默契地识别出对方最适合和自己一起干的事情，也就是说，一个定位。

比如说，小夏是最适合一起逃课爬山的，马玲玲是最适合一起吃喝玩乐并去她家睡觉的，老冰是最适合谈理想谈人生的，林欣呢，就是最适合一起逛街的。

逛街这件事的意义，不光是为了打扮，还是我们探索世界的方式。

逛街是一个很综合的学科，涉及经济学、美学、社会学、心理学、人类学、逻辑学、统筹学。当然了，在这一切之外，对两个人的亲昵和默契也提出了很高的要求。比如说，能在对方面前无所顾忌地换衣服，能愉悦地跟对方互相换着旧衣服穿——毕竟对方的旧衣服就相当于自己的新衣服了——这样我们拥有衣服的数量，就变成了双倍数。

但我和林欣毕竟处于两个城市，见面少；后来林欣去国外工作，见面的次数就更少了。我们见面的唯一机会就是每年的"广交会"，林欣的工作是外贸翻译，交易会时就跟随老板来广州出差。

白天她在交易会现场，晚上我们争分夺秒去逛街。让我对她来广州充满期待的，是这样一个场景：在她下榻的酒店，她从行李箱里拎出一件又一件的衣服、叮叮当当的首饰，我也从自己家带来各式各样的裙子。

这一切，汇成神秘的五色海洋，摊开在酒店的床上。气氛是瞬间就达到高处，并居高不下，一整个晚上都流光溢彩。

太快乐了！

3

但有一年的交易会，我们的关系完蛋了。

那年秋季广交会，我们用座机约好了，晚上在某条步行街路口见，一起逛街。

我在约定地点等了一个小时，林欣没来，也一直没有联系我。我也无法联系她，因为她没有国内的手机号码。

让我气昏过去的是，回家后又

过了一个多小时，我才接到她打到我家座机的电话。原来她也忘了留我的手机号码。她有急事不能来，打我家座机，家里却没人。

我气得肺都要炸了。你是忙，忙就能把约好的事晾在一边？有急事，有急事不会想办法问我的手机号通知我？问不到，问不到不会打电话回老家问我爸妈？

来不及，来不及你这么久干吗去了？我都回家一个小时了才接到你的电话。

得了得了，别找借口了，你就是不在乎我呗。

虽然我们是吵着长大的，但这次我决定吵个真的。

几天后，她离开广州。本来一年只联系一次的我们，这下彻底断了联系。

4

六七年后有一天，我收到林欣的微信。那一年有微信了，接着有了同学群，我和林欣也就互加好友了。

谁知我们在微信上说的第一句话，就是一个大坏消息。

林欣说她马上要来广州，因为她爸爸病重，从老家来广州住院治疗。林欣和她的弟弟在医院旁边的快捷酒店租了个房间住着。

陪伴林欣的那几天，我总在医院周围的路上看到行色匆匆的人，手里提着保温瓶或者巨大的袋子。他们大多数是病人家属：首先，看年龄说明他们是家属；其次，他们脸上的憔悴和劳累说明他们是家属。林欣和她弟弟也是其中的两名。

而我们，还是害怕爸爸们，哪怕是一个病重的林欣爸爸。我觉得那个躺在床上的男人，还是很可能会看不惯我的一举一动。“走路时背挺直！”“拿个东西都不利索！”我脑补他的台词。可是现在他老了，衰弱地躺在病床上，没有多余的力气来批评我们。“要是我身体好，像这样的事，我一个人处理得井井有条！你们三个人都搞不定！”我脑补他的责备。

林欣当然也和我一样，手足无措，惊慌失神。

到了晚上，当我们坐在出租屋里的床上，灯下对视，竟然不知道说什么好。这个情形，就像杜甫经历过的那样：“今夕复何夕，共此灯烛光。少壮能几时，鬓发各已苍。”

想起以前，我们相聚在酒店房间里，在灯下铺开一整床的衣服和饰品，和对方交换着自己五彩斑斓的生活。

想起更早以前，老家北堤下，我们骑着单车，谈天说地，抬头只见堤上芳草无边，蓝天上的白云缓缓挪动。

现如今，我们坐在快捷酒店简陋的床边，角落里飘出浓浓的中药味道，谁能想到，闹翻脸的两个儿时伙伴，再相逢竟是在如此狼狈的时候。

5

我当然早已经完全原谅林欣了。

那些年，各自的脾气也被生活教训得差不多了。要用这么长的时间，我们才发现，少年时代有多任性。想吵架就吵架，想翻脸就翻脸，想失约就失约。因为总觉得，再怎么吵，最终都能被原谅；失了约，对方能等你；翻了脸，也能随时翻回来。甚至人脉散尽也无所谓，因为后台很硬，父母强健。

命运的庇荫，甚至使我们曾经产生幻觉，觉得自己在很多事上有豁免权。

我们为自己无知而狂妄的陈年往事试图彼此道个歉。一方迟疑地开了个头，另一方含糊地接应了，几乎同一瞬间，彼此同时打断对方——喉咙里的鱼骨头被镊子取了出来。我仿佛看到我妈在虚空中，无奈而欣慰地对我们一笑：“好吧，你们说是辩论，就是辩论吧。”

我决心不再做严厉的人了，毕竟生活对我们已经够严厉了。中年如此仓皇，我们应该像保存雪夜的火种那样，保存着人世间所有的善意。我只想前嫌尽释。

诗人奥登有一句诗，我们必须相爱，否则死亡。一直觉得这不是一句情诗，这是一个在逆境或者孤独中的人，写给同类的诗。

在此时，又想起了这一句诗。

女式友谊

✽简唯

高中时，我是个学渣，同桌女孩却是堪称励志典型的好学生。急于和学霸做朋友的我，最终让她陷入崩溃。

1

回忆我的高中三年，同桌于卉是一个没法绕过去的人。

我们是在高一上学期期中成为同桌的。于卉成绩很好，考过几次班级第一。我则来自一所风气不好的初中，是一个地道的学渣，交了高额的择校费才进的省实验中学。进省实验中学后，学习成绩远远不如那些尖子生。为了带动我的学习，老师安排于卉坐在了我身边。

这个新同桌出现在我面前时，就像从《新闻联播》里走出来的一样，全身上下闪着“家贫志坚、品学兼优”的光芒。

于卉的爸爸是普通工人，妈妈是医院清洁工，家里连一部电话都没有。于卉平时吃得很少，每天早上吃一个食堂素包子，中午也是简单的一个素包子或者一张饼，晚饭则是一些糖果、瓜子和点心，都是过年时攒下来的年货，平日囤在寝室的柜子里，每晚取出来吃一点。

她告诉我，一周在校五天，她的伙食费从来都是七块钱。

不仅如此，我几乎从未见过于卉喝白开水。她的柜子里有一大袋廉价速溶咖啡，她每天用学校免费提供的白开水冲泡一小袋，以保证一天的精神充足。

我拿于卉当榜样激励自己好好学习，可刚学习了一会儿，便敌不过懒惰和自制力差，不肯用功了，一曝十寒，毫无长进，依然是个学渣。于卉从没主动帮过我，对我的一切漠不关心。

我的家境比于卉好很多。父母是普通的体制内人员，视我为掌上明珠，特别舍得给我花钱。我穿着名牌的衣服，吃出圆滚滚的身材，对物质生活很挑剔，从来不肯委屈自己。

那时开始住校的我，早上起不来，买了早餐打包，踩着早自习的铃声到教室，把书包朝教室一扔，就站在走廊里吃早餐。看到于卉的生活，我于心不忍。早上会客气地把早餐分一些给她。有时，我会带双份的早餐，偷偷和她一起边晨读边吃，还有时，我会只带单份的早餐，塞进于卉的课桌。

我的心里有些小小的得意：我在帮助于卉啊。

事实上，我和于卉的关系并没有真正亲近起来。她对我的态度依然冷冰冰的，我坚持认为是她作为学霸的自尊心在作祟。

2

我开始有意无意地和她闲聊，捕捉她更多的生活细节。例如有次下了辅导班的课，天下大雨，她很晚才骑自行车到家，发现没带钥匙，因为家里没有电话，她怕大声敲门吵醒邻居，便一个人躺在自行车棚的砖头上盖着雨衣睡了一夜；例如，美术课上，她用的十二色水彩笔看起来像二手的，她说那是她周末专门去火车站附近的一家文具店淘来的“试用品”，跟老板讨价还价，几块钱就买下了。

一天，我跟于卉说起中午食堂的炸鸡好吃，她说自己从来没吃过那类油炸食品，更别说肯德基、麦当劳和德克士这些了。

那天回到寝室，我大方地对几个室友说，第二天点炸鸡的外卖请客。随后打电话给妈妈，让她第二天中午订肯德基给我。

第二天，肯德基送到了寝室，我和室友一起分享，事先拿走最大的一块鸡排和一个汉堡。等大家吃了一会儿后，我漫不经心地说：“哎呀，这还剩下呢，分给隔壁寝室的吧。”

于卉就在隔壁寝室，我拿着鸡排和汉堡过去的时候，正好只有她一个人在。我说寝室里点了外卖，吃不完，分一点给她，努力地表现出“不是专门送给她的”。

于卉接受了，但没有任何感谢。我转身要离开，余光扫到她还在盯着书，并没有准备大快朵颐。我想了想，回身抢下她的书。

“你现在就吃吧。”我对她说。

“我吃过午饭了，现在不饿。”看得出于卉有些莫名其妙，但语气是温和的。

“你现在不吃，慢慢放凉了，到时候你嫌难吃肯定会扔了。我买的可贵着呢。”见于卉还想说什么，我没给她说话的机会。

“吃，你现在就吃。我看着你吃。你不吃完，我就不走。”

于卉有些难为情地看着我，见我已经坐了下来，盯着她，一脸不容拒绝的样子。她拿起汉堡，一脸通红地吃了起来。

我看着她吃汉堡，表情放松下来。她的脸越来越红，咀嚼显得越来越紧张，却不敢停下。甚至连我问她好吃不好吃，都没有回答我。

她吃完汉堡，小心翼翼地问我，还要继续看着她吃鸡排吗。我心想她估计吃不下了，便说要回寝室午休。我临走时，眼角余光瞥见她流露出如释重负的神情，心里却是得意的。

3

那个汉堡并没有换来我和于卉的友情。相反，她对我有些抵触，时不时冷嘲热讽。

借她的红笔，她坚持不借，我问她现在要用吗，她会反过来说不用也不借给我，“奥巴马睡觉的时候你也不能当总统啊”。

全校号召给得了白血病的校友募捐，她捐了一块钱，我本来暗地里捐过五十块了，可当着于卉的面，又捐了一块，没想到她在班长收钱时对我冷笑着说：“你每天早上吃的早餐都不止一块钱吧。”

我的生物课成绩不及格，于卉出言讥讽：“我要是你，早在自己是细胞的时候就会选择死亡。”我气得丢出了手中的笔，她立刻补充：“哎哟不错，智商提高了嘛，还以为你听不懂这句话呢。”

此类事情越来越多，饶是再迟钝的人，也能嗅出其中的敌意。期中考试以后，我的成绩依旧没有起色，于卉还是班级第一名，却在年级排名里大幅下降。她说，是我影响了她的学习，她已经让父母找班主任，要把我和她调开坐。

我表面上没有吱声，暗地去找班主任问数学题，侧面打听了调座位的事。班主任说我的成绩还要提高，会继续让于卉和我坐在一起。离开办公室时，我松了一口气，心想或许是于卉的父母还没有来。

一天，于卉的作文本发下来，我扫了几眼她的作文，里面写到她的母亲在医院做清洁工，每周六要去捡医疗废品卖，其他清洁女工也会抢着去捡。为了抢到更多废品，于卉会帮着妈妈一起去“抢收”，被其他女工嘲笑。

放学的时候，我问于卉，假期可否帮她妈妈一起去收一次废品。她一脸疑惑，我赶紧补充，反正每个寒暑假都要做社会实践，正好是个机会。

于卉没有理我，走了。

我以为她只是拒绝，也没多想。下午回来上课，只见她红着眼睛、带着尚未擦干的泪水走进教室，狠狠地扔给我一团信纸。

信纸上的字全是红笔写的，列出了好几条对我的意见，不乏讥讽。例如说我总是高高在上，不懂得尊重别人；成绩差也就算了，还不肯做一个善良的人；还说她母亲不是我的服务员，没有理由为了我的一时兴趣陪着我玩。

最后她还说，我的QQ她早就删了，让我以后都不要和她说话。

4

高一结束的期末考试，我的数学考了一百分，班主任当着全班的面表扬了我，于卉对此一脸不屑，下课后对我说，数学连一百二十分都考不到，真是智障。

高二分科，我选了文科，于卉选了理科。不用学理化生，又换了数学老师，我的成绩有了明显提高。我时常会在校园里碰到于卉，想起她当年说的那些风凉话，便绕路离去，假装没看到她。

一百二十分，像一个魔咒一样不停折磨着我。到高三上学期期末考试，我的数学终于考了一百二十九分。那段时间，我还在新概念作文大赛中获了奖，可谓志得意满。

走廊里，邻班一个并不熟悉的女生问起我获奖的事，我刚要回答，看到于卉就站在不远处。见我发现了她，她的脸霎时红了起来，带着一种讨好而羞涩的表情，朝我微笑挥手，不等我做出反应，就转身离去。

大学之后的某一次，和两个好友聚会。她们和于卉是理科班同班同学，我假装漫不经心地向她们问起于卉的去向。

她们说，于卉去了山东大学。我有些吃惊，高考后，我偷偷去查了她的信息，能看到她的自主招生考试记录，她获得了西北某高校的优惠，难道她没去？

我大学的专业是戏剧文学。课上布置的写作训练里，我把于卉的形象以原型写在里面，一次又一次。

我的指导老师问我：“任何一个故事里的人物，无论正面反面，都应该是可爱的，或者有可爱之处。你一直试图塑造的这个人物，贫穷自卑，吝啬偏执，内向又不太注意卫生。难道就没有一丁点可爱之处吗？”

我听着老师的点评，脑子里出现于卉的样子，带着些赌气。

5

大一快结束的时候，父亲去世，我心里难过。

朋友们打来电话慰问，我努力维持着平静。父亲的丧事处理完毕，我打开QQ空间，看到一个熟悉的名字。虽然已经删了好友，但我知道是于卉。

她留言给我的朋友说，她也打听到了我家的事，但联系不上我，希望我平安。

我点进她的空间，依然能看到里面的内容。从那天起，于卉再也没有作为人物原型出现在我的笔下。

大学四年，我没有刻意提起有关于卉的一切。有时，我会上网搜索她的名字。知道她进了实验班，拿了给贫困特优生的特殊奖学金。大二那年，她还伪装成某所二本院校的毕业生，兼职去做家教。

唯一一张照片上，她的样子并没有太多变化，一如她的处境，努力却仍旧窘迫。

再后来，朋友告诉我，于卉被推免了中科院上海分院的研究生。听到这个消息，我的心头只剩下喜悦。但当朋友问我要不要于卉的联系方式时，我拒绝了。

不久之后的某天，我在地图上搜索了中科院上海分院的地址，在那附近逛了逛。上海这座城市说大不大，说小不小。我既害怕又期待和于卉的偶遇，知道自己一定会认出她的样子。

只是，我不会再与她见面了。

你是我未写完的诗，最后却改了字

猎猎清欢

2009年夏天，中考结束，每逢晴天夜里，我和阿译都会去成华区的大排档吃烤串。余晖落尽，蝉鸣当空，响彻整个夜市。整个夏天，街上满是酩酊大醉、招摇过市的人。我和阿译也一样，喝酒畅谈，说未来的时候昂首挺胸，谈过去的时候潸然泪下。

2015年，成华区的大排档因为拆迁，只剩零零散散的几家。我回成都，路过大排档街的时候，夕阳从楼宇之间落下，蝉鸣不歇。老街给了我一种“昔人已乘黄鹤去，此地空余黄鹤楼”的感觉。我想到阿译和曾经那些信誓旦旦又慷慨激昂的话，才发现，人生总是在某个莫名的路口被生生分成两道，而我们分道扬镳。

小学时，身为男生的我腼腆害羞，像个待字闺中的姑娘。三年级体育课上，测验跳沙坑，我埋着头一路猛冲，因为两腿一

前一后起跳，整个人直接摔倒在沙坑里。围观人群一阵哄笑，烈日当空，我额头渗出汗珠，脸红得像六月的晚霞。阿译从人群中探出头来，把那句“有什么好笑的”说得振振有词，然后走进沙坑，扶起我。走出人群的时候，阿译把我衣服上的沙子拍干净，我想到他刚才说的那六个字，竟越发想哭。

我没对他说谢谢，不过作为感谢，我用攒了两天的零花钱买了两支最贵的雪糕，一支送给他。我们坐在操场的主席台上吃雪糕，看夕阳一寸一寸从西方落下。阿译说：“以后有谁欺负你，你就告诉我。”我看着他认真的脸，点点头。我想，我和他的友谊大概就是从那个时候开始的。

虽然我外表害羞腼腆，但内心也有一腔孤勇。五年级的时候阿译和同班的一个男生打架，我闻讯赶过去，见他们扭打在楼梯的拐角，便捡了一块石头朝那个男生的头砸去，他立马放开阿译，一个人抱着头蹲在墙角“哇哇哇”哭起来，血顺着他的额头流到手上。阿译见状，有些受惊，呆站在原地一动不动。

我说：“你别怕，是我砸的。”可其实心底早已乱成一团。阿译抢过我手里的石头，对我说：“待会儿你别承认。”老师赶到时，我还是说出了真相。结果，我被要求站在教室外听课一周，阿译被要求蹲在教室外听课三天。之后我再回想这件事，觉得当初动手打人的果断和对错误的坦白，不过是想让自己在乎的人不受到伤害，另外也想证明，在一段友谊里，我不是永远被照顾的那一个。

一件事情从你有勇气开始，就已经完成了一半。我想这个道理也适用于友谊，在认识阿译后的一个月里，我几乎认识了他所有的朋友。那些烦闷躁动的年纪里，我们满巷子疯跑，不觉疲惫。盛夏的时候，我们躲在巷子尽头的老樟树下，玩一毛钱的炸金花，我有勇，阿译有谋，所以每次的结果都是我和阿译赢完了其他人的硬币。

我和阿译把赢来的钱放进我的小存储罐里，小学毕业时，存储罐已经被塞得满满的。初中时MP3风靡了整个校园，我和阿译拿着罐子里的钱，买了一个MP3。初中时我跟阿译睡在一张床上，劣质耳机里，传出的音乐，伴随了我和阿译无数个难眠的夜晚。

整个初中，阿译几乎都是在我家度过。他有酒鬼爸爸和赌鬼妈妈，家中常年打闹，鸡犬不宁，父母自然顾不上他，所以阿译常年待在我家，白吃白住。那段时间我和阿译一起陪母亲上街，外人见了都会对母亲说：“你有两个孩子啊？真是好福气呀！”母亲略显尴尬，只是礼貌地笑笑。

我和阿译从认识那天起便形影不离，一起走过童年，又共同迈入青春，那些年，我学到了阿译身上所有的优点，开朗大方、待人礼貌、坚强善良。奇怪的是，我的长处，阿译一点儿也没学会，譬如努力学习、成绩优良。在认识我的这些年里，阿译的成绩一如从前，稳居倒数。整个初中，我和阿译同吃同睡，却几乎没有谈过未来。年轻时，我们总认为未来是个遥远得触不可及的东西，可它真正悄无声息地到来时，我们又猝不及防。

中考前夕，阿译请假回家，几天后，他的母亲陪他来学校办理退学手续，收拾好东西就回家了。之后阿译告诉我，他那次回去，只是跟母亲提了不想念书的想法，他母亲听完说："那行吧，我们去收拾东西。"

他为什么放弃中考，原因我至今不知，或许只是个人选择，遗憾的是，那时候我们不知道，每个微小的选择都决定着不同的人生。

中考结束，我如愿考上市里最好的高中。和阿译在成华区的大排档吃烤串的时候，他说他准备去广州，去学调酒。阿译走之前的每个晴天，我们都会去夜市，夜深时再各自回家。

分离在那时候有了命中注定的味道，它像在人生路上守株待兔，等着成长到那时候的我们。那些夜里，我对阿译说过很多次，到那边要好好努力。阿译对我说了很多次，遇到什么事就给他打电话。

阿译去广州的那天，正值我高中开学，他帮忙提行李，一路把我送到学校，然后一个人背着自己的大包小包去车站。九月阳光明媚的天，我看着阿译的背影，竟觉得有三分萧瑟。

那年冬天，阿译赶在我放寒假前回了成都，我在考场做题间隙抬头眺望窗外，看见了衣衫单薄的阿译，站在成都的冬日里瑟瑟发抖。考完试，我不紧不慢地走出考场对阿译说："南方艳阳天的温度太高，你温度还没降下来吧，我们多站会儿？"阿译二话不说就开始扒我外套。

吃饭的时候，我脱掉一件外套递给他。他接过外套穿好，从包里拿出一个盒子，说是送我的礼物。

我打开看，是一部崭新的手机。我一边把手机揣到怀里，一边大笑着说："这么贵的东西，我不敢要。"阿译说："去你的。"说完便给我倒饮料，火锅的热气一寸一寸攀升，打湿他满是认真的脸，我忽然觉得，他一瞬间成熟了不少。

年后阿译又回南方，余下的高中生活里，我和阿译的通话次数，随着时间推移渐渐变少。高三，在巨大的复习压力下，我萌生了一丝退意。

我给阿译打电话说："我有些不想念书了。"阿译说："那我第一个回来揍你。"他又说："我当初不念书是因为念不好，你成绩好，有天赋，就该把你擅长的事情做好。"我说："可是我最近发挥很差，我怕我考不好。"阿译在电话那端很用力地说："如果一点儿挫折都承受不了，那活着还有什么意思？"我不知道能讲什么，于是默默挂了电话，可其实心底还是有七分怨念，怪阿译不能理解我所承受的压力和烦恼。

不过看似凶恶的洪水猛兽，勇敢面对并经历了，你就会发现它并不如想象中那样强大，高考是同样道理。我浑浑噩噩参加完高考后，成绩下来，竟出乎意料的好。7月，阿译请假回来参加我的升学宴，并帮着我爸妈准备宴席。鞭炮齐鸣的那个中午，阿译、我以及我要好的同学坐在一张桌子前，他替我向别人敬酒，说客套话，教我酒桌礼仪方面我不懂的事情。那一刻，我忽觉这些年过去，他不像是我的朋友，倒更像我的哥哥。那个夏天，他在成都待了三天。阳光万里的午后，我们去城南的桥上，看滔滔不绝的江水，少有话讲。我觉得阿译这些年成熟得像一个大人，而我待在象牙塔，却仍旧是一副年轻稚嫩的模样。而那些彼此曾经能畅所欲言的话题，也随着一往无前的江水去了远方。

我不知道我和阿译会在人生哪个路口分离，但如今，我们的的确确都得面对各自不同的人生了。像铁轨交错就有延伸，人和人也是，平行的铁轨永远不会相交，所以即便面对分道扬镳，也该庆幸曾经相遇过。

我还记得小时候和阿译爱在巷子里疯跑，但我们不能就这样疯跑过整个人生。有些友谊和往事，只有放在那段具体的生活里，才会显得格外动人。而每开始一个新的阶段，我们都得接受新的人生，往事该被放一放，该被做成标本，挂在心间。

2015年，坐在回成都的车上，邻座的人用手机外放了陈奕迅的那首《最佳损友》：为何旧知己在最后/变不到老友/不知你是我敌友/已没法望透/被推着走/跟着生活流/来年陌生的/是昨日最亲的某某。一字一句，深情款款，我终于泪流满面。

在列车上沉沉睡去的时候，我梦见自己回到了小学三年级跳沙坑的那个午后，阿译走过来，把我扶起。他带我穿过拥挤的人群，就好像带我穿过一扇通向另一段人生的门。

少年的你

✽沈嘉柯

一

我曾经长久地凝视着窗外的银杏树。我并不是在观察什么，只是百无聊赖。

少年时代的我是一个学习挺认真，成绩却比较一般的学生。整个中学时代，我最好的成绩也就是前十名。这样在班上我受到了老师的一点点宠爱，因为老师觉得有可能增加一个考上好学校的学生名额。所谓好学生总是有点特权的。但我又不像前三名的同学，他们是那么安心用功。尤其是，我发现不管我很用功还是不用功，成绩总是稳定在固定段位，我就多出了很多走神的时间。

在我走神的时间里，除了看窗外，就是回过头打量我身边的熟悉面孔。绝大多数中规中矩的面孔当中，总有一两个是鲜明而犀利的。

那次我回到学校，是刚刚结束了病假。在家调理休养的半个月，又没什么食欲，我一下子瘦了十多斤。重回到学校，有一种亲切感。其他同学去上体育课了，教室里只有两个女生在窃窃私语，然后就是最后一排，雷打不动地坐着的那个男生。

女生不去上体育课，自然是有特殊原因的。至于他，原因便不得而知了。我默默地在心里给他取了个绰号：圆规。

圆规这个人挺孤僻的，但又可以理解，他有特殊原因。

因童年时贪玩，他跑到供电站的院子摘果子，懵懵无知地触碰了变压器。等被抢救回来时，他失去了右手。

在来到我们班之前，他已经跟太多同学闹过矛盾。他那个当过校长后来退休的爷爷，好说歹说，找到昔日的学生，也就是我们学校的副校长求情，才收下他当借读生。

他常常咬着一把透明的塑料尺子，右胳膊按住试卷，左手拿着一枚不锈钢圆规，画着几何解题图。

画完了圆圈，他就发出一声响亮的“呸”，把尺子吐掉，把头一扬，他那中分的头发，就在半空中甩飞一下。接下来他如释重负，一只手拿着铅笔答题，整个人仰靠在椅子上。他的脚还时不时踢一下课桌，发出刺耳的摩擦声。用一个词来形容他，就是嚣张。

别的同学看到他这样，都会露出不以为然的神情。女生们很少跟他说话，似乎有点怕他。男生们不以为然的同时又不好拿他怎么样。

我跟圆规这个人平时也不打交道。我们的座位相隔一个小组，没什么机会碰头说话。考试将近，座位常常在调整，成绩好的往前挪，成绩差的往后移。爱说悄悄话，跟同桌如胶似漆不安心听课的，自然是被强行拆散。偏科很严重，但是又有希望突破分数线的，那就两个人互帮互助。圆规和我唯一的交集，就是他从后面递作业给前面的小组长，中间经过了我一手。

那天圆规一反常态，主动跟我搭腔：“咦？咱们俩撞衫了。”

我看了一眼自己身上，再看看他。真的就这么巧，我们两个人穿的都是那种宽大的白衬衫。

我闷闷地解释道：“我的换洗衣服还没有晒干，下午我家人会给我送过来的。这是我爸的衬衫，临时借给我穿了。”

圆规嘿嘿一笑：“难怪看起来那么老气横秋的。”

他凭什么笑话我？他穿的也是一件老气横秋的白衬衫。我脑海中灵光一闪：“你也穿的你爸的衣服吧？”

圆规同学把铅笔夹在鼻子和上嘴唇之间，点点头，表示是的。

我心头按捺不住地反感，笑了一下，找到自己的课桌椅子。没想到，我的座位居然只跟他隔两三米远。

看来在我请病假的日子里，我失去了存在感。不知不觉，位置就被挪移到教室后面了。

“我们后面看风景多方便呀！对吧。以前你可是第一世界的，现在变成第三世界了。”

他这是在拿历史段子取笑人。我呵呵笑了一下，一时间竟不知道如何回应。干脆不搭理他，擦起桌椅上落满的灰尘。

“在这个位置，前面的人在干啥，我全都看得清清楚楚。阿杰，你常常跑神。每次班主任在台上板书的时候，你都在看窗户外面。我还以为你在看班花呢，结果窗外面什么都没有。”圆规一只手抱着自己的脑袋，嘴里嘀嘀咕咕的。

我之前提到过，我跟别的同学不一样。我是个从小就很早熟的孩子。我很爱读书，什么古诗词都看，六七岁的时候，就忍不住思考起人生的生死有限问题，还有人世间不可避免的孤独感。为什么我的内心只能听到我自己的声音和想法？别人心里在想什么？许多年后我才明白那叫作“二分心智”，用来解释人类意识的起源。

但是，我不想变成老师同学和家长眼中古怪的孩子，所以我会随大流。我眯起眼睛，凝视了圆规片刻，笑道：“来，我陪你聊会儿天吧。”圆规反倒一愣。

其实，在我更加年幼的时候，我就知道，人总是喜欢表现出相反的一面。因为我很喜欢看的一部中国古典小说《红楼梦》，里面写了很多这样的人。

他既然是大家眼里嚣张的人，那么内在正相反。

“聊什么呢？”圆规有点尴尬，变得不自然起来了。

“干吗不找同学帮忙？”我轻声问道。

“帮什么忙？”他这是明知故问，大家都看得出来，他日常生活中各种费力不便。

“鬼要你们帮忙。”圆规的语气粗暴起来。

“要说帮太多也不现实。就比如说洗头发吧，帮你挤个洗发水还是没问题的啊。”圆规突然站起来，恶狠狠地瞪了我一眼。

他把铅笔从鼻子下面抽出来，丢到桌子上，笔芯立刻断掉：“你，什么意思？”

“刚才不是你先跟我搭腔的吗？”

圆规噎住了，握紧拳头：“你是不是想打架？”

二

我摸摸自己的胸口，肋骨分明。虽然大病初愈，但我还不至于在他面前示弱：“你要是不怕记过处罚，行啊，我也不怕。”

“哐当”，圆规踢翻椅子，他靠着墙壁，怒火中烧。我镇定自若。

我在老师眼里一向是一个乖乖好学生。如果真的打起来了，充其量我会被记过。至于他，本来就是借读生，到时候只能拿上书包走人。

我把衬衫的右手袖子上的扣解开，缩回手臂，放在胸口下面，只留一个空荡荡的袖子。

“你这是什么意思？”

“公平的意思。”

其实我不擅长打架，但事到临头，也没什么好怕的。

结果，圆规忽然泄气了，他一脸不知所措，他大概第一次遇到我这样的人。

大概沉默了几分钟吧。

在我的记忆当中，那几分钟特别漫长。我不知道他到底想不想打架。我的袖子空荡荡的，当时已是秋天，窗户开着，风灌进来，还是挺冷的。

坐在前排的两个女生遥遥看着，完全不敢靠近。

“你说的帮忙，是真心的吗？还是讽刺？”圆规头扭着，没看我。

“真心的。同学一场，本来就应该相互帮助。”我慢条斯理地回答他。

“你这个人也挺古怪的。难怪别人说，我们班里有好几个怪人。”

真的啊？我都不知道自己已经被划分到怪人里了。

“有多怪？”我问道。

“又像是学霸，又不够学霸，心不在焉，还玩什么文学社。”圆规语气中带着讽刺。

倒也是，在这种一切以高考分数为终极目的的小城市中学，搞什么文学社？太出风头了。

虽然语文老师很欣赏我的文字，还把我的文章当作范文读，但参加全国的中学生作文比赛，得奖的却是另外一个女生。我写的东西，不是那么符合作文标准的。

“那我们还打不？”当时我追问。

“算了吧。”

“那就好，打架是不对的。我也未必打得过你。”

圆规笑了，伸出手指，向我比了一个动作。

我也毫不客气地回赠了一个。然后我们各自回到座位。

下课铃响起来，其他同学陆陆续续回到教室。

我忍不住又瞧了一眼窗外。秋天银杏的叶子明亮璀璨，而爬山虎枯萎衰败，内外墙面都是裂痕。光线穿过云层，又隐入云层。

我和圆规的这点事，只不过是无关紧要的小插曲。既没有人报告给老师，我们自己也懒得再提。

三

黄昏时刻，在学校食堂吃完饭，我跑到学校外买了一瓶热牛奶喝，还准备了一点零食和大号电池。我要补上我被病假耽误的课程，我打算打着手电筒在被窝里温习。

毕竟在同一个文科班，宿舍也在同一层楼，我又碰到圆规了。在学生宿舍楼的走廊尽头，是一排水池，有十几个水龙头。平时洗脸刷牙、洗衣服洗头发，大家都在这里排队。我们学校是寄宿学校，一个宿舍里面住八个人，热水供需严重不平衡。

他看起来不慌不忙，但实际上我知道他是烦躁的。

无论如何，一个人只有一只手可以用，还是不大方便吧。圆规看见了我，眼神似乎躲闪了一下。他没有开口说话。当然，我觉得他更加不会开口喊我。

不管多大年纪，人都是要面子的。年少气盛的时候，特别特别要面子。

我朝他走过去，故意装作没看见他。三秒钟后，我转过身。圆规是垂头丧气的。我心里暗笑，嘴上说道："来吧，我帮你。"

"你这个人，说话还挺算数的。"圆规嘟囔着。

有些事，是挺难搞的。当事人如果觉得让别人帮忙太伤自尊，就不可能主动开口。他平时表现得又是那个样子，自然没人愿意冒险。

圆规往自己头上淋热水，我挤出洗发水倒在他的头上。他动作熟练地揉搓出泡沫，再喊我："老马，帮我冲一下。"

我根本就不姓马，我姓冯。他自作主张，减了两点水。

我倒是奇了怪了。

圆规同学振振有词："昨天语文老师不是讲过，古文里将广施恩德形容为广施甘霖就是洒水的意思。既然你做了功德，也就是洒了水，水少了，不就变成马了？"这家伙完全是胡扯。不管怎么说，作为同龄人，这么帮别人洗头，还是有点古怪的。末了，他终于憋出一句："不用谢。"

"我谢你？"

"你不是喜欢写写画画吗？下次参加作文大赛，你就能写一篇《助人为快乐之本》。保证能得奖，说不定高考还能加分。"

我哈哈大笑："你就瞎扯吧。加不了分，除非是特招保送。"

我不知道我们是不是算朋友了，我只知道，岁月有限，学生时代逝去了就再也不会重返。毕业以后大家地北天南，恐怕真的再也不怎么相见了。玩得好的中学同学，到了大学会有新朋友。

大学毕业以后也要各奔前程。人生如斯，早已经写在无数前人的故事里。

在本校本班，他是那么别致的一种存在，总是一副满不在乎的态度。老师也很少管他。或许他真正应该感谢的，是我父亲的那件白衬衫。它让要面子的他，有勇气触发那段小插曲。

嚣张的人，其实很寂寞。如同挥舞大钳子的螃蟹，虚张声势多于实际的好战性。什么事都靠自己，硬撑着心也很累啊。

圆规始终没跟我说过谢谢。他经常在过完周末返校后，经过我课桌时，丢给我一包麦芽糖。这就算致谢了。当我是灶王爷吗？灶王爷上天言好事，下界保平安。

我心安理得地吃掉一半，还分给了前后桌的女同学。

他安静地待在教室最后一排，不再发出打扰人的响动。我的忙，一帮帮了一学期。后来他考上了大专，离开了本省。我读了本省的一所大学。

没有手机的年代，在毕业通讯录上，我们流行互写临别赠言。圆规给我的赠言颇古怪：你老盯着窗外的银杏树看，你也挺像银杏树，深深地祝福你。

这么没头没脑的一句话，啥意思？我也就过眼即忘了。后来我们渐渐失散在时光中，没有联系。

大学毕业漂泊后，我择一城定居。眨眼许多年过去，我家门口有一棵银杏树长势良好，接近楼顶那么高了。我偶然间凝视户外，目睹一大片云掠过那棵银杏树。阴影投射下，整棵树都是晦暗的。等云影挪开，极好的阳光猛烈笔直地照下来，那棵树仿佛颤抖了一下，爆炸似的剧烈闪耀，如同黄金在大地上跳舞，令我瞠目结舌。

没多久，天光云影恢复平常，银杏树也恢复了普通模样。

我顿悟，也许在当时的那一刻，少年的我，在少年的他眼里，就是这么一棵银杏树！机缘巧合，迎来高光时刻。

我和她

✽张春

× × × × ×

1

我还记得认识她的情景。那肯定是五岁那年秋天里的某一天。天气很好,清风拂面。我拉着爸爸的两个手指头,走过一条下坡,她爸爸蹲在地上洗什么东西,她站在旁边,两只手在肚子前面互相捏着,抿着嘴打量着我。

我爸爸说:“这是竹,你们要当好朋友哦!”

她爸爸笑眯眯地看着我。

我拉着爸爸的手指头,望着她。她也一直望着我。

又有很多次我自己路过那个下坡,有时候她爸爸在门口做煤球,有时候在给自行车打气,有时候在洗车。叔叔很勤快,总是忙忙碌碌的。她就站在旁边,两只手在肚子前面互相捏着,抿着嘴打量着我。我们是两个慢热的小孩。

那时候我们的妈妈都还没有调到县城来。我的爸爸是政府的秘书。我和哥哥住在爸爸的办公室,爸爸睡桌子,哥哥睡板凳,我睡在抽屉里。爸爸煮饭别有风格,他大喊一声,把所有东西扔到一起,花菜、酱干、肥肉、莴笋,放两大勺猪油,煮一大锅。起了个名字叫“大杂烩”。大杂烩好吃得很!那种新鲜的生活实在是很开心。

她的爸爸是政府的司机,她跟爸爸住在车库。我一直都忘了问问他们睡在哪儿,是不是像我们家一样好玩。

我们俩童年的友谊基本都建立在金钱关系上。比如我们有一个糖纸金库。糖纸多数是捡来的,有一些是问人要的。捡那些糖纸真不容易啊,它们常常落在路边的泥泞里,有时候上面还有很多奶,并且爬满了蚂蚁。我们发现了,就捡回家,洗得干干净净,夹在字典里压平整,再用皮圈一捆一捆地绑好,摆在一起。有时间我们就满满地铺在地上看,很高兴。我记得佳佳奶糖和喔喔奶糖一套都是八张。佳佳奶糖上面是猴子,喔喔奶糖是公鸡。猪八戒奶糖似乎一直没有攒齐。大白兔奶糖虽然好吃但是糖纸一共只有两种式样。还有很多水果糖纸,可以蒙在眼睛上当眼镜。透过那些糖纸看出去,世界就会变一种颜色。

我们的糖纸攒了快两抽屉,算得上是非常富有了。有一天去一个同学家玩,她向我们展示了她的爸爸、妈妈、叔叔、阿姨、姐姐、哥哥等人,从上海、北京、合肥、外国等地带给她的橡皮。那实在是太豪华,太精美了。我们俩一边啧啧称奇,一边黯然神伤。然后就放弃了攒糖纸。

2

攒糖纸之外,我们还有一笔共同的存款,真正的存款哦。它们都是在路上捡来的一分钱,两分钱和五分钱。捡到五分钱就太高兴了。五分钱可以买一袋酸梅粉,半个果丹皮,一个软棒棒糖。但是我们从来都不舍得花,直到终于攒到一块钱,买了一根橡皮筋。

橡皮筋一毛钱一尺，十尺的新橡皮筋非常豪华。别人很多是旧车胎剪出来的橡皮筋，带着沉，弹性也不太好，弹到人还疼。用绑头发的橡皮筋一根一根连起来的那种又很容易断。总之，我们的橡皮筋是全班最好的橡皮筋。

我们俩都不会跳皮筋，都是跳到三框（皮筋框在屁股上）就到顶了，再到四框（齐腰）是无论如何都跳不上去的。我们俩都是可怜巴巴的带家，就是跟着某一家，最后一个跳。跳脱了，那家人也不会像对待自己人一样救我们。我们只能到旁边去看着，眼巴巴地看她们一路跳到天框（把橡皮筋用手举到头顶）。

当我们有了自己的橡皮筋以后，每个跳皮筋高手都来巴结我们，一路救我们了。在头一天放学的时候；还要专程来巴结一遍。如果有人骂我们俩笨蛋，马上就有人站出来维护我们，那可都是个子高，跳得好，身轻如燕的大佬们呢。每次决定要把橡皮筋带到学校去的日子，我们都要对对方点头示意，心中怀着某种神圣庄严的自豪感。总之那时候的人势利得很。总之因为有了橡皮筋而成为大明星的感觉是很好的。

摔碎存钱罐这种大事也没有错过，这样想来我们俩在一起的时间实在是太长了。每天手牵手一起去上学，从小学到中学快十年。下课一起写作业，写完作业一起玩。她的家和我的家在楼上楼下，不但可以随时端着碗去夹菜，谁在家里挨揍也都心知肚明。她妈妈是个败家子，居然用自来水冲洗家里的地板，她的抗议和叹息我也听得到。

某个暑假的一天，我午睡睡傻了以为是早上，爬起来就在走廊里刷牙。她正在自家院子里玩，抬头看到我在刷牙，笑痛了肚子，蹲在地上哎哟哎哟。

3

小孩子还有一笔很重要而重大的收入，就是卖破烂。比如我家隔壁的妹妹常把芳草牙膏全挤了，卖牙膏皮。我听到她妈妈骂：“你还知道啊！还舍不得挤你自己的小白兔牙膏啊！”

虽说老鼠尾巴拿街上能卖5毛钱一根，我们也想要那样挣大钱，但想来想去，老鼠真是不敢去抓的，老鼠尾巴是万万不敢去剪的。我们俩不敢卖家里的破烂，卖了钱也不敢留着要上交。所以我们就在街上捡废铁。

捡来也不能拿回家，谁知道大人会干出什么事。我们在山上找到一个洞，那是我爸爸以前带整个大院的小孩上山野炊挖出的灶洞。我们把捡来的废铁藏在那个洞里，再用很多树叶盖起来。盖完了，装作不知道那个洞，轮流走来走去，远远近近地观察，直到放下心来。

真是捡了很久啊。

上学和放学的路上，我们连一根铁钉都不曾放过。两个少年，根本就没有昂首挺胸，鲜艳的红领巾飘啊飘的时刻。我们走路都死死盯着地面，看到疑似废铁的东西就欢呼着扑上去。我们总想着攒够很多很多然后一起卖掉。一想起在山上藏了那么一大笔财产，心里就乐开了花。那不就是阿里巴巴的宝山吗。

可是，后来，有一天！唉！天哪！

那个洞，它，空了。

洞口的树叶，被乱七八糟地拨到一边，没有了财宝的洞，只有土露在那里，显得非常难看。

我感到自己的心也被掏空了。那个空空的洞，那种失望，简直无以言表。如果当时知道崩溃这个词，我们俩肯定崩溃了。我们垂头丧气，唉声叹气，为了体面也不好意思哭起来，但是我们再也不捡废铁了。

4

三年级的时候要写日记了。我还记得其中的一节课，因为那节课老师念了我的日记。

那篇日记写的是我和她去抓蝴蝶。白粉蝶不稀罕，黑花翅膀的蝴蝶才难抓。要轻手轻脚，不能碰到附近的草，不能说话，还要屏住呼吸。我们抓了许多蝴蝶。其中的一只，我们给它起名叫“大翅蝶”，因为它的翅膀比谁都大。抓来的蝴蝶都关在两片石棉瓦中间，后来又把那些蝴蝶都放了，但是它们已经飞不起来了。

小学的时候我们并不在一个班。我还记得那天的天气和温度，是个暖洋洋的春天，我坐在窗户边，老师在上面念，我趴在桌子上笑个不停，脸滚烫滚烫的。窗外长着矮矮的小树，树影投在玻璃窗上。我心里想：多么快乐的童年啊！多么伟大的友谊啊！那时候我可能还不明白，尽管只隔了两间教室，但那就是想念吧。

有一天我们一起放学回家。她那天没背书包，把书放在我书包里，轮流背。走着走着，因为谁应该背久一点吵了起来。当然是东西比较重的人要多背一会儿。然后我们把东西全部摊在地上比：你一本语文书我一本语文书，你一本地理书我一本地理书，你一个作业本我一个作业本……你一个文具盒我一个文具盒……你一支笔我一支笔……你的橡皮比我的大！

就差一点点，但我赢了。我豪迈地看着她，品尝着胜利的滋味。

就在这一刻，她突然灵机一动："你比我多一个书包！"

我非常震惊，致命的弱点啊！我溃不成军，兵败如山倒。

现在想起来很是愤愤不平！最生气的是我今年才想到，这件事应该是我赢才对啊！她用我的书包！

我还记得我们俩坐在大院儿的松树下谈论未来和理想。

她说："我的梦想是快点到20岁！因为20岁我们就上大学了，我们就可以谈恋爱了！"

我激动地说："等你结婚的时候，我送你婚纱！"

她认真地看看我，确认了我不是吹牛。然后我们又认真地写了字据，签了名字。大概是从那个时候起，这两个财迷精，终于变成比较正常的少女了。

5

在我婚礼的前一天，亲人们从家乡赶来参加。婶娘见到我的第一句话就是："竹今年去世了。"原来妈妈一直瞒着我，却忘了给婶娘打招呼。

她是我的好朋友。认识她的时候我5岁，她6岁。我们家住隔壁，每天手牵着手一起上学和放学。15岁，我出去读书，她在家念高中。第一次离别，她追着我坐的火车，一边挥手一边哭。我也在火车上一路哭。后来我们互相写了一尺高的信。

现在她死了。在婚礼前我得到这个消息，不知道该怎么办。我也许应该脱下自己的婚裙，换上丧服，坐到一边痛哭，想一想她，然后接着哭，直到哭不动。但是我不可以，因为我正在结婚。在场的人也都是我生命里最重要的人。

但是我也不知道怎样摆脱那种心情，因为她死了，在我的心上，有一部分也和她一起死了，那一部分不能和我一起结婚了。

我偶尔会想起她，只有电光石火般的一瞬间。日常的生活还在继续，我该怎样捧出那颗死去的心来祭奠。我几乎都还没有意识到它死了。

听说她爸爸妈妈的头发全白了。我一直没办法去看望他们。我不知道怎样走进她的家，她的家几乎和我的家一样熟悉。

这几年我们家搬出了那个大院。再回那个院子，它突然变得很小。我站在任何一处，都可以看到每一片土地，记起那些地方发生的事情。没有一个花坛我们没有在上面写过作业，没有一块草坪我们没有去捡过地木耳，没有一种草我们没有尝过，没有任何一棵梅花树，橘子树，香樟树，我们没有一起在树下，仰着头闻那些花的香。那块空的水泥地上，我们无数次在上面打羽毛球、踢毽子、跳皮筋、抓石头、跳房子，过年时提着灯笼去那里放花炮。在玉兰树围起来的一片草坪里，无数次和大院里的男孩子们过家家。我打着伞跳楼的时候，她就在下面笑着看我。或者将许多草编成长长的绳子，放在自己的肩膀上，站在阳台边，假装自己是长发公主。

当我蹲下来的时候，那个院子又变得很大，就好像我没有长大过。于是在每一个地方我都能看见她。

在另一个我一无所知的地方，我们的心又见面了。

在那里，有两个小孩子在秋风里认识，并且又迷上了存钱。

当我想到这里，我突然就信了。漂浮在某个地方的泪水，就突然地掉了下来。

我记得你的笑

✿远航

阿玉

我和阿玉认识那年，我四岁。她也四岁。

我家刚搬来，幼儿园还没有着落。父母双职工，无奈之下只好每天出门前把我锁在家里。我家没有电视，自然也没有游戏机，一切现代化文明都没有，我不认字，无法读书，便跑到阳台去消磨时光。

那天我正在阳台眺望院子里的隐隐约约的花坛，隔壁阳台门一响，也钻出个小姑娘来，手里攥着一个苹果。

她看到我，扭过身子来上下打量着，笑嘻嘻问我："你是谁？"

我们搭上话，她告诉我她住在隔壁，我告诉她我刚搬来，我说我的爸爸妈妈上班去了，她说她的爸爸妈妈也是，不过她奶奶在家，奶奶给她吃苹果，她便跑到阳台来吃。

她一边说着话，一边咬了一口苹果，我至今坚信，当时我一定听到了清脆的一声"咔嚓"。那声音听起来真香。

我还没到有城府懂掩饰的年龄，脸上的馋相大概被她看见了，她看看我又看看苹果，突然把苹果从阳台上空丢了过来。老式的楼房，两个阳台相距也只有一米，我看到苹果在空中划出漂亮的曲线"咕咚"掉在地上，我捡起来，苹果磕坏了一小块，旁边有两个小小的牙印。

阿玉笑得极欢快，她说："你快吃，我家

还有。"

之后的日子里我一直跟着阿玉混，她家成了我的托儿所，她奶奶待人极好，会做极地道的炒疙瘩和腊八粥。吃完饭常常从衣服里摸出两块糖，我们一人一块，含着糖躺在床上午睡，其实睡不着，便叽叽咕咕吹一些"我哥哥是孙悟空""我认识七仙女"这样的牛皮。

我和阿玉的友情从四岁一直走到九岁，我们吃在一起，玩在一起，常常央求父母让我们睡在一起。九岁时我家又一次搬家了，搬到北京城的另外一边，天边一样的遥远。

搬家那天，我几乎是被妈妈硬从阿玉的怀里掰出来，抱上了车，阿玉大声哭喊着挣脱奶奶扑过来要跟我走。那是我至今为止经历过最撕心裂肺的分离。

阿杨

搬家后我就转学了。小学四年级插班。我性子不算怯弱，但很慢热而被动。

我尤其厌恶搬家，厌恶转学，厌恶离开所有一起长大的朋友和同学，重新来过。

新学校的教室在我看来像魔王的洞窟，班主任像狼外婆，同学们像西游记里的小妖怪，我每天能不说话就不说话，没有表情，下课就一个人坐着，带两本从家里拿来的闲书读。

没有人喜欢我。阿杨是第一个。

那天我们小组值日，我被分配了最糟糕的活儿，墩地。最累，也要最后才能走。而小组长说了让我墩地后，另一个小姑娘的声音就响起来，特别脆特别爽利，她说："我也墩地。"

我打量那姑娘，她是坐在我们这组前排的，小小的个子，发黄的自来鬈的头发，她看到我打量她，就冲我一乐，龇出两颗虎牙来。

别的同学擦完桌子扫完地以后，陆陆续续背着书包走掉了。教室里只剩下我们两个。我拎起水桶，她几步跑过来，把手搭在水桶的把手上，极张扬地对我说："往那边点，给我腾个地儿。"我把手往旁边挪一挪，她于是也挪一挪。我们一起拎着水桶去厕所接水，又一起拎回教室，一路上她的手挨着我的手。

我出汗了。

墩完地我们一起走出学校，放学时分的校门口，全是各色摊位，她欢呼一声，拉着我几步跑到小摊子前面，郑重地拿出一块钱，买了一根双棒。她撕开包装纸，把连在一起的冰棍一掰两半，一半给我，一半自己拿在手里，咬一口，又龇出虎牙笑了一个。

那天阳光晴好，照得我满眼生花，我觉得我又看到几年前站在阳台上的阿玉，洒脱地一甩手，丢过来一颗苹果。

阿乐

我和阿杨形影不离地相处了三年，在升入初中的时候，因为选择了不同的中学终于让我再一次尝到分离的滋味。

阿乐是我的初中同学。准确说，她是我同桌。

那时我的性格已经被阿杨锻炼得外向张扬，爱笑爱闹，甚至有点自来熟。阿乐从小家教极严，三岁学芭蕾，五岁背古诗，长到十三岁，便是整日不苟言笑的小小淑女一名。我至今记得，她的桌面永远整洁清爽，书包里书本文具分门别类地放在不同的夹层，每一本书都要包两层书皮。她不爱同人讲话，也从不疯闹。在我们都玩得一头热汗满身尘土的时候她依然身不沾尘，修长的脖子挺起来，像一只天鹅。

所以说从我第一眼看到她，我就讨厌她。同时，她也讨厌我。

后来我们说，这是多动症和自闭症之间的不可调和的矛盾。那时候我们已经是蜜里调油的好友。

我们友情的契机是一只水壶。我攒了很

久的钱,买了一个进口的水壶。淡蓝色,上面画着可爱的熊,外面有一层厚厚实实的保温层,壶盖拧下来就是杯子,还带着熊耳朵。我爱它逾过性命。

事故发生的那天她撞掉了我桌上的水壶,别的同学接着路过,没看到一脚踩上去,水壶的保温层裂了,水壶坏了。

我大发雷霆,她依旧沉默,我心里恨恨地说她就是我这辈子最讨厌的人了。

没想到几天之后她赔给我一个水壶,和我的不一样,但同样好看而精致,能看出价格不菲。她一边把水壶递给我,一边说:“找了几天也没找到一样的,你先用这个,回头我再给你买。”

我默默地纠结了一上午,终于不得不承认,对比她用几天时间来帮我找一个相同的水壶,我为了一点事情大发雷霆实在是太丢脸了。而且这个人,好像是个不错的人呢。想来想去我就坐立不安起来。斜眼去看她,她低着头,一如既往极工整地写着课堂笔记。

午休时我再也坐不住了,跑去小卖部,把整个星期的零用钱都买了她爱吃的零食。其中包含一支在当时的我看来是天价的,价值四块五的可爱多。把零食给她的时候我们都有点尴尬,大眼瞪小眼了一会儿,我就看到她拆开了那支让我心疼得滴血的可爱多,咬了一口,示威地冲我乐了一个。

我当时真想踹她。

我们就这样成了朋友,她每个学期开学的时候不厌其烦地为我所有的书本都包上两层书皮。而我在学校楼后面发现一片布满杂草的荒地,人迹罕至,午休时便拿一只随身听,拉她一起躺在杂草丛里,天蓝蓝的。

初三的时候我们一起约定考本校,后来我们都成功了。可中考发榜之后,我便被父母送去了国外读书。我已经不再像离开阿玉时那样大哭大闹。千里之外的异国,国际漫游还无比昂贵的年代,下了飞机我只打了两通电话,父母的,她的。

我给了她我的地址,九月以后便收到她的信,她说高中开学了,九月一日那天她在走廊里看到张贴的分班名单,还有我的名字——和她同一个班。

我看到那封信的信纸上,坑洼不平的水迹。

阿雅

阿雅也是我的初中同学,她和我,还有阿乐,是铁三角一样的存在。她也考了本校,我走了以后,她常常戏言,就剩下她和阿乐相依为命。

阿雅是个漂亮而张扬的女孩子。皮肤雪白,生就一副好容貌,初中时我们都还是懵懵懂懂的丑小鸭,她就已经有了护肤意识,课桌里放着一个小包裹,洗手液洗面奶防晒霜润肤露样样齐备。初中学校不许佩戴首饰,她就已经戴上了手串,偶尔还戴一条项链来。但她性情好,人缘好,学习成绩尤其好,老师说了她几次,见她宁死不屈,也就随她去了。

阿雅家出事那年,是高三。

她妈妈得了癌症,而她爸爸,听说妈妈得了癌症之后,卷走了家里所有的钱,消失了。

我知道消息的时候,事情已经发生了几个月。那几个月里她一直和我有通信,没有半分异常。还是阿乐忍不住,打电话给我说这件事。我“啊”的一声惊叫跳起来,一头一脸瞬间就汗湿了。阿乐连忙安慰我,说自己家已经托人安排了阿雅妈妈的病房和手术,也时常叫阿雅去吃饭。

我放下电话怒火中烧地给阿雅打电话兴师问罪,问为什么不告诉我。阿雅笑笑说:“告诉你又没有什么用,你一个人在外面已经不容易,不想你陪着我不开心。”我挂了电话继续给自己家里打电话,告诉爸爸妈妈时常叫阿雅来吃饭,她学校医院两头跑的时候开车送一送她。

然后我跑出门,去买了我能买得起的最昂贵的毛线,熬了三个通宵织了一条很长很宽的围巾给她。

阿雅就这样熬过了高三,上学,回家,做饭,去医院送饭,一边给妈妈陪床一边复习,时常被我和阿乐家里叫去吃饭甚至留宿。她高考那三天,我这个没有宗教信仰的人,到教堂为她许了三天愿。发榜的时候她考上了第一志愿,我傻乐了一整天。

再回国见到她是她大一那一年寒假。她戴着我织给她的围巾，在大学门口等我。她依旧张扬而漂亮。我到她宿舍里玩，看到她桌子上端端正正一排护肤品，虽都是平价牌子却依然一应俱全。宿舍里的姑娘笑着跟我告状，说每天洗完澡她光擦乳液就能擦半个小时。

阿雅妈妈的癌症因为发现得早，已经痊愈，后来又熬过了五年的复发期，开了个小卖部，谈了个新恋爱。父亲事后回来过，被阿雅横眉怒目地赶出了门。大学毕业她申请了奖学金，去了美国。时常发信息来和我共享最新的时尚资讯和护肤品信息。

她说的，老天越不让她活得好，她就越要活得漂亮。

阿沫

阿沫是我留学时，从天而降掉到我生活里的一个人。

那时候我已经进入了高中就读，有一天老师找到我，说有个刚刚从语言学校毕业的中国姑娘要插班进来，学校里留学生不多，让我帮着带一下。两个星期以后，我身后就多了这么一条尾巴。

每天点名的时候我和她坐在一起，放学以后我陪她一起走到车站，看着她上车了，我再等下一辆车回家。举目无亲的日子里，两个人处久了，倒也生出一两分情谊来。

无奈好景不长，不知我是哪里惹到了几个外国姑娘的神经，她们突然拿欺负我当成乐趣。校园暴力还谈不上，然而也足以让我在学校里举步维艰。怨愤之下我开始独来独往，和阿沫也拉开了距离，不肯再和她一起点名，一起回家。然后我找到了一个新学校，教会学校，温暖而舒适，由父母出面和学校沟通好，第二年就转学了。

我不知道我要转学的消息，阿沫是怎么听说的。只记得那天早晨点名时，我独自一人坐在窗口，她走进教室一阵风冲到我跟前，大声问我："你是不是要转学？"

我没回答她，反问她："你怎么知道的？"阿沫也没回答我，只恨恨地点点头，说："行，你真行。"然后扭头走了。

那天放学，我一个人走到校门口的时候看到阿沫在那里堵着我。我不说话往车站走，她也一起走。车来了，是我的。那是第一次和她一起等车，我决定先上车。然后就在我马上要踏上车子的时候，我听到阿沫的声音："我跟你一起转学。"

阿沫真的跟我一起转学了，第二年新学校开学的时候，因为姓氏相同，她又和我分在同一个点名班。非但如此，我不知道是她故意还是巧合，我们选择了完全相同的课程。我坐在教室里看着黏在我身边笑得小人得志的她，板着脸说她神经病。可我心里，真是欢喜的。

读了同一个高中，然后考了同一个大学。读了同一个系，合租了一套公寓房。

搬家那天，我们俩累成了狗，最后谁也没力气出门吃饭，挤坐在一起就着饼干喝了一大桶可乐。

阿沫是娇娇女，家里捧着哄着养到十五岁，却不知道怎么突然想开了丢出了国。头几年住在寄养家庭，大学以后搬来和我住。然后我终于知道了千金大小姐的生活方式。她不会做饭，不懂得打扫，拎重一点的东西就要叫苦连天，全方面生活技巧都不懂。但她有一点实在可人疼——听话。

你做饭的时候她知道乖乖地给你打下手递东西，你洗碗的时候她在旁边陪你说话。你打扫的时候你让她洗个抹布拿个扫帚她像欢快的蝶耳犬一样跑来跑去。而且她也不挑剔，你做出什么来，她都赞好吃，吃得眼睛都眯起来。

她还有把一切事情都美化的本领。有次我们在家吃火锅，点着小小的煤气炉，吃到一半突然停电，房间里瞬间一片漆黑。她把家里的蜡烛都翻出来，高高低低地摆在餐桌和柜子上，然后欢叫着说："我们吃烛光晚餐吧！"

我们这样欢乐的同居生活一直到大三毕业，她要工作，移民，而我，要回国了。

我们退了公寓，她搬到其他地方，我临时住在朋友家，搬好东西之后，按规矩我们要回去，把公寓打扫干净，再把钥匙交还给中介。我们花了整整一个下午，一向娇滴滴的她很认真地擦着厕所的瓷砖，扫着客厅的地板，丢掉所有的垃圾。

打扫干净的房间显得多么空旷。最后我们谁都舍不得离开，席地而坐。她突然跳起来冲出门去，一会儿回来，手里拎着一大桶可乐。

还完钥匙，从中介公司出来，我们又去等公车。同屋共住几年，再分别等车，去往不同的地方，突然觉得那么陌生。我突然想起那年那月，那个倔强的姑娘站在我背后，在我要上车前对我说："我跟你一起转学。"

我说："这次你陪我等吧，我先走。"她斩钉截铁地说："才不要，就要你先陪我。"车来了，她上车，没回头看我。可我却看到她的背影哭了。

回国前两天，我收到了她寄给我的信。是最后一次见面那天写的，A4大小的信纸，正反六页。

姐妹

阿玉的父母后来离了婚，她被妈妈带到了其他城市。

阿杨已经结婚，生了儿子，是个略微发福的小主妇。

阿乐在我回国之后，却阴差阳错地被派去了我读书的国家工作。她临走前笑着跟我说："我们感情虽深，缘分却浅，要是早几年该多好。"

阿雅在美国混得风生水起，年年见她都更漂亮了。

阿沫在我当年的城市，有一套小小的房子，开一辆小小的车，每天在车里放着最爱的CD去上班。

我们联络不多，各自有了各自的生活，而我和阿玉，已经彻底没有了联络。

我知道我们都在长大，都在改变，不会一直是小时候的样子。我们会变得复杂，变得世故，甚至变得庸俗。我们最终有一天会老去，会遗忘。可在那一天到来之前，我总会拼命去记得。

记得那颗印了小小牙印的苹果。记得那只和我一起握住水桶的手。记得那年冬天围着我亲手织就的围巾的少女，冲我灿然而乐。

那天我听歌读书，一句诗词，一句歌词。

一曰：流光容易把人抛，红了樱桃，绿了芭蕉。

一曰：你是我的姐妹。你是我的baby。

我和我的好朋友，走散了

✽倪一宁

一

你生命中有过这种朋友吗？任何奇妙的事情都可能在她身上发生，拥有一个奇妙的脑回路，有时看起来是……莫名其妙的朋友。对我来说那个人是秋池。

我跟秋池认识7年。15岁的我被我妈送去学游泳，练了两周，除了能扑腾之外，一点进步也没有。越是不会游的人，游起来就越累，所以我基本游完一程赛道，就得爬起来，坐在泳池边上气喘吁吁。

秋池是那个同样坐在泳池岸上的人。她游得极好，常常休息，只是因为懒。15岁的秋池尽管穿着大妈式的连体泳衣，却已经能够把胸型调整得非常好看。小麦色肌肤，五官是混血式的深邃，鼻尖微翘，好看得不得了。

我没话找话说："你怎么学得这么快啊，看你跟我同一天来上课的。"她笑得邪气又敞亮。

游完泳回去的路上，筋疲力尽的我们，会钻进便利店里，买一杯关东煮分着吃。有时交谈，有时就是分一只耳机一起听歌，然后在摩托车疾行过来的时候把对方拉到身边。

真正成为密友的契机，是秋池带我回家吃晚饭。我高中住校，秋池家就在学校边上。她自作主张地帮我跟宿管提出申请，不上晚自习，但一定保证在十点熄灯前回到学校。

她带我回家吃饭那天，很骄傲地跟她爸妈说："这是我朋友，成绩可好了。"我当时就疑心，我是她身边唯一一个能带到父母面前的朋友，事实证明我的判断极其准确。

因为秋池，我不用再吃学校食堂里糊成一团的食物，她妈还会端出新烤的乳酪蛋糕，放在保鲜盒里，让我带回去。唯一的代价是我要为秋池的一切行为背书——她为什么回家迟了，为什么写作业到一半匆匆跑出去，我都要替她想出一个合情合理的解释。

我的小说功底可能是那时候打下的。就这么厮混了三年。

二

我的高三没什么励志场面，因为被预录取，所以基本是到点了"滑"过去的，秋池是裸考，但她活得比我还轻松。具体表现是，她突然迷上了游戏。白天有网的时候她练级，晚上家里断网了，她就躲在被窝里看下载好的游戏攻略视频。

我清楚地记得，有次周六学校补课，我去她家门口等她。她突然一脸哀求地跟我说："我们今天能不能逃课？"我问为什么，她说她有预感，今天这一把她一定会赢。她边磨磨蹭蹭地穿鞋子，边跟我神叨叨地讲她的预感，以及她今天要怎么打怎么打。我板着脸不停催促她。

秋池说："你就让我玩吧。我今天真的能赢，真的。"我被她搞得头昏脑涨，只能说："好，我帮你请假。"

18岁的我，帮秋池请完假，在家叫了糖醋小排和南瓜汤外卖，两个人端端正正坐在电脑前，我边啃排骨边看秋池厮杀，也不是不快乐的。

虽然她那天输了。

我离开她家的时候，帮她把垃圾袋带下去，秋池执意要送我。在楼梯上我教训她，她嚼着口香糖满不在乎。

后来，我们进了不同的大学，我每天勤勤恳恳签到，她活得远比我恣意，从她的朋友圈看，你就压根看不出这个人跟学校能有什么干系。

她由衷觉得我的每一任男朋友都很没劲，热衷于帮我介绍一切带感的男朋友。我粗略还有印象的，有夜店小王子、文身达人，以及调酒师。

她介绍我见文身达人的那次，对方看到我脚踝上有个小小的疤，就问我要不要纹个蝴蝶遮一遮。我告诉他算了吧，万一要考公务员呢？对方夸张地大笑，跟我握手，说："失敬失敬。"

当时我在做一份实习，老板打电话来，我躲到卫生间去接，过了会儿，秋池也进来了。她不看我，只盯着镜子，问我："你是不是不喜欢我给你介绍的人啊？"

我手忙脚乱地解释，我说："不是啊，只是我是个没劲的人。担当不起这种天马行空的角色。"秋池点点头，说："你是我最好的朋友，可那也是我的朋友，是我每天在见的人。"

那是第一次，在餐厅门口等车，车还没来，就早早把她轰进室内了，我说："天冷，你跟朋友继续玩，别管我。"秋池没再坚持，只说："你到学校了告诉我。"

三

谁也没想到秋池会去美国读博士，她的理由是，她只能爱上穿T恤打篮球滴着汗把可乐一饮而尽的男孩子，一旦他们穿了西装，就不可爱了。所以她要去读博士，回来到高校当老师。

我们给她饯行。假惺惺地喊她秋池博士，秋池挤到我边上，跟我说："其实读博士跟卖鸡排没什么区别，我只是不想长大。"我握住她的手，语气轻松地说："你可以的呀。"

心里想的却是，谁想长大啊。

我终于也从用QQ邮箱发简历变成了会一字一句抠合同的大人。再怎么表现得无忧无虑，心里是存着事的，只是想用装傻来削弱他人的戒备心，对着世界卖个乖。

但秋池不。22岁的她，依然会因为别人说话不干不净就把一瓶威士忌摔对方桌上。

她出国之后，我们联系的频率再度减少。先是视频通话，后来发现时间老对不上，她就给我发语音，讲当地的中餐有多难吃，昨天的酒后劲太足她昏睡了整整一天，有时讲她男朋友钓鱼时翻船落到湖里的故事。

她发来的语音很长，我有时候忙得焦头烂额，实在不想点开。但又不想承认自己的凉薄，就只能一边做事一边公放。忙完了一拨事，停下来，想一想她跟我说了什么，我要怎么回。

当然我的表现作为朋友来说，是没劲的。我有时点开她朋友圈，发现有好几条状态我都错过了，就匆匆忙忙补个赞。不温不火的局面最终还是被打破了。我给一个朋友过生日，然后发了条状态，说这是我最好的女朋友。秋池突然找我，劈头盖脸一句："那我算什么？"

只有秋池会问得出口这种问题。成年人的第一生存守则是不问，因为大多数你问不出口的问题都有个你不想面对的答案。但她不管，她问我："你有多久没主动联系我了？你知道我现在跟谁在一起吗？你知道我搬到哪了吗？你关心过吗？"

我被她问得越来越气馁。

我可以有一套完整的理论来回应她的质问——忙乱中我能给的好意就那么点，我没有力气再交换不关心的八卦，也没有精力再关注别人的任何一点变迁。这两年我学会最多的，是对别人的小小善意心怀感激，对疏忽挥挥手说我也理解。

我没有那么多空荡荡的夜晚再跟你谈天说地。人人都有自己的苦衷，我保管我自己的，你不能要求我同时接管你的生活。

可是我没办法跟秋池说那些。那是成人的相处逻辑，而她是秋池。

秋池比我美，比我有灵气，甚至连读书都比我有悟性，但我唯一胜过她的地方是，我有充足的耐性。我知道人生最后需要的不是小聪明，而是对平庸和重复生活的忍耐力，我可以心平气和地看一支支蜡烛灭掉。

但秋池不。

我一时不知该对她还是对自己说抱歉。

我忘了那天我是怎么把这个电话结束掉的。可是七年前我们手挽手分吃一杯关东煮的时候，谁能料到会有天对着彼此开战。

你激烈我虚伪。你聪明我温暾。你最喜杀伐决断，我擅长隔岸观火。说得残酷点，七年前的我们就是彻头彻尾两种人，只是当时因为年轻和热忱，不介意连一些歪歪扭扭的线，把对方捆绑进自己的生命。时间替我们悄然松绑。祝福我们前往截然不同的人生。

可是对着你的微信，我也号啕过。眼泪不值钱，却是我能送你的最后的礼物。

这就是我们失散的全部经过。

人海留白

只有当我

开始感到失落时我才认识你，

当你已经成为我心目中的

一半记忆一半距离时

我才学会思念你

——默温

我们的小肥肉

✿ 榛生

1

肥肉是我们研究所一只三岁的雌性熊猫，见外人时它叫国宝。国宝从小没爹没妈，一只寄养在美国的公熊猫和研究所里称霸一时的大美人母熊猫各自贡献了一个细胞，试管里就诞生了肥肉。

肥肉是出生前就取好的小名，可谁也没想到它真长这么肥。有电视台来研究所采访，都特意挑肥肉上镜，因为它“最能反映熊猫们欣欣向荣的生活”。冬天里来采访的摄制组对肥肉念念不忘，春天又来进行追踪报道。这次来的是个娇小女生，看来是新手，比如她把话筒举到肥肉嘴边问：“国宝，你今天心情怎么样？”肥肉就心情很好地认为有一节甜美的甘蔗可吃，二话不说就咬。

话筒不可口，肥肉觉得上当了，生气地把话筒摔在地上。摄制组的人开始训小记者：“你白痴啊，它是熊猫不是人，它怎么可能回答你的问题？”

她解释：“这只熊猫这么可爱，我就没把它当熊猫……”

其实我也常常忘记肥肉是一只熊猫，因为它有很多像人的地方。1岁左右，肥肉还是个妙龄少女，总爱撒娇，黏人，讨别人的夸奖。3岁这年，换算成人的年纪它也有二十八九了，没有公熊猫陪伴，略有变化，这一点尤其表现在对食物的需求上。它不喜欢吃竹子、豆饼、胡萝卜，每天和我们斗智斗勇，争取吃香蕉、苹果、肉。别以为智商发达的人类就肯定斗得过一只笨笨的熊猫，我们妥协的时候居多，因此它才能长这么胖。

2

小记者采访了半小时，问了两个语无伦次的问题，被骂了四次白痴。

最后这次失败的采访以肥肉终于得逞了一根香蕉告终。作为它的驯养师我深知这样做不好，熊猫每天的食物是根据科学标准搭配的，如今我为了一个小记者能顺利完成她的采访让肥肉多吃了甜食，它以后要是得了糖尿病，我这个驯养师是脱不了干系的。

中午和记者们吃饭时，我们也沾熊猫的光，餐后水果是香蕉。大家你一口香蕉我一口香蕉地赞叹着熊猫的生活比人强，完了摄制组就在香蕉的甜味里昏昏睡去。初春的下午，竹林时有小风吹过，熊猫们应该也睡了。

我到林子里走走，远远地却看到肥肉正狂追一个人。那个人又不敢呼救，又惊恐万状，跑得又慢，眼看就被肥肉追上了。最后肥肉把她压在身下，夺走了她手里的香蕉。

我救了这个人，严厉地训斥了肥肉。两个家伙都在我面前瑟瑟发抖。不听话的小记者，穿黑白花毛衣，别说，和肥肉还真像！熊猫笼子的后门没锁好，她就胆敢钻进去逗肥肉。熊猫不是猫，是熊，你见过哪只熊是吃素的？

我对小记者说：“你也太大胆了。”她说：“我就是太喜欢它了。”又嬉皮笑脸地补充，“别告诉我同事，不然我工作丢了下次就不能来啦。”

“照你这样，谁也不希望你来！”

“国宝希望我来，刚才，它还让我骑它了。”

我十分悲痛，肥肉你也太没自尊了，就为了一根香蕉，就丧权辱国做了人的坐骑。末了发现被骗，就撕破脸不顾刚刚建立起来的外交关系靠武力抢夺。我替你脸红啊！

小记者又在冲国宝挤眉弄眼了，她是我见过的最喜欢熊猫的姑娘。以前来采访的女记者也说自己喜欢熊猫，可真见到熊猫就先捂住了鼻子。她们憋足一口气把采访稿念完，速速逃离熊猫身边。她们只爱画面里的熊猫，她们不爱真熊猫。

可是眼前这个姑娘和熊猫滚在一起，她可不在乎它臭，她恋恋不舍地看着肥肉，转过脸对我说：“我小时候，我妈给我织了一件熊猫图案的毛衣，我穿了很久舍不得脱，直到它变小了，穿不下了。所以我听说有机会来采访熊猫我马上就争取，虽然我还只是一个见习记者。”

“见习记者？”

“是啊……不是正式的，弄不好就会下岗的。”

“那你可得小心点，凭你今天的表现……”

“所以求求你别告诉他们！”

我一脸严肃地点点头。

3

后来我在电视上看到了他们拍的片子，小记者的白痴语言被剪辑掉了，留下符合逻辑的，语调清楚的，看上去还是很知性、很端庄的一个人嘛。肥肉也争气，所有嬉笑怒骂都中气十足，一根香蕉就让它这么卖力。我以为这件事就这么结束了，却没想到电子信箱里多了一封信，小记者说：“我告诉你一个不幸的消息，我失业啦，我心情很苦闷啊，所以我想来看看熊猫，你说行不行呢？”

我能拒绝一个失业并且很有可能是因为采访肥肉而失业的姑娘的心愿吗？我没那么无情。但是私人不可以随便来看熊猫，这是基地的规定。我只好彬彬有礼地回复她：“我们这里不是动物园，要么你去动物园看看熊猫吧。”写到这里我都能感觉到她满脸失望的可怜样，于是我改成：“冬天时候我们会把肥肉野外放养，要是你有空可以到山上看看它。”

那边回信：“好好好。”

“不要惹熊猫，不能随便喂食。”

“好好好。”

4

下过第一场雪后，基地把肥肉浑身武装，装上各种电子仪器和追踪设备，然后放到了一公里以外的野地。我们要考察一只试管熊猫能否像它的祖辈们那样在野外生存下来。肥肉很不乐意，把捆在它身上的东西往下脱，在一次次给它捆紧的时候我心里难过起来。肥肉同学，你以后要自个儿多多当心了。

我心情失落了没几天，活宝小记者就来了。她和我约在基地外面悄悄地进行探视活动。我们一起越过铁丝网往山坡上爬。落雪的山里，一步一滑，我一次次拉她，拽她，甚至背她，她就觉得过意不去，就发誓赌咒以“绝不瞎逗肥肉”来交换我的恩情。可是当我们终于看到肥肉时，她还是一个尖叫就扑了过去。

半年没见面的肥肉，已经不再是以前那只爱吃香蕉的胖熊猫了，它瘦了很多，皮毛粗糙，并且长出了尖利的獠牙。野外放养这么多天，它的食物多半得靠自己来采，不知道它有没有心存怨气，反正它看到一个活人朝它奔来时，它的嘴角似乎露出了一丝不易察觉的狞笑。

我对小记者喊：“你停下！”

但是已经迟了，小记者被肥肉扑倒，胳膊挨了重重的一口，在那一刻我才知道半年来肥肉过的是什么日子。兽性大发的它一定是见什么吃什么，活物最好。我用电棍击昏了它，把小记者背起来，往山下跑。

5

当医院里的人听说有人是“被熊猫咬了”而入院的时候，病房就跑来了七八个小朋友。他们虽然见不到熊猫，却十分想看看熊猫的齿痕。于是小记者就亮出了绑了绷带的左胳膊，一惊一乍地吓小孩儿。然后那间病房就成为小朋友们听故事的专门房间。小记者讲得口沫横飞，就好像她是个女英雄，入院根本不是因为受伤，而是有使命地传播她的主义。

夜晚她终于入睡了，我心想：你现在挺好啊，没工作，没牵挂，受伤又有人照顾。可我呢，我受了基地严厉的批评，领导让我反思三个月，他们认为我这样不遵守纪律的工作人员是不适合做熊猫驯养师的，他们甚至初步起草了让我离开基地的文件。

我默默地来到山坡上，这是一个大雪纷飞的夜晚，我拿着设备找到了肥肉所在的位置，此刻它应该已经苏醒了吧。我找到了它，它正东嗅嗅西嗅嗅抱着几个松果在啃，吃得特别忘情，看上去又有点可怜。

它以前是专爱吃香蕉的，竹子都不屑一顾，现在它吃起松果来了，看来苦日子不仅可以锻炼一个人，甚至可以锻炼一只熊猫的意志。

可是肥肉你知道吗？我就要离开你了，以后你的日子过得好不好，有没有意思，会不会有人来看你，这些，我都管不着了。

我决定辞职。

6

送小记者回到城市，她跟我说再见以后，我就在城市里留了下来，租了一间房子，正式开始了我的失业生涯。学动物学的人很难找到适合的工作，何况我已经这么老了。我想了想，只好去开小店。我的小店当然还是要和动物有关，于是我开了个宠物医院。

猫猫狗狗来到我这里，看病的看病，购物的购物，美容的美容，猫狗都比熊猫好哄，有了“喵鲜包”，小猫就快活得喵喵叫，有了“宝路”狗粮，狗就不会对生人吼。比起肥肉，它们真是太容易搞定了。

我时常会想起在基地工作的那段日子，抓心挠肝地想肥肉。不知道它现在是胖了还是瘦了，有没有找到终身伴侣。

7

这天一下子来了八只小狗，狗的主人要买八套小狗衣服，八份狗粮，给小狗们洗八个澡，做八个剪毛。我心想这狗的主人可真够伟大的，养了这么多动物吃得消吗？抬头一看，来者不是别人，却是那个小记者。她也认出了我，大惊小怪地和我打招呼：“咦！你怎么在这里开了店了？我还想去山里看你呢！咦！你怎么不开心的样子？最近肥肉还好吗？”

我说我不在基地做事了，现在我的职业是宠物医院院长。

“可是！你那么爱熊猫，你忍心吗？”

她这么轻易就刺到我了。心里酸痛一下，我没有回答她的问题，算好账，打发她走人。

此后她就常常来我的店，她现在是另一家电视台的记者，当然，她已经不再做《动物世界》，而是改为播报《法制时空》。她说她一直记着肥肉，为了消解对肥肉的思念，她就开始收留流浪狗，现在已经有八只之多，分别叫肥肉一，肥肉二，肥肉三……直到肥肉八，全部挑染黑白花。

我心想这姑娘有点不正常吧，哪有爱动物爱得这么丧心病狂的？所以她和我说小聚一下吃吃饭时，我就觉得她是在打肥肉的主意。但是见了面她却很坦白，她说：“其实，告诉你实话吧，我从第一次见到肥肉起，对它的爱就是假的，是虚伪的！”

“啊？虚伪的？”

“对。我爱的是肥肉的主人，那个满身熊猫毛的大高个。”

“啊，那挺好。”

我不是装没懂，我当时是真没反应过来。

“我是说你！”

“我？”

“我对你是一见钟情！”

她说得呼哧呼哧的，不知是那碗韩国辣面的原因，还是她太激动了。她工作很忙时经常熬夜，有点黑眼圈，皮肤又雪白，她现在这个样子，还真不是一般像肥肉！

8

我开始留意《法制时空》这个节目，看到屏幕前严肃认真的女主播，心想这家伙除了搞怪胡扯以外，还能说出这么多警世通言喻世明言。这样的女孩怎么可能爱上我呢？爱上我这么一个小店主？但是她只要工作不忙就三天两头带着八只狗往我这儿跑，三十四条腿一起停在店门口可真是相当壮观，邻居就会说：“那一大家子又来啦！”一家子来了总是这事儿那事儿地没完没了，不是“肥肉二”得肠炎啦，就是“肥肉三”要结扎啦，总之在狗的大病小情里我和她还真的谈起了恋爱，虽然我觉得这恋爱来得相当没谱。

夏天时，我接到了一个紧急电话，是基地打来的。在很多医生会诊得不到任何病理解释后，他们宣布肥肉得了不治之症，已经三天滴水未进了。他们像是在通知肥肉唯一的家属那样，让我节哀顺变。我火速赶到基地，看到肥肉瘦成一只空皮囊，像放了气的有毛救生圈。我摸摸它的头，它似乎认出了我，舔舔我的手。医生说，除了被狼咬了一口的外伤，身体没什么别的毛病，可能常年在外独居，得了抑郁症。

我拿了一根香蕉，肥肉眼睛一亮。可是这光亮瞬间就熄灭了。

三天后，肥肉香消玉殒，死得了无牵挂心满意足，甚至还带着它一贯的搞笑风格，我们只能认为它是被狼吓死的。离开基地时，我从前的领导说：“不如留下来吧，我们这里还是需要你这样的人才的。”但我回绝了，因为全世界只有一个肥肉。

在我下山的时候，我看到小河的对岸有一个穿白衣服的身影在冲我招手。我涉水而过，小记者在岸边等我。也不知道她等了多久，总之我一靠近她，她就因为双腿酸麻而倒在我怀里。她说：“是不是肥肉死了？”

然后她就哇啦哇啦号啕起来，我想肥肉的在天之灵看到有人还为它穿白衣服戴孝，也一定会会心微笑的。

9

我想，这一辈子我不会遇到第二个比我还爱熊猫的人了。把熊猫当人，为熊猫哭泣，替熊猫的死哀恸的人，她是唯一一个。所以，当她说“这辈子我不可能会遇到比你更爱动物的男人了”时，我觉得我和她心心相印。于是我同意她对我的判断，同时我也如此判断了她：爱动物的人，一般都是善良的人。

当肥肉的遗体被制成标本，存放在城市的博物馆里以后，我和我的女友去看过一次，人们不明白这对精神正常的小夫妻为什么会对着一只大熊猫的标本抱头痛哭。也许只有肥肉知道，它不仅仅是我们最爱的熊猫，它也是一段感情的见证。它意义非凡。

扬州住着虐隐娘

✽ 岑桑

少年时代

小虐在扬州的时候，是个特别有梦想的姑娘。她的梦想是开家茶馆，她爷爷就是开茶馆的，店里有名的“皮包水”，一笼一只的大包子，皮薄馅美一包汤。

那时候，店里有个常客。干干净净的小帅哥，名叫薛立阳，喜欢穿各种各样的T恤衫。每天早上必来吃包子。有时候和他爸一起来，有时候就他一个人。

薛立阳一个人来，小虐就会送他一小盘烫干丝，然后凑过去和他坐，谁让人家长得帅呢。

平时薛立阳总塞着一副耳机，有一次，小虐没话找话，问他：“嗨，你都听什么啊？”

薛立阳的手机里有两个文件夹，他爸在就听VOA，他爸不在就听陈奕迅。薛立阳拿起手机给她看。

小虐找到知音似的说：“呀，你也喜欢陈奕迅啊。我从小学就开始听了。”

后来，小虐上班和经理一起吃饭的时候，也说过这句话。经理顿时唏嘘不已，说：“我去，小学听，我们高中才听陈奕迅好不好。”

代沟立现

如今回想起少年时代，小虐总觉得好美，好纯，好简单，因为喜欢一个歌星就可以喜欢到一起去。只是，人类形容真爱，通常倾向于精神上的契合，而不是外在的吸引。因此，在内心里，小虐习惯性地夸大了陈奕迅的作用，完全忽略掉颜值在这段感情中的重要性。

熊元第一次在小虐的手机相册里看见薛立阳，说：“我去，这小伙子谁啊？长得真俊。”

听习惯用语就能判定，熊元就是小虐的经理了。

猪蹄 boss

小虐在北京读的二本。毕业那年，通过校招顺利过关。HR面试的时候，问她：“在校期间参与过什么项目吗？”

小虐说：“卖过烤猪蹄。”

在校期间，小虐深度考察，大胆执行，在校门口开了家卖烤猪蹄的淮扬小店。家里的小徒弟请过来，纯正扬州味打出去，月收入轻松过两万。

HR问她:“这么高的收入,为什么还要来找工作?”

小虐说:“你是看准我一定做老板娘了吗?”

熊元坐在面试官席位里,“嘿”地一声笑出来。他觉得,他对这个小姑娘有种天生的好感。人与人不需深交,就知道是不是有共同频道。这种感觉统称为直觉。

熊元是东北人,直觉至上的主儿,做事不太守规矩。HR是他朋友,提醒他,招不在乎钱的,管不住,干不长。

可熊元就是喜欢。世界这么大,碰见一个对胃口的多难得。

小虐第一次进组就说:“经理,咱们在哪里见过吧?”

熊元说:“这姑娘,一见面就和boss套近乎啊。”

小虐坚信没看错。她说:“啊,想起来了,你买过我家猪蹄吧?”

熊元只能呵呵了。

332公车站

其实,小虐记错了。她不是在猪蹄店见过熊元,而是在2010年的332公车站。那天晚上11点多,有人在魏公村一家很文艺的酒吧组织《童年往事》的看片会。

是薛立阳带着小虐一起参加的。

好吧。小虐翻越千山万水,从扬州跑到北京来上二本,当然是为了薛立阳。薛立阳考进人大文学院,在学长们的熏陶下,喜欢上了慢悠悠的文艺电影。

北京的博大,就体现在这里了。它不像上海,物质魔性的光环,足以消弭与钱无关的任何欲望。也不像成都,缓缓慵慵之气,养不出奋进之情。北京是科幻世界里的万能培养基,喜欢陈奕迅的薛立阳在里面进化成文艺版的薛立阳,而同好陈奕迅的小虐却转化为卖烤猪蹄的老板娘。这样看来,陈奕迅的确是大俗大雅的歌者,一统香港歌坛最后的辉煌。薛立阳说:“下次就不要来了,睡在里面多难看。”

小虐说:“那么闷,根本看不下去好不好。”

薛立阳就生气了,不理她。小虐也想不理他,可好看的男生生起气来,就让人想哄。小虐拽了拽他的胳膊说:“别生气了。”

薛立阳不耐烦地甩了下胳膊,小虐被带得身子一歪。后面有人扶了她一把。

是熊元。

他上去就给了薛立阳一拳头,说:“你干吗呢,怎么对女朋友呢?”

一个隐喻

小虐不记得谁打了薛立阳,只记得从那天起,她和薛立阳开始错开了方向。

周末,她常会骑着自行车,到人大去找薛立阳。但是后来,就找不到了。

手机打不通,短信也不回。她只能在宿舍里等。大夏天的,男生都喜欢赤膊,而且屋里还有股味儿。可小虐不在乎,她就想等。

有一次,是晚上,薛立阳一直不回来。薛立阳的室友说:“亲,走吧。估计立阳今天不回来了。”

小虐说:“那我睡他床好了。”

睡在上铺的师兄,差点掉下来。

后来,很多人都说小虐,你可真行,狼窝里睡一晚,也不想别人怎么看你啊。可小虐却没觉得怎样。她喜欢薛立阳,在他宿舍里等他一晚上,怎么了?她盖着薛立阳的被子,枕着薛立阳的枕头。月光白白的,落在地上,像黑色皮肤上的一块白斑。

男生的呼噜声和磨牙声交织在一起,让夜晚陡生寂寞。寂寞让人产生美丽的遐想。小虐半夜三更爬起来,翻弄薛立阳的东西。他的桌子上,有本卡夫卡的《变形记》,一支银色的笔和一把梳子。小虐拿起梳子,梳啊梳啊,梳出一股幽幽的惊悚气。据说,后来一屋子的男生,每天晚上都有人做噩梦,持续一个月。

第二天清晨,大家陆续出去吃饭。上铺师兄最后一个出门。他说:“喂,你以后别等了。立阳和我们说了,你来就通知他别回来。你走了,再叫他。”

小虐说:“那他是知道,我在这儿一个晚上了?”

“应该……是知道吧。”

“你告诉我是可怜我吗?”

"嗯……算是吧。"

那天小虐从宿舍出来,推着车在校园里慢慢地走,路过明德楼的时候,抬头看见那个著名的被玩坏了的三人行校徽,她忽然就觉得,这也许是个隐喻。

干丝烫出的花

小虐也经常和宿舍里的人聊感情上的事。虽然都不满20岁,但每个人都流露出一种看淡人世、看破红尘的沧桑感来。许多年后,小虐才知道,这种沧桑是假的,是生怕别人觉得自己幼稚而摆出的沧桑。等你真懂沧桑的时候,就该装天真了。

有一次,几个人聊起为男生做过的蠢事。小虐说了一件。高中的时候,薛立阳天天来她家茶馆吃包子。她就和大师傅学了一手烫干丝。那是扬州菜的招牌。朱自清先生在《说扬州》里推崇过,《舌尖上的中国》里面也煽情过。大白干横批28片切细丝,姜丝盖顶,100度沸水烫三遍。这是项功夫,手指抵住滚热干丝不怕痛。

大师傅说:"这个我来吧,你手太嫩,不行的。"

可是喜欢一个人,不就是要做全套吗?假他人之手,都会缺乏真诚感。

后来,这道名菜,小虐也给熊元做过。

在熊元五环开外的房子里,音箱里放着陈奕迅的《谢谢侬》。熊元看到淴水那一环,说:"妈呀,不烫的吗?"

小虐说:"叫错了吧你?"

其实,这个场景,小虐从前幻想过很多遍。只不过男主角应该是薛立阳。薛立阳发现了小虐亲手制作烫干丝的秘密,心疼又感动地捧着她的手。可惜小虐连在他面前做一次的机会都没有。

她与他最美的记忆都停留在年少的茶楼里——清晨的阳光,散发着笼屉般氤氲的光。人声嘈杂,早茶飘香,他吃着不知道是她做的烫干丝,拿出一只耳机,和她分享手机里的陈奕迅。她看着他青葱且帅帅的脸,被烫过的指尖便悄然开出淡粉色的花。

只有肤浅才配得起青春

2014年,小虐辞职了。因为她和熊元的关系进展得太快。

她这个自给自足的烤猪蹄老板娘,不想误了熊元的锦绣前程。

小虐和熊元也谈不上谁追谁,两个人脾气相投,玩玩笑笑地就萌发了疑似爱情。小虐给这段感情冠以"疑似"之名,是因为他们相处的感觉与薛立阳完全不同。

熊元看起来粗犷,但对女朋友的心极细。他说:"没办法,东北男人的习惯,要不然清朝的皇帝情种多呢。"

小虐把各个清宫剧回想了一遍,还别说,清朝皇帝还真都是一个品性。熊元特别勤快,每天都洗袜子,洗内裤,挂到阳台去。他还特别爱惜形象,衬衫得展展的,裤线歪一点都不行。

小虐觉得,这就是帅哥与非帅哥之间的差别了。薛立阳从来都是随便套件T恤就可以出门了。人帅,穿什么都好看;不帅,才要精装。

这一年,她和薛立阳已经分手很久了。可她还是关注着他的微博,浏览着他的朋友圈。她手机相册里的照片拍拍删删,可是装着薛立阳的文件夹,从未删除过。

有一次,熊元在小虐的手机相册里看见薛立阳,说:"这小伙子谁啊?长得真俊。"

小虐说:"我前男友啊。"

熊元小小醋意地说:"你是看人家长得漂亮才喜欢的吧。"

小虐坦然地说:"废话,少女都爱漂亮的好不好,你见过哪个少女哭着喊着要嫁给黄渤先生的?"

"唉,真肤浅。"

但,只有肤浅才配得起青春不是吗?正是因为青春里肤浅过、愚蠢过、执拗过,当时间的河流冲刷而逝,那些浮游在水面上的肤浅,才会沉进河底,变得深刻而生动,光洁而清亮。

是在哪里见过你

还是2014年,薛立阳扶摔倒老太太的照片忽然在网络上蹿红。过去一些美美的自拍,也被翻出来。有人说,他人美心好,但也有人说,有团队在背后炒作。但不管怎么样，成群的女生和少量男生在他的微博下面排队叫老公。小虐有点骄傲地去凑热闹，可是翻了翻他以前的微博，发现自己与他的合照全部都被删除了。于是她心里暗藏的那点骄傲也就消失不见了。

依然是2014年，熊元业务出了问题，公司停了他的职，以观后效。

于是，他借着这个机会，和小虐去了趟扬州。小虐带他吃了皮包水的蟹黄汤包，逛了风景美如画的瘦西湖。后来，在回程的飞机上，熊元和她讲了一件事。

2010年的6月，他人生的最低谷，钱包里就剩下760块钱。他跟了三个月的客户放了他鸽子。他一直等，一直等到晚上8点多。客户打来电话说，对不起，有事耽搁，晚上要乘飞机回去，不能来了。

天气闷闷的，憋着一股躁动之气。他踱到332车站，看见一个男孩在推他女朋友。于是他的脾气就来了，暴揍了那个倒霉的帅哥。

熊元说："北京把我教坏了，让我变成没脾气的文明人。那天打完那小子，斗志就全回来了。我当场打了辆车，一直追到机场。客户感动坏了，就在候机大厅把单子签了。"

小虐说："你和我说这个，是准备一会儿找个帅哥打一架吗？"

熊元笑了笑说："不是，我是想找回点勇气，迈出下一步。"

小虐没问他下一步是什么，她只是捧着他的脸说："我知道，我以前在什么地方见过你了。"

一直通到北京去

熊元说，他从小也有个梦想，就是到一个陌生的地方开一家小旅馆。每天喝个茶，遛个鸟，闲极无聊过一生。

这个陌生的地方，在2015年被确定为扬州。他辞了职，卖掉房子，准备和小虐一起在扬州开一家既卖茶又可住店的民宿。

小虐在一条老巷里，选了一栋老房子。熊元请北京的朋友过来，重新设计，全新改造，一建就是8个月。

每天，熊元和小虐都会过来做监工，做民工，累成欢乐狗。晚上，他们还会去河边坐一坐。

离老巷不远，就有条宽阔的河，鸟语花香，绿影婆娑。

有一天，熊元问："这是什么河？"

小虐说："来扬州这么久，你都不知道这是什么河？"

"没人和我说啊。"

"这是京杭大运河，2500年前就开凿了。吴国为了讨伐齐国开建的，后来，一直通到北京去。"

"北京啊。"

"嗯，北京。"

有风从水面掠过，送来一片安静。

虐隐娘

2015年，小虐依然保留着薛立阳全部的联系方式。她还会刷他的微博，看他的公众号。他有了很多的粉丝，背后的经纪公司，也浮出了水面，手法和捧TFBOYS如出一辙。显然他的一脚已经踏入娱乐圈，这么好的颜，一定不会被埋没。

8月的时候，薛立阳一直在微博上讨论《刺客聂隐娘》。他说他在大学时代，就喜欢侯导的片子了，能有幸在国内看到，真开心。后来此片在扬州上映，小虐和熊元也一起去看了。整个电影院里，只有他们两个。

出来的时候，两个人纷纷表示，都睡了不错的一觉，因为片子连对白都没几句。

熊元说："这哪是聂隐娘啊，根本就是虐隐娘。专门虐待观众用的吧。"

其实，同样的意思，薛立阳在微博也说过。他说："一个不忍杀死自己真爱的故事，有这么难懂吗？即便远离，爱情仍在。真是太虐心了，应该叫虐隐娘。"

但小虐没和熊元提过。

有些人，注定供你想念；有些人，注定与你生活。

他们站在你心房两侧，不必见面，不必知道。

其实，小虐不叫小虐。

但是，看过电影的那天晚上，她把自己全部的网名改作虐隐娘。

我们一起看云

✽李荷西

你看我时很远

我和钱琛认识是在2009年。

那时我刚毕业，在一家很小的挂名在CCTV之下的广告公司上班。广告公司的运作模式是这样的：大概30名业务员，每天翻着黄页给各地的农业畜牧业之类的小公司打电话，邀请他们做一个宣传片。

宣传片会做成DVD供企业购买，还可以送去CCTV，在农业频道上播出。这是一种节目形式的软广告，对企业宣传效果还不错。当然，费用就高多了。

在邀请获得许可后，业务员和拍摄人员就会一起出差去小公司。忙活几天回来，把片子好好做一做，邀请非著名的广播电台主持人来配音，然后送去CCTV。

我当时的工作是跑腿送片子。

后来有一次，原本要去协调和采访的记者突然辞职，我被迫临时顶替，和业务员一起赶赴河北邢台，采访一家饲料厂。

钱琛就是那家饲料厂的厂长。

我没想到厂长会这么年轻。他很高，很瘦，书卷气，像是还没有出校门的学生。

饲料厂是家族企业，钱琛的父亲因病去世时，他刚毕业，是硬被推上台的接班人。

我初见他时，他已经摸爬滚打地做了两年，大概也为一个厂长该有的“面子工程”做足了努力。他说话时，喜欢带手势，侃侃而谈时经常加一些很专业的名词。好几次都是一个人热络地说了半天，在场的老油条们却没有回应。他还是没能掩饰住尴尬，嘴巴停止说话，手势却还在比画着。

我看到了他眼睛里深深的失落。每一次。

他好像在逼着自己做一件做了自己会很痛苦，但别人却会开心的事儿。

当然，我也听出来了，他在为自己已经两年没有盈利，病入膏肓的厂子吹牛。但没多少底气。

其实采访只是一带而过，他只会在片子的末尾被加进去一个工作特写镜头，说一些诸如“选择我们产品会猪肥马儿壮羊儿更健康”之类的话。所以，大部分时间，摄像都在忙着拍“看上去更能显示企业实力”的东西。

如此，钱琛便闲了下来，我也闲了下来。

我们除了例行公事，没有过多交谈。只是，当摄像收尾的时候，他提了个要求：“拍拍天上的云吧，我从小就觉得在这里可以看得到全邢台最好的天空。这也是我们厂最美的地方。”

这样一句文艺的话，自然又没有多少人接茬。但摄像还是拍了。

晚上一起吃饭，照例酒过几巡。

钱琛很认真地举杯感谢我们的到来，说好像看到了转机。

该怎么形容我当时的感觉呢？特别无奈，还有一点点心疼。因为我无法确定这是否真的会成为工厂的转机，却很确定，他入不敷出的账册上又会多一笔数十万的开支。

那一杯酒，我一饮而尽。

那次出差，老板也跟着。老板是个四十多岁的南方人，老婆孩子都在老家，他一个人在外面打拼。平时看上去还比较正经，但那天晚上，也许是他喝多了，也许是蓄谋已久，总之，我也不知道他怎么会有我房间的房卡，我洗完澡出来的时候，他正坐在我的床上。

细节我已经不忍回忆，后来，我夺门而逃，穿着睡衣拖鞋，身无分文。

跑到楼下，我跟保安说了情况，保安上楼去，发现我的房间里已经没有了别人。我也不敢再在房间里待着，干脆收拾东西，拉皮箱走人。

坐在酒店的楼下台阶上，我一直在发抖，不知道该去哪里。9月的邢台，已经微凉。薄衫下的我，头发还在滴着水，没来得及吹。

然后，像是命中注定，我接到了钱琛的电话。他说他准备了一些邢台的特产，明天一早给我们送来。拿着电话，我号啕大哭。

星星和深夜，我都已忘记

大概只有钱琛这样的书呆子，在接到我，听完我的哭诉后，才会握紧拳头说上去找他去。

“你是我的谁啊，就去找他？”我简直要被他气笑了。

那个晚上，我住进了钱琛的家。那是一个新房子，两居室。他原本是要毕业了就搬出来自己住的，但家庭突遭变故，所以大部分时间都会回家陪母亲。

但他说，这里是他逃离喧嚣的小天地，偶尔会来净净脑子。

后来，我反思过自己。怎么就那么大胆，敢跟钱琛回家呢，难道不怕他是另一匹狼吗？

是的，我不怕。有些人，就算只见过一面，也会信任一生。从第一眼我就认出，他是属于和我同一个世界的人。

因为没有吹风机，我的头发一直湿着。他拿毛巾披在我的肩膀上，以免衣服湿得更多。

那是一个不眠之夜，我在钱琛的小天地里流连，看他的藏书，看移动硬盘里的电影，与他有一句没一句地聊着天。

夜很快溜走。当天空泛起鱼肚白的时候，我也一点没有倦意。电影已经不记得内容，但钱琛站在开放式厨房煮咖啡、煎鸡蛋的身影，却久居脑海。

我没有勇气再坐原订的火车回北京。钱琛大概也理解，就说："要不然这样吧，火车票你退了，我开车送你回去。"

从邢台到北京，高速也就3个小时路程。不知道为什么，那天路上的车子特别少。和钱琛一起，在路上飞驰的时候，我好希望，那路没有出口，我们可以就那么一直走下去。

我睡了很浅很短的一觉。FM音乐台的歌声，伴我入梦。

醒来，我揉揉眼睛问他："我睡了多久？"

他笑："大概5分钟吧。"

对。只有5分钟。我却立刻满血复活了。昨夜梦魇一样的经历，也不再成为我心灵上的羁绊。我十分愉悦，心中安详。

然而不消多久，我就可以给自己的这种安详找到答案。

我简单而快速地爱上了这个人。

开始过，结束了

在我租住的小区外面，我请他吃了一碗牛肉拉面。因为不爱吃肉，很自然地，我把肉挑到他的碗里。这个动作发生时，我根本没有想太多。

钱琛笑着吃掉肉片，但笑容腼腆了很多。不知道是不是牛肉汤太烫，他的脸红到了耳朵。

与钱琛告别时，我终于问了他那个萦绕在心头许久的问题："你，有女朋友吗？"

他低下头，有些不好意思地回答我："有。"

我怔忪了好一会儿才微笑着说："那，祝你幸福。"

他点点头，想说什么，终究没有。车子缓慢驶离出我的视线，我才把扬起的挥动的手慢慢放下。

于是我才建立起来的梦想王国在瞬间崩塌。

我就这样，与自己谈了一场恋爱，开始过，也结束了。

我的声音无法触及你

我再也没有去过那家公司，也基本理解了前一个记者突然辞职的原因。但后来，我还是在电视上看到了钱琛饲料厂的那个软广告片。

片尾，钱琛西装革履，笑得踌躇满志，但也艰难。那些云也用上了，确实很美。

不知道他们厂后来有没有变好一点。

其实我们有联系，节日祝福群发的那种，维持着一个比普通还要远一些的朋友关系。

一年后，我决定离开北京，但并不确定去哪儿。我大学老友身在魔都，邀请我找她玩几天。我想了想，就去了。

大都市给人的感觉其实基本相似。我越来越渴望做一个小城市里没心没肺的人。所以，在上海，我连简历都没有投，基本上就是吃喝玩乐了几天。后来被老友拉着去了著名的甜爱路。在著名的爱情邮筒前，老友要寄信给暗恋了多年的男神，拉着我一起，我想半天该寄给谁，只想到了钱琛。

其实那时我觉得自己早已放下了，寄这封信更像是一种对自己的交代和纪念。

并且信里没写写信人，信封也没有寄信人信息。基本上，我想他是不会知道我是谁，也应该不会给他的生活带来任何困扰。

信寄出去，我和老友一起漫步在水杉树下。红砖墙上，刻有太多痴男怨女的誓言，还有失意宽恕者写下的祝你幸福。经过鲁迅故居，想起萧红，还有动荡时期的爱情。不知道她与萧军从这水杉树下走过时，有没有手挽了手。

站在内山书店的旧址旁，我留影，发了微博：

“有过倾心的人，有过诗的灵感。有过热烈，有过眼泪，有过爱情。水杉见证。”

天南地北双飞客

然而后来，我才知道，那封盖了爱的邮戳的白信封，寄到钱琛手里的时候，他刚刚签署完工厂的转让合同。那个软广告并没能让他父亲一生的心血起死回生。

很难想象他从厂房里走过的感觉，应该有失败，沮丧，自责，也有解脱吧。

并且在那之前，因为家道败落，不再门当户对，女朋友提了分手。

我独在异乡为异客的日子，很多个无法入眠的夜晚，总会想起钱琛整晚不睡觉，陪我看电影时的偶尔愣神，还有在厨房一个人做饭时萧索的背影。每个人都会有过清醒的黑夜，独自挨过的每一分钟，都像是生命在拷问，也像是在解读困境。

特别希望钱琛，他现在已经走出了他的困境，可以自由自在地看云。

信寄出后大概2个月，我的微博突然收到一封未关注人私信。信里就几个字：“看看我的微博吧。”

不是有人暗恋我吧，我心想，如果是做广告的淘宝客，我就立刻拉黑。

但点进去，我就看到了钱琛的笑脸。

一条置顶的微博是一张照片，他站在爱情邮筒旁边，手里举着我寄给他的那个信封。

不是喜悦，也不是感慨，根本是毫无理由的，我特别想哭，回复他：“你在哪里？”

我喜欢你是寂静的

“来我这里吧，我需要一个老板娘。没有人比你更合适。”

“好。”

在两个月毫无保留的交流后，他这样邀请我。

我几乎没有任何犹豫。也许我的人生再也不会有这样一场说开始就开始的恋爱，但与他在一起，哪怕时间很短，却是我一直想做的，我的内心一直期待的。

新闻上列出的各种闪婚故事，不管它们结局是否惨烈，我都相信，促使他们走在一起的是第一眼的怦然心动。

因为，此时此刻，与钱琛已经在一起的我，在看到他时，心依然会怦怦直跳。

钱琛终于说服母亲放弃工厂，是一个很长且复杂的故事。与前女友的各种矛盾、妥协、不能忍，是长又复杂的另一个故事。工厂卖出去时，他自留了一个空厂房，做了一家私人图书馆。这也是他一直想做的，为内心所期待、督促、提炼。

坐在书间的那个人，扫地洒水擦桌子的那个人，少言寡语，但喜欢抬头看云的那个人，才是真正的他啊。

天高地远，时光涓涓流淌，把钱琛推到我的面前。没有早一步，没有晚一步。

之后的日子，我们一起看云。

南宁，戒不掉的螺蛳粉

✽发条橙

1

李八月总是下午一放学，就坐在零星家的阳台上，对着天空发呆，看日落，看黄昏，看星星一颗颗亮起来。

她几乎每天都在这里安坐几个小时，她喜欢南宁干净的天空，她坐在这里，是为了零星。

等零星回来，李八月问他："零星呀，你是天上的哪一颗星？"

忙了半晚上的零星自然没心思理会她的闲情雅致，只淡着语气问："今天作业多吗？"

作业对李八月来说，并没有多和少的区别，她会写就写，不会写就拉倒。她每日的作业本都有些题目空着，而零星不管多晚也要认真地把所有题目写完。

李八月时常一看天空就忘了吃晚饭。零星家的螺蛳粉店打烊前，零星会留好两碗螺蛳粉，一人一碗。

李八月不喜欢螺蛳粉的味道，一开始很抗拒，但如今她也会忍耐着吃下去。其实吃起来味道还不错，她只是很怕身上沾染到那气味。

"零星，你会不会觉得很辛苦？"李八月小心翼翼地压低了声音，生怕惊扰了他心底的波澜。

这也是她终究忍耐着吃下螺蛳粉的原因，她不能给他更多失落。

零星愣了一下，才答："怎么会。"说不上积极，也没有消极，他总是这样淡。

零星的妈妈难产，刚生下他就撒手而去，他爸爸是警察，在几年前殉职，只剩下他和奶奶，生活来源全靠经营这家螺蛳粉店。奶奶上了年纪，腰不好，不能久站，于是零星就扛起了家里的担子，利用放学后的时间卖螺蛳粉。

李八月知道，自己应该去店里帮他，而不是坐在高高的阳台上对着天空发呆。但她实在怕那气味，一旦沾上，喷再多花露水也掩盖不了。

吃完螺蛳粉，李八月擦了嘴，问零星：“快要高三了，你有什么打算吗？”

她是想知道他想去哪里，结果他却答：“去哪儿都行，都带着奶奶。”

李八月的心不禁沉了一下，奶奶是他唯一的亲人了。

“我想去上海！”她眼里闪着光。

这很符合李八月一贯的风格。她比同龄的女孩更有追求一些，会攒很久的钱买一个比较贵的钱包，也会在周末涂正红色口红把自己打扮成女郎。不过，零星一点也不觉得她化妆好看，稚气的脸和艳丽的妆容，不搭。

其实，零星心里明白，李八月向往上海，是因为她的同桌陆于江。上周末她去了陆于江的生日派对，才发现在班里一向低调的陆于江居然是个阔少，老家在上海。

从那以后，李八月就把这里叫小南宁。其实，有很多本地人也讲小南宁，大家这样讲，是喜爱这里的安逸，但李八月这样讲时，是真的嫌南宁小。

与小南宁相对的，自然是大上海。

“零星，你看！”李八月从书包里掏出一个黑丝绒的小礼盒，十分精致，里面是一支口红，“陆于江送我的，他说口红一定要用最好的，否则可能有毒。”

这支口红的价格，零星得帮奶奶卖半个月螺蛳粉才赚得到，但对于陆于江来说根本不算什么。李八月说陆于江送她礼物，是为她高三加油打气，但在零星看来，理由只是随便找的由头。他也不是嫉妒，只是觉得哪里不太对。

就像李八月涂上它以后的样子，总是哪里不配。

——2

后来李八月真的去了上海，即使她的成绩可以去一所其他城市的211大学，她也还是选择了上海的一所普通大学。

零星试图劝她，但他从一开始就有预感，这是徒劳的。毕竟李八月连她的父母都说服了，她说上海是一座国际化的商贸城市，机遇更多。

李八月临走之前，零星请她吃了顿饭。他早就想带她去吃东西了，只是他和奶奶的生活拮据，他实在没办法带她去吃她想去的西餐店。他选择了南宁最好的牛排店，这里的人均消费够他和奶奶一周的生活费，李八月却笑着对他说：“陆于江之前带我来过这里。”零星的热情忽然就冷了一半。

还没等大学开学，李八月就成了陆于江的女朋友。高中刚毕业的年纪，虽然稚气未脱，却不会再被说成是早恋。陆于江带着她到处玩，李八月自己都说，这才是青春该有的样子。

然后，她为零星惋惜：“你真的打算一辈子待在这小南宁？”零星最终选择了南宁的学校，为了照顾奶奶。

零星说：“不然呢？你也总要回家的。”

李八月撇了撇嘴：“我才不打算回来呢！”

零星沉默许久，说：“那我会去上海看你的。”

其实零星很想告诉她，他可以确信自己比那个陆于江更喜欢她。可是他该拿什么和陆于江比呢？每一件事他都很努力，但好像也没有什么用。

他只是淡淡地向李八月承诺：“等你回来了，我做螺蛳粉给你吃。”

在李八月看来，零星怎么就是不明白，她非常讨厌螺蛳粉的气味。因为这句话，李八月到了上海以后，有好几个月没给零星打电话，她像是在赌气，要与南宁的一切断绝联系。

她很适应上海的一切，她觉得自己就该生活在这样的大都市。陆于江也对她很好，吃穿用度方面，她都是她们寝室里最好的女生。直到有一天，她听说舍友其实都不喜欢她，背地里说，如果没有陆于江这个男朋友，她就是个乡下女。

那一刻，李八月所有虚假的自信心轰然崩塌。她怎么也忘不掉自己来自南宁，甚至每次路过螺蛳粉店，她都忍不住回头望两眼，她更忘不掉她在南宁还有一位非常要好的朋友。

她拨通了零星的电话，寒暄过后，有意无意地问了他一句："零星，我是不是很土啊？"

那边的男孩愣了半天，才说："怎么会，你是南宁最好看的姑娘。"这句话显然是夸张，让李八月忍不住笑起来。

后来她一遇见不顺心的事，就会打电话给零星。他是她最信任的人，她在他面前没有什么好伪装的。这期间零星一直在等李八月，他说过等她回南宁，要做螺蛳粉给她吃。

一年后的假期，李八月迫于父母的要求，终于不得不回来看看。零星按承诺端给她一碗螺蛳粉时，她下意识捂了捂鼻子。

就在那个瞬间，零星好像不再喜欢李八月了，或者说，他终于明白，她不是自己喜欢的那个李八月了。

3

零星没有再接过李八月的电话。半年之后，她的电话越来越频繁，以前她打给他往往都是有心事的时候，零星隐约明白，李八月在上海过得并不那么好了。

零星高考以后，奶奶看着他上了大学，心里的石头算是有了着落，许是忍着一口气坚持了很久，她一下子放松下来，身体竟一天不如一天。

好巧不巧，奶奶去世的那天，李八月打来了电话，零星犹豫了一下，还是接了。

李八月一上来就在哭，原来她和陆于江分手了。

他静静地听她抱怨完，她骂陆于江善变，到了上海的花花世界，就开始见异思迁。这是她第一次说上海不好。零星还是耐心安慰她，等李八月情绪稍微安稳一些了，她才问他："你好不好啊，这么久都不接我电话了，我也不知道你怎么回事。"

他终于有机会向她倾诉一句："我奶奶走了。"

她憋了半天才说了一声："对不起。"她发现自己好像不会安慰人，她害怕自己就是个自私的人，甚至已经开始愧疚。

办完葬礼，零星去了一趟上海。李八月陪他一起走在街上，路过一家螺蛳粉店，提议进去尝一尝。零星淡淡地说："算了吧，我知道你不喜欢螺蛳粉。"

李八月哑口无言，老实说，螺蛳粉挺好吃的，尤其是零星亲手做的，她只是不喜欢那个气味。

上海是一座现代化城市，不像广西有好山好水，零星在高楼大厦之间逛了几天，觉得索然无味，就打算回南宁。他不解地问李八月："上海到底哪里好？"

她想了想，苦笑着说："听说很好。"

语言就是这样一种东西，让一件事情听上去比原本更好或更坏，而亲身去体验的时候才知道，也不过就是那样一回事。李八月自己也说不上来，这个她来了就不打算回去的上海，到底哪里好。

没了奶奶，零星决定关了螺蛳粉店，

靠做兼职赚取生活费。李八月在螺蛳粉店营业的最后一天赶了回来，说想再吃一碗他做的螺蛳粉。

一些老顾客也赶在那天来吃最后一次，生意前所未有的火爆，零星忙到晚上10点，才终于歇下来。李八月就坐在楼上的阳台上等他，像以前上中学时一样，望着南宁的天空发呆。

零星去叫她下楼时，她问零星："零星啊零星，你是天上的哪一颗星星呢？"

他抬头望了望，提醒她说："今天是阴天，天上没有星星。"

阴天时天上就没有星星，一生中似乎也只有青春时天空是一直晴朗的。李八月忽然就哭了，从零星不肯接她电话的那半年多，她就恍惚意识到，自己逐渐阴霾的天空里已经没有零星了。

那碗螺蛳粉李八月吃得很慢、很认真，吃完后她还舔了舔嘴唇，笑着告诉零星："很好吃！"

如果这句话，她很多年前就说出口，那该多好啊。

—— 4

来上海这么多年，李八月终于能坦然告诉别人，她来自南宁。以前每当别人问及她的家乡时，她总是扭扭捏捏，生怕别人觉得她来自偏远的地方。

有次有人问她："你们南宁人为什么要自称小南宁？"

她心中早已有了答案，微笑着回答："在南宁前面加一个'小'字，是出于对这座城市的亲切，南宁山好水好，又有那么多好吃的，我们喜欢那里的生活。"

她终于接受，自己的心永远不属于上海这样瞬息万变的大都市。很多年前零星说得对，她适合淡妆，不适合太鲜艳的口红颜色。

零星家的螺蛳粉店关了门，李八月却反而总想念螺蛳粉的味道，每次放假回南宁，都吵吵嚷嚷地要零星做给她吃。零星也不拒绝，印象里他从来没有拒绝过她的请求。但李八月还是觉得螺蛳粉的味道变了，一度怀疑零星忘了加什么调料，但到底是少了什么呢，李八月又说不清楚。

大四时，零星交了女朋友。消息来得很突然，没有起因经过，只有这样一个结果，让李八月半天都说不出话来。她慢慢回想，又觉得确实是自己鲜少问起零星的生活，每次通话，她都是忍不住地单方面把自己的生活讲给他听。

和陆于江分手时，李八月的确哭得很狼狈，但听说零星有了女朋友，她前所未有的失落。

等她毕业以后回到南宁时，零星和女朋友打算结婚了。

李八月见到那个女孩时，鼻头一下子就酸了，那女孩眉眼之间和自己有几分相似，李八月心中笃定，零星曾经确实爱过她，现在确实不爱了。

她对女孩说："你真有福，他做的螺蛳粉很好吃的。"

女孩也大方地告诉她，他们正打算以后开一家螺蛳粉店呢，最好能做成一个连锁品牌。

比起那个只会守着窄窄的店面，一碗碗卖螺蛳粉的男孩，如今的零星真的长大了。他有了雄心壮志，也有了离开李八月的豁达。

但如今的李八月，也能够衷心地祝福他。她终于明白了一些很重要的事，虽然有些事已经晚了，但总比一直不明白的好。

意识到自己只是一个普通人，意识到自己喜欢上的人只是一个普通人，都是非常不容易的。

李八月决定在南宁定居，这里气候宜人，山清水秀，她闲暇时还可以去尝尝零星做的螺蛳粉，点评点评这些年来味道有何变化。她想，这样的生活，大概也挺幸福的吧。

我在想你的时候睡着了

✽周宏翔

1

阿慧比约定的时间晚了半个小时，没想到对方还在，他站在桂花树旁边，低着头玩着手机，他发信息告诉阿慧他今天穿的是黄白相间的运动衫，藏青色牛仔裤，白色运动鞋，所以阿慧一眼就能看到他。刚要走近，对方抬头，两个人都愣在了那里。

“阿慧？”

“柏青？”

两个人坐在咖啡店，各持一杯咖啡，还没有完全缓解刚才的尴尬。

柏青说：“想不到是你。”

阿慧低着头搅咖啡，“是啊。”

原本都是不想相亲的人，实在推不过家里人的安排，便答应了，只是没想到，在不了解情况下居然遇见了熟人。

“这么多年你都没变嘛，还是那么害羞。”柏青笑道。

“对啊，所以才没人要嘛。”阿慧自嘲道。

“是你要求高吧，听我妈说，你现在是老师，工作稳定，家里房子也有，哪里会找不到对象呢？倒是像我这样，吊儿郎当才是没人看得上。”柏青稍稍收敛了些笑，说起来竟有了几分感伤。

柏青和阿慧是高中同学，算起来相识也有十来年了，高中毕业之后，柏青就去了北京，也是听同学说，他在那边念书，后来找到机会交换去了美国，再回来，就在北京自己开了公司，原本都顺风顺水的，却不料有个员工意外从公司楼上摔下去，这一摔，公司赔了不少钱，之后便走起霉运来，一直处于负盈利状态，最后破了产，柏青还背了一屁股债。

“用现在年轻人的话来说，你当时可是很多女生心中的男神呢。”

柏青顺道戏谑道：“也是你的吗？”

阿慧一下不说话了，脸又红了起来，柏青哈哈大笑。

2

高一那年，柏青是物理课代表，阿慧物理最差，每次都被老师点名作业错误率最高，于是让柏青放学之后辅导辅导，柏青是个马大哈，根本不懂女孩子细腻的心，三言两语讲个大概，就自己跑出去打篮球了，留下阿慧一个人在教室苦心摸索。班上很多女生都跑去看柏青打篮球，但阿慧一次也没看过，因为柏青打篮球的时候，她总是被别的事情耽搁，好不容易有堂体育课，阿慧还要被老师叫到办公室去被指导。其实阿慧真的很想看一次柏青打球，因为他没有说错，那时候她真的挺喜欢他的。

个子高，成绩好，长得也不错，是大众眼中的情人，自然也少不了阿慧。只是这三年过去了，阿慧也没有和柏青说过几句话，甚至在柏青眼中，她只是个差等生，就跟尘埃一样。

从咖啡店里出来，柏青拿出两张电影票，说：“去看吧？我刚刚等你的时候买的，想着总得找点事情做。”阿慧点点头。

三十一岁的柏青已经有些微微发胖，笑的时候也掩饰不住眼角的鱼尾纹，走起路来变得大大咧咧，说话总是不经意爆粗口，有了小肚子，胡茬也没有修理干净。而这一切，都和十七岁时候的少年相去甚远，但阿慧也不知道为什么，一眼就认出了对方，就像对方一眼就认出了自己一样。

高中毕业之后，阿慧就再也没有见过柏青，但是想方设法加了他的QQ，有时间就会趴在电脑上观察他的状态，想着他一定会变成很厉害的人。

他的相册里出现过很多女孩子，大多都比较漂亮，阿慧甚至还知道，他和一个美国女孩谈过两年的恋爱，那段时间，他写日志都用英文，阿慧还专门花时间把那些日志都翻译一遍，认认真真地读过其中的内容，他很爱她，如果有可能，他们应该在密西西比州举行婚礼，然后开始一段让人歆羡的人生。

可是两年后，他们分手了，从柏青的文章中可以看出，是对方甩了他，他悲伤的情绪蔓延到了阿慧身上，那天夜里阿慧竟然失眠了。半夜她起床开电脑，匿名给柏青留了言，洋洋洒洒写了一封信，内容大概是鼓励他，除了爱情还有朋友，悲伤的时候可以换个环境。当时因为时差的关系，正巧柏青在线，看了那封信后，他回了一个表情三个字，谢谢你。

而后柏青关掉了网站，也很长时间没有在QQ上出现过。有一天，阿慧发了一条心情，她说，你的好友里，或许有一些人并不常常和你说话，但是他在看着你，你的一举一动，一言一行。当时很多人对这句话留言，都猜测阿慧喜欢上某个男生了，不过阿慧不说，也没有解释。

3

柏青买的电影票是战争片，说实话，这样的题材阿慧并不是那么感兴趣，但没想到的是，柏青去柜台退了票，换了一部爱情文艺片，阿慧问：“怎么了？”柏青说：“原本以为会和一个陌生的女人相亲，准备做做样子，请她看一部打瞌睡的片子，就此结束约会，但是没有想到是你，那就没必要看那么无聊的片子了，爱情片，你应该喜欢的吧。”

阿慧心里突然有些感动，轻轻地点了点头，柏青开玩笑道：“我就说，如果你连爱情片都不喜欢，那就真的难怪嫁不出去了。”阿慧瘪着嘴，柏青顺势摸了下她的头，说：“你真的跟高中时候一样傻气啊，那时候给你讲物理题，你不懂，就是这个表情。”

阿慧没想到的是他还记得。

大三那年，阿慧交了第一个男朋友，是大自己一级的学长，物理系的学霸。阿慧也不知道为什么自己就这样和物理有缘。在交往的过程中，阿慧常常从他身上看到柏青的影子，或者说，刻意去寻找柏青的影子，但毕竟不是同一个人，很快就分了手。

那个时候，唯一的慰藉，就是夜里给柏青的QQ留言，她总是在十点的时候发一句晚安，夜夜如此，但是柏青从来没有回过。一年后的某天，也就是阿慧快要毕业的时候，QQ突然有了回信，三个字：你是谁？

阿慧在想，要怎么说呢？谁料对方却说：我怎么第一天申请号码就有你这个好友在上面。

原来号码早就被收回，所以根本没有人看见那接近400条的晚安。

一年之后，柏青回国，离开了伤心的美国，在北京卷土重来，那一年，柏青开公司的消息传遍了他们曾经住的小镇，阿慧从很多人口中听说这个消息，却感到有些悲伤，因为自己关注了柏青这么久，却是从别人口中听到他的近况。

整个电影厅黑下来，周围只有吃爆米花的细微声音，故事中的男女主角在北京相遇，柏青靠近阿慧压低声音说，这些地方我都去过，想想，却像是上辈子的事情了。

阿慧看着柏青，情深之处，灯光落在柏青脸上，竟然看见微微的泪光。

4

柏青回国的那年，阿慧正好毕业找工作，最后终于通过考试留在了公立学校做老师。阿慧教的是英语，有时候也会有顽皮的学生拿着物理来问她，她除了一脸尴尬，还真的会把题目接下来，认真去做，等到还给学生，学生才说，老师，我和你开玩笑，其实早就做出来了，不过你连物理都会，好厉害！

阿慧想，我哪里会呢，不过是想着不要丢面子，再一想，物理这东西，有的是情怀。

同学会，柏青从来没有参加过，当然，也有其他来不了的人，可是阿慧总是每次都去，因为她失去了柏青的联系方式，只有从别人口中听说他的故事，说他又开了分公司，又做了大生意，立马就要成为新一代富豪了。

而真正的情况并不是那样。柏青创业前期比想象中要难很多，离开北京多年，回头人脉已散，一切都是从零开始，好在有几个靠得住的伙伴，才撑下来。

而工作后这些年，父母却一直担心阿慧的婚事，总是催了又催，弄得很不开心。阿慧一直说刚刚工作，想以事业为重，可这送走一批学生就是三年，三年又三年，转眼就三十了，家事却还没有着落。

电影进行到了末尾，阿慧已经哭得不成人形，女主角最后因为意外死掉了，虽然很老套，但是她还是忍不住哭。柏青给她递了一张纸巾，说：“世事无常，曾经我有个很喜欢的人也是突然就消失了。”

阿慧以为他说的是那个美国的女友，而事实上，却不是。

“我在北京最艰难的时候，是她陪着我，最开始公司几次出现财务问题，她都想方设法帮我解决，我们从地下室住到公寓，到最后在北京买房子，原本应该要结婚了，可是，那天她去新装修的公司看进度，靠在阳台的栏杆上给我打电话，那栋楼明明是新楼，不知道为什么栏杆会突然松掉……”

这时，曲终人散，只留下阿慧和柏青。柏青抹了抹眼泪，说：“真是无聊的电影，现实中哪有那么多的癌症啊！”起身准备走，却看见阿慧还坐在那里，阿慧说：“我听他们说那是员工，却没有人告诉我那是你女朋友。”柏青说：“那不，就是过去的事情了吗？”

5

回去的路上，阿慧说想坐公交，柏青说陪她一起。阿慧坐在柏青旁边。

柏青说:“上高中那会儿,我们也是坐13路车回家的,那时候还是绿皮的椅子,坐着屁股痛。”

阿慧笑着说:“都是大城市待过的人,还说屁股屁股的,不害臊。”

柏青咧嘴笑:“大城市的人就没有屁股了吗?”

公交慢悠悠地摇着,柏青突然问:“以前我打篮球,就你一个人没来加过油。”

“你怎么知道?”

“那时候就想啊,这丫头真够笨的,等我打完球了,还没做完物理题,再后来想,不对啊,就一道题,哪有那么慢,可能你根本就不喜欢看篮球。”

“或许吧。”

“当时就想,这丫头真牛气啊,这么多年来,一次也没来过。”

“我去过一次。”

“什么时候?”

“那一次你受伤了,去了医务室,所以没有看到我。”

“哎,真是没缘分啊。”

“是啊。”

柏青伸了一个懒腰,说:“恍恍惚惚,就三十岁了,好像什么都做过了,却又好像什么都没有,真是失败啊。”

阿慧想起柏青公司倒闭的那一年,自己傻乎乎地买了一张去北京的机票,可是上了飞机才想,到哪里去找他呢?阿慧望着窗外的云,想着关于柏青的点点滴滴,不知不觉,就睡着了。事实上,最后也真的是落了空。

而此刻,从电影院到家的路,还有七站,如果算上马上要到的这一站,还有六站。柏青对阿慧说:“睡一会儿吧,到了叫你,你家没搬吧?”阿慧说:“没搬。”她望着窗外的阑珊灯火,想起有一次,柏青上公交坐在她旁边,自己面红心跳一直到下车。想着想着,阿慧真的有些困了。

她听着电子报站的声音,耷拉着脑袋,这时,她隐约感觉到有一双略微粗糙的手牵住了自己,而昏昏欲睡的脑袋,不自觉地落在了对方的肩上。

这么久没见

✿水生烟

1

江宸宁工作的研究所在一座临海城市的远郊，绕过一座座山，又沿着海边走了很远，陈桉觉得双脚都坐麻了的时候，大巴车终于停了下来。

彼时日照西斜，辉照倾而入海，视线里波光荡漾、碎金万顷。这一路上，陈桉都在暗暗给自己打气：做人嘛，要像小饼干一样干干脆脆，谁先上前一步，又有什么了不起？毕竟人生短暂，一直叽叽歪歪下去，会很容易错过。

而此刻，她看着末班车摇摇晃晃驶离，想反悔似乎都没什么余地了。

门卫师傅很客气，陈桉说了要找江宸宁之后，二话不说便打了电话给他。

门口栽了两棵榕树，不知长了多少年，树冠枝枝丫丫间几乎相连。陈桉抬头望着树叶在微风中簌簌抖动，掉落满眼的光斑，再回神时，就看见大步跑来的男生。仍是短短寸发，戴着无框眼镜，整个人清瘦干净。因为出来得急，白大褂还穿在身上。

一瞬间，陈桉仿佛看见了当初的少年。也是这样的黄昏，晚风轻柔扑面，天边铺满了漠漠黄云，只要她等在实验室门外，他就会大步跑出来。只是一转眼，时间就已经过去了整整两年。

像是从深睡的梦中醒来，江宸宁用力眨了眨眼睛，欢喜和慌张交缠着从眼睛里溢了出来。

陈桉吞吐了一下："我……来这儿出差，顺便看看你。"

谎话说得干巴巴，江宸宁却用力点了头。

"热坏了吧？这里的夏天就是这样，又潮又热。"他一边接过她的背包，一边说，而额头鼻尖全是汗的那个人，分明是他自己。

江宸宁带陈桉去了宿舍，想要倒杯水给她，杯子已经拿在手里，才发觉那是自己用过的，他不好意思地冲她笑了笑："等我一下，我出去给你买水。"

"我不渴！"陈桉赶忙说，发觉两人都有些慌张无措，说完也就笑了，"你先去忙吧。"

江宸宁点点头，风风火火地出门，没一会儿又跑回来，不知被谁打趣，脸颊耳根红成了一片，陈桉不去看他，垂眼装作查看手机消息。

他说："找管理员给你开了间客房，我这里有点乱，不知道你会来，所以……"

陈桉在客房里睡到天将落黑，恍惚听见走廊里有人在叫江宸宁的名字，说快来餐厅吃饭，女朋友来了，特意加了菜。

陈桉起身穿好衣服，接着房门便被敲响了。

餐厅里，厨师对江宸宁说："不知道你女朋友喜欢吃什么，就另外做了两样你喜欢的，估计你们俩的口味不会差很远。"

加菜是水煮肉片和沸腾鱼，泛着滚烫的红油，香气四溢。陈桉惊讶地看着江宸宁，她是四川人，江宸宁却是北京人，那两道菜是她的心头好，从前他们一起吃饭时，他总是勉为其难陪她，被辣得满头大汗。

迎着陈桉的目光，江宸宁笑了笑，却没有说出更多的话来，只说："吃饭吧。"

其实他想说的话很多，比如这两年，他把她喜欢的东西都尝试了一遍——她喜欢的作家和小说，她在微博上提到的电影和音乐，以及重走她去过的地方……他练习吃辣，到如今无辣不欢，也不过是因为，他想象着，会有和她一起吃饭、一起吃每一餐饭的那一天。

江宸宁不说话，却被水煮肉片的辣味呛到了，咳得满脸通红，眼泪汪汪。

陈桉将水杯向他面前推了推，迟疑着要不要替他拍一拍后背。他们的座位不远不近，像两年来两人之间的距离，明明对望，却又自设藩篱。

迟疑了一会儿，陈桉终于伸出手去。奇怪的是，紧捂着嘴巴咳嗽的江宸宁竟同时倾身向她靠近了一点，肩背恰好伏在了她的手底。

2

晚饭后，江宸宁开车带着陈桉出去兜风。一个多小时后，他们到达了一个旅游小镇。他告诉陈桉，夏季里，这里每夜都会举办篝火晚会，有时还会燃放烟火。

到达时，篝火晚会已经开始了。在退潮后的海滩上，人们手牵手围着火堆唱歌跳舞，火苗温柔舔舐着木柴，映红了半边夜空。

"要不要去？"江宸宁问时，陈桉摇了摇头。

他想再说什么时，"砰"的一声，大朵烟花在空中炸开。陈桉被吓到了，身子猛地一抖。江宸宁伸手捂住了她的耳朵。她木木地呆立了半晌，才仰起脸看他，而他正仰着脸看向半空。

烟花足足放了二十多分钟，陈桉的泪水落了满脸。

吃过了烤海鲜，也放过了孔明灯，回去时，已经是深夜了。一路上两个人仍旧没说什么话，好久没见，却谁都不敢提起重点——从前、现在，以及横亘在中间的那些想念。尽管它们就像藏在布袋里的麦芒一样，早已呼之欲出。

当初太年轻，分手时的姿态决绝到不留余地，各自想起时早就后悔不迭。而错过这两年，想来总该成熟一点了，就像植物在季节里生长、灌浆，继而颗粒饱满那样。

直到江宸宁将车子停好，陈桉终于开口："我明早坐第一班车回市内。"

江宸宁沉默了好一会儿，才说："不能待久一点吗？哪怕就一天？"

如果，你肯待久一点，或许我就可以将我的心事编织成语言，慢慢地说给你听。

陈桉没有回答，却说："有一件事，我一直想问你。"

"我没有喜欢过冯诗诗！"江宸宁冲口而出。

"不是这个。"陈桉笑了，眉眼温柔，"我是想问你，那本新海诚的《言叶之庭》，为什么会少了两页？"

"我撕的。"他轻声说，"等了这么久，你终于肯问我了……"

撕下的书页上，有这样一段话：要变得温柔和强大，就算哪天突然孤身一人，也能平静地活下去，不至于崩溃。

他们分手那天，陈桉用这句话发了微博。第二天，她去他那里带走了自己所有的东西，包括那本书，几天后，她才发现缺了两页。

"为什么？"她问，"你明明知道我喜欢，还撕？"

他蓦地抬眼，目光亮若辰星："因为你不会孤身一人……"

陈桉瞪了他一眼："两年了，你现在才和我说这个？如果我不来，你是不是永远默然不响？"

"是啊，两年了，可是你的眼光还是这么差劲！"江宸宁看着她，缓缓地说，"你喜欢的人啊，总是话不多又词不达意，满肚子的心事却愣是说不出来。"

陈桉没反应过来："我喜欢的人？谁？"

"我啊。"江宸宁笑了，轻声说，"我也一样，一直忘不了你。"

陈桉红了脸："少自恋了，呸！"

3

陈桉和江宸宁产生交集，是在大二春天的一个周末。书店里，她踮脚去够书架上层放着的小说《言叶之庭》。书们挨得紧密，她试了几次都没抽出来。一位男生走过来，抽出一本递给了她。

陈桉转过脸，发现这个男生她认得。

她道谢时，男生没有应答，连目光也没有向她看一眼。室友说得对，这人还真是一副目无焦点的冷淡模样。眼见他转身走出了三五步，陈桉提高了声音："谢谢你，江宸宁！"

江宸宁讶然回头，看清了面前的女孩：黑白条纹T恤，领口露着好看的锁骨，一条烟灰色背带裤松松地裹着瘦长笔直的腿。她抱着那本《言叶之庭》，目光如同深秋静澈的湖水，却又藏着笑意的漾漾波纹。

江宸宁垂下眉眼，耳际漫上了一抹轻红，继而向整张脸扩散。

是陈桉先追求江宸宁的，而他太好追了。他话不多，陈桉说话时，他总会专注地看着她的眼睛，仿佛她描述的场景就在她的瞳仁里重放一样。他们一起吃了两顿饭看了两场电影之后，她问："你有女朋友吗？"他摇摇头。她又问："那我做你女朋友吧？"他说："好。"又说，"你是认真的吗？可不能反悔！"

陈桉觉得他后面这句话说得太可爱了，忍不住笑弯了眉眼，说："不反悔！"

那年暑假，他们去了一次鼓浪屿。最后一天，陈桉累了，不想出去玩，午睡之后迷迷糊糊不想起。江宸宁从外面进来，以为她睡着，就轻手轻脚地走到她的床边。他拿出一条手链，小心翼翼地想要给她戴上。好不容易穿过了手腕和床单的空隙，却扣不上手链接扣，只好蹲在床边低下头去研究接扣的构造，又一不小心将手链带到了地板上。

陈桉忍着笑，装模作样地翻了个身，将胳膊搭在被子上，让手腕悬空，他才终于将手链给她戴上了。陈桉眯着眼，看他端详着她的手，脸上的笑容那么明亮，那么温柔。

又过了一会儿，陈桉爬起来，装作很惊喜的样子看着腕上的手链，而江宸宁坐在窗边的藤椅上，笑容得意："喜欢吗？"

陈桉点头时，他说："没多少钱，不过以后你可以用它来跟我换点儿别的。什么都行，比如项链、戒指，或者我……”

两人闹分手时，陈桉将手链扔出了一道闪亮的弧线，气得他一下子白了脸。他说：“你是我的女朋友，为什么不把自己还给我？”

很久之后，陈桉才明白，这是多么直白的示弱啊，可是当时她却听不懂。她红着脸红着眼睛冲他吼：“让冯诗诗做你的女朋友好了，反正你那么好追！”

江宸宁的脸色白了又红，觉得自己就快气炸了。

那年秋天，因为一项实验课题，他每周只能陪陈桉吃两顿饭，而冯诗诗是实验室的组员，他不能陪陈桉一起吃的饭，大抵是和冯诗诗他们一起吃了。某一天晚上，陈桉和室友出门宵夜，恰好遇见了江宸宁和冯诗诗，据说还有旁人，但当时陈桉看见的，只是他们两个坐在一起，正讨论着什么，看起来热火朝天。

陈桉一下子就变成柠檬精了。她向江宸宁冲过去时，两个室友都没有拉住她的胳膊。

4

新闻专业的陈桉，因为与江宸宁没有专业上的交叉点，分手后就很难再见了。只是，她始终没有删除任何一条与江宸宁有关的微博，包括那些当时看来如蜜如糖如果酱，后来再读却如同山楂柠檬老陈醋的长文。

那些回忆，不是沙滩上留下的足迹，海浪冲刷便可以抹去——就算可以，她也不舍得。

两年后的夏夜，陈桉扭头要走，江宸宁却攥住了她的胳膊：“你说我好追，可你知道我为什么好追？因为我喜欢你，我想和你在一起。”

陈桉一下子愣在了那里。夜空璀璨，星光漫天，她的脉搏在他的掌心里突突跳动，他说：“我仍旧很好追，你要不要再试试？或者，我追你？”

“我……我想想。”陈桉别别扭扭地说，一点儿都没有小饼干的干脆，心里却很甜很甜。因为她确定了，在彼此心上，他们别来无恙。

第二天早晨，站在榕树下等车的陈桉，肩上的背包带子被江宸宁攥住了，他说：“能不能不走？”

“松手，被同事看到会笑话你的！”

他不理，却低声问：“昨晚你为什么不肯和我一起去篝火旁跳舞？当时我以为那样就可以理直气壮地牵你的手。你说，像我这样的被动型男友，是不是活该单身狗？”

“还挺押韵。”陈桉没忍住溢出嘴角的笑容，却推了他一把，“你松手！”

他退了一步，手却仍旧攥在包带上。陈桉看了他一眼，轻声说：“要不，你换个别的什么握一握？”

江宸宁终于福至心灵，手垂下去，攥住了陈桉的手，声音也跟着温软下来：“这么久没见，我好想你。”

不远处，大巴车缓缓驶近。好在沉默经年，终于在暂别的前一刻，将心事聊到了重点。

大榕树的光斑摇摇曳曳，落了满身满地，一时竟分不清是树影还是人影，像是两个人的身体里也长出了树叶与枝丫，喜悦明亮、安静却又飞扬。

你在我脑海里光芒万丈

✽陈若鱼

1

北京下雪的那天，孟小诗再一次丢了工作。

她灰溜溜地抱着自己的物品，走到五道口去挤回家的地铁，雪很小，但还是白了她的头发，她望着路过的橱窗，不知不觉就停了下来，她看着玻璃里倒映出的自己，许久之后，想起的人却是赵西烈。

因为她蓦地想起，曾经有一次她和他也在这样一面橱窗下走过，她还记得自己对着玻璃悄悄理了一下被风吹乱的头发。

那一刻，她忽然发现联想是多么可怕的东西，两年前他刚离开北京那会儿，她总是会因为生活中的某些细微的事而想起他，哪怕只是同一个牌子的香烟，她也觉得如此熟悉。

那时候她还有点少女的情怀，在笔记本上写着：

他离开的脚步走在我的心上，从北京到上海，给我留下1208公里的伤心。

2

晚上，孟小诗请室友去吃螺蛳粉庆祝失业，对方连连拒绝。

“每回你失业都要吃螺蛳粉，你放了我吧。”

室友说完跟异地恋男友煲起电话粥，她一个人坐地铁去几公里外的蓟门桥。

她站在地铁口，北京十二月的晚风吹得脸疼得像刀子在脸上划。

早上开会的时候，她被主管毫不客气地开除，原因是不尊重客户。她越想越气，对着空气说：“难道还要我对一个对我动手动脚的人嬉皮笑脸吗？我只不过用高跟鞋踩了一下他的脚而已。”

这些话，原本她是想跟室友吐槽的，可现在只能被吹散在风里了。自从赵西烈离开以后，再也没有一个人会和她一起义愤填膺了。

孟小诗愣了一会儿，突然就落了泪。

认识孟小诗的人都会说，这姑娘不错，就是太直，口无遮拦。她所有的喜欢与讨厌都是摆到面儿上的，所以她容易得罪人，大学毕业后实习的时候，她得罪的第一个人就是赵西烈。

那时，她刚入职三天，主管给她一份策划书让她分析优劣，她当着一桌子人的面儿把赵西烈的策划，损得一无是处。

赵西烈自然面子挂不住，在心里以为跟她结下梁子的时候，第二天一早在公司楼下碰见她，孟小诗又眉开眼笑地夸他一句：“赵西烈，你今天这件衬衫真不错。”

而赵西烈想的却是，这姑娘笑起来可真好看啊。

从那天开始，赵西烈对孟小诗就再也讨厌不起来了，当部门里有人说孟小诗简直EQ为0的时候，他也只是埋头喝咖啡。

他想，她只是忠于自己的内心，这样的姑娘永远都不会成为生活的傀儡。

3

世界上虚伪的人太多，容不下任何一个真实的人，一个月后，整个公司不与孟小诗为敌的就只剩下赵西烈了。

赵西烈爱吃螺蛳粉，那时候北京还只有一家正宗的柳州螺蛳粉，去吃的人可以排到蓟门桥台球馆，而孟小诗正巧就住在那附近。他帮她跟同事化解矛盾，她就帮他排长队，然后两人一块儿吃螺蛳粉，然后一同散步去体育馆。

赵西烈只大孟小诗一岁，除了性别跟她相反以外，有许多的相同点，都是浓眉大眼，笑起来一口大白牙。路过天桥的时候，孟小诗被白胡子的卜卦大爷一把拉住说："姑娘啊，你们很有夫妻相，你将来一准儿嫁给他，就给我五块钱得了。"

后半句画风转得太快，孟小诗忍住笑对卜卦的大爷一脸严肃地说道："他是我舅舅。"

卜卦的大爷一愣，去拉别人了。

孟小诗一瞧赵西烈，在昏黄的灯光下，他竟然红了脸，还嘟嘟囔囔地说了一句："现在算命的都这么主动了。"逗得孟小诗哈哈大笑。

孟小诗和赵西烈被人群推着走下天桥，北京城拥挤的街道，把她的手总是无意间推到他的手边，在十月的秋天里，有温暖的触感。

孟小诗当时突然冒出一个念头，对赵西烈说："做我男朋友吧。"

她说出口了，只是声音太小，赵西烈回头问她刚才说了什么。

她看着他的眼睛说："螺蛳粉真好吃。"

4

孟小诗在公司除了人缘不好，工作上算得上不错，少年得意自然轻狂。可那天，她一句话惹怒了主任，被叫进去训了半天后，让她辞职走人。连外头的赵西烈都听见了。

可最终，孟小诗还是留了下来。原因是，一向傲娇的她竟低着头跟主任承认了错误，还发誓以后在公司会谨言慎行。

主任考虑到她的工作能力，勉强答应了。

下班以后，赵西烈请她去王府井吃饭，他想这么骄傲的姑娘心里一定憋了一肚子的委屈，可那天孟小诗却没有抱怨一句话，还一口气吃了他一个月的水电费。

吃完饭的孟小诗，望着夜灯如昼的王府井大道说，长到22岁，她终于知道什么叫委曲求全。

赵西烈问她为什么。

"因为我傻啊。"

她没说完的是，她喜欢看赵西烈坐在办公桌前皱着眉头写方案，咬着笔杆焦头烂额的模样，她喜欢看他每天早上意气风发地从地铁站走到公司楼下，每次讲方案的时候紧张成大舌头。所以她不想离开。

赵西烈送孟小诗回家，两人边走边谈天。

孟小诗说，她一点儿也不适合职场，等她赚够了钱就回浙江开一家小店，了此余生。

"什么样的小店？"

"什么店都行，赚了钱就开车去上海混。"孟小诗说完，自己乐了半天。

赵西烈看着她笑，若有所思地看了看北京的高楼。北京多贵啊，就算在五环外开一个店也跟买房付个首付一样难。

5

孟小诗生日，赵西烈特地请假陪她。两个人都是刚交完房租，两手空空没钱庆祝。

"不如，去我那儿吧。虽然简陋，但是有暖气，我还可以给你煮一碗长寿面。"

赵西烈说这句话的时候，并没多想，孟小诗也是单纯得可爱。可是当吃完长寿面后，狭窄到十平方米的半地下室，两个人突然就显得拥挤起来，连呼吸都听得见。

气氛变得尴尬起来，但孟小诗又觉得有一种暧昧而朦胧的快乐。她感觉那天晚上赵西烈想说什么或者想做什么，但最终什么都没说，也什么都没做。

夜里十一点半，下起雨来，赵西烈局促地站起身送孟小诗去搭最后一班地铁。一路上，孟小诗都有一种想要留下来的冲动。

在地铁口，孟小诗在花坛边发现一只黄色的小奶猫，在十一月的寒风里叫得可怜。赵西烈见她犹豫，就把猫捡回家了。

许多人在北京都爱养猫，因为孤单，但没有在北京扎稳脚跟的人，离开之前就会把猫抛弃，所以北京的流浪猫特别多。

赵西烈别有用心地对孟小诗说，这是他们俩的猫。

6

孟小诗喜欢赵西烈，公司很多人都看出来了。

但所有人都抱着看笑话的态度，甚至有人说，谁会摊上个这么不懂事的姑娘啊，孟小诗觉得是时候跟赵西烈表白了。

她想她的表白怎么也得比方案有创意，所以她决定光棍节那天表白。

可是，在十月的最后一天，孟小诗突然得知赵西烈要被外派去上海分公司，孟小诗冲到他办公桌前，直截了当地说："赵西烈，我喜欢你。你还要去上海吗？"

赵西烈被她吓了一跳，好一会儿才回过神，他看着眼前的孟小诗，良久说了一声，对不起。外派对于新人来说，就是考验和提拔，任何一个想要往上爬的人都不会放弃这样的机会。只是孟小诗以为，她于赵西烈来说是有那么一点特殊的，可现在，她什么也不敢想了。

赵西烈走之前请孟小诗吃饭，她没有赴约。

她再去公司的时候，桌上放着一只猫笼，那只小黄猫可怜巴巴地望着她。她叹了口气，把它带回家。

三天后她辞职，回家发现它不见了。

7

孟小诗吃一碗螺蛳粉，吃得泪流满面。

当年赵西烈去上海以后，她一赌气就删掉了他所有的联系方式。那时，她有少女的一往情深，也有少女的自尊心，她不会刻意去找他，他也就真的从她生活里消失得干干净净。

两年过去，她的自尊心渐渐弱下去，爱意越发显得深厚，她甚至想过去上海找他，可是，听说他去上海不久就从分公司辞职了，下落不明。

有一次，她跟同事聚完餐路过那座天桥，白胡子的卜卦老头还在，她上去抓住他的袖子，发酒疯一般，边哭边喊："你不是说我会嫁给他吗？你不是说我们有夫妻相吗？"

老头被她吓了一大跳，"他不是你舅舅吗？"

这回换孟小诗傻住，其实她只是想发发脾气，她以为天桥上人来人往，老头根本不会记得她是谁，可没想到他竟然还记得她那时说的话。

她一瞬间清醒过来，灰溜溜地逃走了。

孟小诗吃完螺蛳粉，一个人走去天桥，老头竟然还在那儿，她走过去跟他说了一句对不起。

老头抬眼看了看她，幽幽地说："你们怎么一个前脚来一个后脚来？"

"你说什么？"孟小诗问道。

"你舅舅啊。"老头一脸嘲讽地说，"他每天都来问我，有没有见过他外甥女。"

老头说赵西烈五分钟之前刚刚来过，孟小诗整个人都精神了，朝着老头指的方向狂奔而去。

北京的第二场雪，下得纷纷扬扬。

孟小诗边跑边喊赵西烈的名字，把北京的冬天都喊热了。

8

孟小诗是在一公里外的橱窗外找到赵西烈的，还有他怀里的猫。

他穿着老土的黑色呢子大衣，看起来再也不像不谙世事的学生，有几分生意人的气质。

孟小诗远远跑过去，扑进他怀里，都没问一句，他是不是为她而来。赵西烈抱着怀里的孟小诗，差点落下男儿泪，他说他到北京一周多了，一直没找到她，但却找到了小黄猫。

他说，他去上海本来就是为了赚钱，过去不久，就有个亲戚要在上海开公司，他就辞职跟亲戚创业去了。他用了两年的时间，学会了上海男人的小气，终于攒够在上海开店的钱，所以他就回来找她了。

孟小诗抬起头，对着橱窗整理了头发，然后又哭成傻瓜。

"我以为，你会忘记我的。"

"不会，你在我的脑海里，光芒万丈。"

喜欢是不会有奇迹的

风萧蓝黛

1

16岁的苑嘉怡早恋了。

嫂子为此专门请了半天假，哥哥早上的会推了，爸、妈停止晨练。我也被喝令回来。全家动员商量对策。

家庭会议从早上八点开到十一点，翻来覆去说的是成绩下降、孩子年幼无知、青春期的叛逆以及明年就要面临的中考。后来话题又转移到我身上，问我为什么还不结婚。

“你想要什么样的？你从23岁开始挑，挑到32岁，到底什么样是合适的？”

爸爸声音无限变大。

“一定要去个举目无亲的地方,找个不知根不知底的才叫合适?”

“行了,你少说两句!”妈妈的制止声和我的甩门声同时出现。屋里还传来爸爸的咆哮:“她32了,咱们家16的谈感情,32的没感情……”

我的心情一下子坠到了低谷。

我叫苑薇,32岁。

我在城郊经营一家花店,养了两只巴西龟,在这个城市三点一线地生活着。

哥哥发信息给我:“别和爸生气,他就是着急。嘉怡那里还是要你去做工作,她和你最亲近也最听你的。你找她谈谈。”

2

嘉怡长得和我最像。

大眼睛,头发微卷。身材也是瘦瘦小小的。笑起来的时候翘嘴角,有梨窝。

这样的女孩,怎么会不招男生喜欢?

“小姑,看到你我真松了口气,我知道你们要谈什么,可是我怕不是你和我谈。”小妮子鬼精鬼精的,喝着奶昔,对我吐舌头。

“喜欢一个人是件特别开心的事吧,但是你们遇到的时间太早了,所有的开心都要付出代价。”

店里放着一首轻快的歌,屋外的阳光正好,我真不愿意在这个时候谈那些煞风景的话。

“我俩说好了,一起考一中。不过我成绩本来就不是很好。”她用手支着头,“我怕我努力了还是没考上,但是他说我考不上也没关系,我们就分开读三年,然后考同一个大学,要是我还是……也没关系。不过小姑,其实我想试试,万一考上了呢,你相信真爱和奇迹吗?”

“喜欢和真爱是不一样的,喜欢可能是因为他眼睛里有星辰,因为他篮球打得好,感觉跟他一起很开心。爱可能是他的眼睛很小,个子也不高,脾气臭得让你烦,却一直想着未来要和他在一起。喜欢是不会有奇迹的,因为喜欢很容易就变成不喜欢了。真爱是有奇迹的吧,因为必须是他呀。”

“那我和他就是真爱。”

“真爱不是说的,你能考上一中,我就相信是真爱。”

“用奇迹见证真爱,可以呀,打赌呀。”

“好呀……”

3

我住一楼,有一个小院子,依着栏杆,种了几株蔷薇花,粉紫,鹅黄,开得甚好。小扶梯两侧都是盆栽的茉莉。挖了一小块地,种了蒜苗和圣女果。雨季我会撑开大大的蓝色遮阳伞,一个人坐在院里看雨。

哥哥打来电话:“谈得怎么样?”

“看她成绩有没有进步,你和嫂子多关注。”

“我问的是她和那个男生,她答应断了吗?”

“人的精力是有限的,她用心学习了,自然没时间想别的了。”

“今天回家吃饭吧。”

“过两天吧。”

“你别生爸气。”

“我知道。”

“其实爸也后悔过,如果当时同意你去重庆……”

“哥,我这边信号不好,我先挂了。”

是的,当年,我喜欢过一个人。

他叫张信春,长得不高也不帅。说话的声音也不是特别动听。他没有什么钱,工作也一般。但是我和他有说不完的话。

我们一个在重庆,一个在河北。

对于未来我们曾经聊了很多。说好的,一起盖一所房子,养彼此喜欢的花,一起看日出日落,年轻的时候,脸上都是朝气,说起什么都是好的。有时候隔着长长的电话线,彼此听对方的呼吸声,心里都是快乐的。

4

再去爸爸那里,是两个月后了,嘉怡闹脾气,不开门。妈妈给我打电话求救。

我进门的时候,家里人都围在她门口,爸爸看见我，嘟囔了句“大的小的没一个省心的”，便狠狠地关上了自己的房门。

嘉怡还是放我进去了，明显哭过，眼睛肿着，被子上湿了好大一片。

我不说话，坐在旁边。她还是和我说了事情经过。

无非是他约她周末看电影，她去了刚报的补习班，没有去看电影。她觉得自己和他说了理由他应该理解鼓励她。他觉得眼前也很重要，看看电影，放松下也没什么。

“小姑，你不知道一道题，他解起来很轻松，我想半天都想不明白的时候有多沮丧。他干吗和我吵，还不理我。”

时光交错，我在她身上仿佛看到了我的影子。

“那怎么办呢？他是有点没风度了，要么分开算了。”我摸摸她头，平静地说。

“不行，不行，等他想明白就好了，明天他就理我了。”小女孩抱着抱枕，眼睛里都是泪花。

5

北方的夜晚会有风，路灯下的影子总是被拉得很长。哥一直劝我少抽烟，他不知道我吸的时候很少，只是喜欢点着闻。

20块的紫云，是张信春喜欢抽的烟。

年轻的时候不知道，一个人，其实不会消失不见的。即使不联系，你身上还是会有很多他的影子，比如养了很多年的石生花是他在网上订了送你的，比如某天朋友给你拍樱桃花开的图片，你会恍惚想起，某年樱桃上市的时候他的红包和信息。

还有街上与你擦肩而过的某个人，和他的背影极为相似。某次外出吃饭有人点干锅田鸡肉的时候，也会想到这是他最爱吃的一道菜。

嫂子送我的时候陪我走了一段，一直在念叨：“你不知道这孩子多傻。那天她奶奶巴巴看着她五点半起来，自己用水煮了两个鸡蛋放书包里。偷偷摸摸地，以为是煮粥，水开了才放，溅起来的水花把手都烫红了。”

她又说：“她哪里进过厨房，如今像着了魔一样。”

“不是自己主动报了补习班，成绩也有点小进步吗？心里有学业就好，慢慢引导吧，一下说重了，适得其反呢。”我安抚她。

“薇薇，你是傻过的，你二十多岁都过不去，嘉怡才十六岁，你一定要好好劝劝她，你的话，她是听的。”嫂子抓着我的胳膊说。

“嗯。”

那时候，张信春也喜欢叫我傻瓜。他发信息的第一条总是：“傻瓜，我在地铁上了，今天人又超多。”

因为他，我知道了重庆这个城市的点点滴滴。

6

白天里花店不忙的时候，我会把一部分多肉拿出来晒太阳，一盆盆搬出来，放在店铺前面的台阶上，大大小小，各种颜色。

养多肉的盆子多是陶质，简单、古朴，每个都是我喜欢的样子。多数时候会有人在旁边看看，也有推开门问价格的。日子在这里格外平和，没有爱情的我并不孤独，我常常坐在柜台后面抱着公仔看小说，有时候也用手机看韩剧。

嘉怡是哭着跑进来的，看来生了大气，进来的时候还狠狠撞了下门口的小风铃。“小姑，你管不管呀，我妈在家里翻我的东西，把他送我的好多东西都拿走了，还说下学期联系好了给我转学。”

她来来回回地在店里打转，嘴里嚷着“你们怎么能说话这么不算数呢，我模拟考比上两个月进了七个名次呢。”

我拉她坐下，一时间也不知道怎么安抚她的情绪。

“小姑，爷爷也镇压过你，你忍心让我和你一样，对感情失望吗？”

“嘉怡，我首先想纠正你，我没有对感情失望，即使我的感情里有不如意，也不是因为你爷爷。”

那场战争，我想一定给嘉怡留下了深刻的印象，那个周末的午后，我收拾了巨大的行李箱，拎着我的吉他，揣着自己攒的一万块，告诉父母，我要去重庆。不管他们反对不反对，我都要去找那个我最爱的男人。

母亲拼命抱着我的腰不让我离开，爸爸气得拿杯子砸我，小小的嘉怡站在沙发后面愣愣地睁大眼睛。

“要不是爷爷犯了心脏病你肯定就去重庆了。”嘉怡说，“现在我妈也这样，一吵就头晕，心口疼，可是我们只是互相喜欢，想以后在一起，我们怎么了？”

其实，我想说不是嘉怡想的那样，要去重庆的时候，我们之间已经不是那么完美了，那时候我们经常为一些小事争执，冷战，在电话里咆哮着指责对方然后相对哭泣。我想好好挽回这段感情，我认为我们最大的问题是距离，只要在一起，爱情就可以生长得很好。

“嘉怡你不知道，在去重庆之前，我买了他喜欢吃的海椒，精心烹制后发现，原来辣得我根本下不去嘴。我去网上看重庆话，才发现没有天分的我很多都听不懂，更不要谈学了。”我想到此后一个人在那个陌生的城市，没有朋友、父母、亲人，只有他，我以为我可以不怕，但是我真的很害怕。是爸爸的病给了我一个退缩的借口吧，让我瞬间溃不成军。爱的最初，我们以为有爱什么都可以克服，那些都不是问题，后来我们才发现，其实问题一直在，只是浓重的爱让它在某个阶段变得微不足道了。”

“小姑，我们可以的，你们做不到的凭什么认为我们做不到，我俩能一起考一中，一起考大学。”嘉怡说。

“如果有永远在一起的决心，短暂的离别又有什么？转学了更有助于你专心学习，你们可以约定好一起考一中。你做到了你妈妈才会看到呀。”

“嘉怡，在秦皇岛火车站的台阶上，我也曾经和你一样，紧紧抱着膝盖，哭得歇斯底里。可是等你长大了你就会知道，哭泣什么也留不住。如果你想要得到一件东西，求而不得的时候，可以先学会放下，如果兜兜转转他还能回来，他就一定是你的。”

7

后来嘉怡还是转学了，据说周六的时候那个男生经常去补习班陪她补习。

再后来她毕业了，我看到他俩拍的毕业纪念照，一副青春洋溢、金童玉女的样子。留言册上男生写着：希望我们的理想始终如一，高中三年加油！

年轻真好啊。

其实分开的三年后，我去过重庆，去过张信春常常和我聊起的那个公园，去过他居住的小区，我甚至偷偷地看到过他和他妻子在夕阳下散步。

如果当年爸爸没有犯病，或许他娶的是我吧？我也曾为自己的退缩后悔遗憾过。爱情就是这样，开始的时候觉得抓住了，中间觉得失去无非是痛一下，错过之后又发现，原来我是真爱他，可是我当年的退缩与反悔，又诠释了我的不爱与胆怯。

爱情始终是矛盾的。如果我当初和张信春在一起，如今也不知道会是怎样。我无法演绎“如果”，只是想，人的选择注定了一种结果，但这种结果不一定是不好的。

只是在黄昏或清晨，我常常会想起，那个居住在重庆的，叫张信春的男子。

我曾经不勇敢地爱过他。

有一些离别已经发生

苏小城

哪里需要哪里搬

为了接待有洁癖的爸妈，我仔细地刷洗了卫生间的每个角落。然后在洗脸池底下的最里面，我捡到一个烟头，不用想也知道是软玉溪。在过去的三年里，贺伟每次来我家都会偷偷躲到厕所里抽烟，我骂过他无数次，但他嘴一撇，满脸委屈地说："抽烟又不犯法，何况是在自己家里！"

"什么叫自己家，这明明是我家！"我白他一眼。

他就在旁边得意地笑，也不接我的话，往沙发上一躺，颇有点赖着不走的架势。

贺伟是我同事，在我们那个小公司里，他做着司机加保安加接待加维修的工作。简单来说，他就是革命的一块砖，哪里需要哪里搬。所以办公室里总是有人叫着他的名字。

我负责活动策划和道具安排，公司需要拍产品，我就拉着贺伟去各种店铺借东西。我口才还行，大学时拿过辩论赛冠军，所以当我把我们公司要拍的产品吹得天花乱坠的时候，贺伟就在后面戳我的背，小声嘀咕："太夸张了！"

我一点都不想理他，要是借不到这件衣服，我这个月的奖金就没有啦！终于，在我滔滔不绝地说了半个小时之后，美女老板答应将这件镇店之宝——手工串珠的毛衣借给我。

回去的路上，看到一家火锅店开业，门口的牌子上赫然写着"买一送一"。于是，我和贺伟最后撑到想吐，一埋单，五百多，我理直气壮地问："不是买一送一吗？"

服务员笑着说："是啤酒买一送一，你们一瓶啤酒都没买哦！"

贺伟一个人付了钱，我说要跟他AA，他叹了口气说："算了算了，今天我过生日，肯定我请啦！不过礼物我等着哟！"

"好，记着！"

可惜的错觉

爸妈从湖北老家给我带了一堆腊货，我其实没敢告诉他们，我每年从老家背过来的东西都分给同事们了，我自己很少开火做饭的。倒是贺伟经常来我家做饭，他人虽然笨了点，但手艺还是不错的。他经常说他们重庆除了盛产火锅，还有伙夫，就是厨子。

贺伟见了那些腊货，像是见到了宝，仔仔细细地研究，一边看一边夸。接下来的两个月里，我吃到了各种做法的腊肉。说真的，我长到这么大，还是第一次像吃料理一样吃腊肉。贺伟太厉害了，要是他长得帅一点，我一定非他不嫁。

话说回来，他还真不是我的菜，我喜欢河正宇那种单眼皮的大叔。每次看他的电影，都像跟他谈了一场恋爱。贺伟的眼睛特别大，还是内双，看人的时候总觉得不真诚。之所以跟他走得近，还不是因为他有一辆马自达，每天蹭他的车，一个月还可以节约两百块车费。

贺伟住我隔壁小区，房子很破，但好在停车方便，还不收钱。他住的地方没有厨房，所以只好来我这里大展身手。后来我才恍然大悟，他这么勤勤恳恳地来做饭，并不是要讨好我，而是讨好我的室友尹惠子。

尹惠子是江苏人，口味清淡，却又不好意思讲，所以每次都只吃一点点。贺伟总把盘子往她面前推，我赶紧打圆场："尹惠子在减肥呢，给我吃，我不怕胖。"

"你才应该少吃点吧，你那么……"见我瞪了他一眼，他没敢把话说完。

我承认我有点胖，但胖有罪吗？如果没有的话，为什么我要少吃一点？

吃完饭，我去厨房洗碗，好留给他们单独相处的机会。比如他可以陪着尹惠子看看综艺节目，或者邀请她一起下楼散个步。可贺伟就是个尿包，不但不敢单独和她相处，还非要钻到厨房来指指点点："这个锅要洗两遍，碗要放到沥水篮，盘子要收好！"说着说着就自己动起手来。以至于后来他不但要做饭，连洗碗也全包了。换我和尹惠子窝在沙发上看美剧。

偶尔瞥见厨房里忙碌的贺伟，看他认真地洗碗，我会生出一种"可惜"的错觉。

喜欢就躲起来

我和尹惠子聊起过择偶标准。她说她喜欢金城武那一款的，长发飘飘的文艺男。我想了想贺伟留着一头长发的形象，对不起，我不厚道地想笑。

尹惠子在一个美术机构上班，她是油画专业毕业的，房间里挂着好多画，虽然我看不懂画技，但上面的人都是同一个，留着长发的文艺男。

我问过尹惠子那上面的人是谁。

尹惠子笑笑："以前我们学校的模特，是不是很帅？"

"是你的菜。"

"他可是我们系最有才华的，不过后来他因为打架辍学了。"

我没有问她和那个辍学的长发男之间到底有什么过往，不过从她的眼神里可以看出，一定有着不寻常的关系。

尹惠子从毕业之后就一直住在这里，我是在网上看到她发帖招室友才找过来的。租金不贵，她还经常要出差，所以相当于我一个人霸占着整个房子。当然，后来多了个时常来串门的贺伟。

他旁敲侧击问我尹惠子什么时候回来。

"你不是有她微信吗？自己不会问？"

"我不好意思。"

"想收买我？"

"收拾你还差不多！"他气鼓鼓地起身去厕所了。

这种时候，我知道他又要去抽烟了。想到他刚刚给我做的咖喱饭，我就当睁一只眼闭一只眼吧。但我没跟贺伟讲，其实不是我讨厌烟味，而是尹惠子。她有几次跟我提到过贺伟抽烟的事，所以我才不让他在屋子里抽烟。

我准备找个时间跟他谈谈，喜欢一个人就要说出来，而不是躲起来。

越是觉得于心有愧

尹惠子出差回来之后，我约了个饭局。那天正好是我生日，我在附近的川菜馆订了一桌。贺伟难得穿了正装，平时看他吊儿郎当惯了，一下子正经起来反倒有些不习惯。

席间大家都喝了点酒，我转头对尹惠子说："其实贺伟人还是挺不错的，你要不要考虑一下他？"

话一说完，尹惠子和贺伟两个人的脸都红了。

我又继续说："你看啊，贺伟会做饭，又有车，过几年再买个房子，那不就很好了嘛！"

"周晏，你喝多了！"贺伟有点尴尬。

"我是有点喝高了，但说的都是实话，我看着你那个尿样，难受。"我边说边拿起一瓶酒。

后来是怎么收场的，我已经记不太清了。只记得醒来的时候是半夜，床边放着一杯水，手机里有贺伟发的微信：谢谢你帮我说的那些话，可我对尹惠子没那个意思。

什么鬼？我从床上弹起来，宿醉使得我整个头都要爆炸。

我一个电话打过去，贺伟很快就接通了。

"你不喜欢尹惠子，那你又跟我打听个什么劲儿？"

"我就随口问问，再说了，她是你室友，我就不能关心一下？"

"你没事瞎关心什么，害我这么尴尬。"

"我已经跟她解释清楚了，她没事，只要你没事就行了。"

挂了电话，我躺在床上反复琢磨刚刚的话，脑海里一直有个疑问：贺伟不会是喜欢我吧？

第二天醒来之后，他依旧来我们家，像往常一样，横七竖八地躺在沙发上看动画片，再趁我不注意偷偷跑去厕所抽烟。他做的饭还是那样美味，也还是认认真真洗干净每一个碗。

就好像什么都没有发生，也没有人觉得尴尬。

只有在睡不着的夜里，我会翻来覆去地想起贺伟那张并不英俊的脸。他越是若无其事，我越是觉得于心有愧。我理所当然地接受他的好，却无法给予他一丝一毫的回报。

我宁愿他喜欢的人是尹惠子，是任何一个其他女生，那样我才会毫无愧疚，心无旁骛地去帮他、安慰他、开导他，甚至是打击他。

有一些离别已经发生

尹惠子终于去了北京，去找她的长发模特了。走的时候，她说他们曾住在这里，当时他执意要去北京，她不肯，两个人吵架、分手，最终她一个人留了下来。但是她的心其实早就跟着他一起北上了，所以她现在要去寻找她那颗丢失的心。

这是属于惠子的故事，而我的故事是这样的。

送走尹惠子出来，天色阴沉。我坐在副驾驶位上，我和贺伟都一言不发。车堵在三环上，前前后后差不多堵了一公里。有人下车打电话，有人在唱歌，有人蹲在路边无声地哭泣。

"我也要回重庆了。"贺伟突然说。

"挺好的啊，现在重庆多火啊，那么多人都想去。"

"你会来看我吗？"

"会啊，我还没吃过正宗的重庆火锅呢。"

我别过头去，看着远方怅然产生。我也不知道为什么我会难过，是因为尹惠子的离开，还是接下来贺伟的离开？是因为爱让人变得奋不顾身，还是因为爱让人患得患失？

他如果喜欢尹惠子是假的，那么他喜欢我就是真的；如果我喜欢他是假的，那么我的眼泪一定是真的。

我其实是一个比贺伟还要尿一千倍、一万倍的人，所以我开不了口说一句"你不要走"。我还是个口是心非的人，我说了要去看他，我就一定不会去。就像我之前说了要送他生日礼物，却一直不肯送。我就想这么攒着，攒个五年、十年，那时候他也三十多岁了吧，如果还没有娶，我就可以厚着脸皮问一句："你把我养得白白胖胖的，你不对我负责吗？"

他一定会骂我矫情，可这样的故事结局很美不是吗？

但如你所知，这样的结局永远也不会发生。

车子缓缓移动，有一些离别其实已经发生。

江上故人老

✽陆小寒

若是要用什么来比拟一年的年末，檀香最合宜。它气味沉静，像一双厚实的手，轻轻地拍你的肩，劝你和这一年所有的过往，握手言和。

尹青24岁的年末，宿在南方小镇一个很有年头的旅馆里。一早醒来就闻到香樟树的气味，又冷又清冽，是树被寒冷逼出的寒气，坚硬又很有血性，她闭上眼睛，深深闻嗅。

小镇是她的故乡，母亲在这里也有一间年久的公寓。她离家多年，早已不惯与母亲相处，在镇上逗留四日，一日老同学聚会，陪母亲打两宿麻将，一日步行几公里去半山腰给父亲扫墓。父亲死在寒冬夜，骑着摩托车，觉得冷，去掏怀里的手套，一抬眼，撞进对面雪地般耀眼的卡车灯里。赔偿微薄，母亲爱上成宿成宿打麻将。那一小排城墙砌好，是悲伤的出口。

就像工作之于尹青。

旅游圈的同行都知道某社有个尹青，外号"拼命三郎"，一个初出茅庐的小姑娘不仅做销售，还拼得比谁都狠，酒桌上的那一套生意经她不懂，她比诚意，敬谁都是一盅白酒见底，签到了不少团，仗的是光脚的不怕穿鞋的。

每次从狼藉的饭局里退场，夹在一群浑浑浊浊的男人中走出来，尹青都会有一瞬间分神，不知道这样的日子什么时候是个头。她送走客人，转身进洗手间抠喉咙，身体已经习惯到形成一个条件反射，喝进去的酒悉数吐出来，她想今晚应该能睡个好觉了。

整个景区此刻已经连保安都下班了，她等电梯的时候却意外碰见江尚。春风得意的江尚，一路高升的江尚，她记得他们同龄，他身上却早没有同龄人的笨拙、慌乱与逢迎。关于他的传闻有很多，他从小受西方教育，和谁都能打成一片，客服妹妹们为了今天谁去给他送快件而争吵的事屡有发生。尹青对这样的宠儿，敬而远之，拘谨地喊了一声江总，退后两步欲等下一班电梯。

然而他却盯着她红红的眼睛看了会儿，慢悠悠地说："女孩子工作那么拼命，老得快，不合算。"

她低头笑了笑，"谢谢江总。"

电梯到了一楼，她要赶末班车，匆匆和他告别，他却拉了拉她的衣袖，"太晚了，打车回去吧，问师傅拿张票，明天来找我报销。"

说话的样子是很真诚的，和两个星期后他在办公室问她愿不愿意来当他助理时一样真诚。真诚是很硬的人身上的一点软，全在江尚的眼睛里。

这样的知遇之恩，尹青一把抓住。

尹青到岗第一天接到的任务就是打扫办公室，熟悉每样物品的摆放，整理名片簿，还有给金鱼喂食，给他的零食小仓库补充薄荷味的汽水、康师傅的炒面和上好佳的鲜虾片。

尹青确认自己没有听错后，在心里对自己的领导翻了两个白眼。虽然对江尚某些孩子气的行为不敢苟同，但他工作上的严苛、不留情面也确实保证了他手下的年轻团队能屡次被大领导在会议上当众表扬。

江尚确实忙碌，尹青作为助理，一天和他说话的次数不会超过两次，大小事都去请示，她被骂回来好几次。渐渐就摸出了门道，隔天准备好所有要请示的重要事项，按轻重排好序，一次请示完毕。另外一些琐事提醒事项，她就写在便利贴上，贴在他的电脑屏幕上。江尚有次请了事假，两天后过来一看，一电脑屏的便利贴，愣了愣，摇头一笑。调侃尹青道："作为一个80后你不知道有个爆红的APP叫微信吗？"

尹青有点委屈："是你说工作第一，生活也第一，不是火烧屁股的事不要随便打扰你。"

江尚捞起一张便签，"现在是火烧屁股了。"便签上写着周三大会做本季度工作汇报，而今天已经是周三，他一个字都没写。

尹青从背后拿出几张A4纸，是她提前加了几晚班替他整理出来的，分析得头头是道，连发言都是他惯用的四字短语加排比句。江尚拍了拍手："好，很好，都可以坐我的位置了。"

尹青从容一笑："食君之禄，替君分忧。"

江尚环顾四周，办公桌整齐，鱼儿养得肥，零食库充足，露出满意的神情："甚得朕心，走，赏你口好吃的。"

尹青有些想不通的是，江尚这样爱超跑、爱美女的富家小子会对一家大排档情有独钟，从小吃到大，每次他们去那里，老板娘都熟悉得跟见了自己儿子似的，拿出特别消毒过的餐具摆好，菜也都是加量，煮得特别下饭，江尚一下子能吃三碗。吃饱了他就逗桌底下转悠的流浪狗，你一块肉，我一块肉，完全一个没心没肺的少年模样。

每次吃饭江尚都要点冰可乐，大冬天也是，冻得龇牙咧嘴的，还是喜欢。有次他进去添饭，她拿出手机，拍了一张可乐的照片。也不知道为什么，可能就是可乐罐上印的那句"一生一起走"，让人觉得心里暖，却又暖得有点想哭。

青春对尹青这样的人好像没有什么特别的用处，她的人生好像就是自己为自己设定困难，再把这个困难解决掉，往前进一步。她参加所有公司的进修培训。为弥补自己英语的不足，她还报了一个学习班，每天连轴转，好像一只装了电池的兔子，一旦跑不动，它就歇菜了。

可是也孤独，孤独有时候是四面楚歌，向你杀伐而来。太疲累的时候，她会偷偷躲进江尚的办公室。那是一个很大的景观房，躺在地板上，可以看到45度的夜空，幽蓝深静，她感到平静又安全，这里是她的秘密基地。

然而有次在这个时候接到江尚的电话，电话里，是他略带笑意的声音，“我的金霸王兔子怎么倒下了？”

从窗户探出头看，路灯下他穿着一件蓝色的羽绒服，左手插口袋，拿手机的右手向她扬了扬。

他走上楼，也不开灯，而是径直走过来，和她一起并肩躺在地板上，自顾自说：“以前竟然没发现，这里可以看星星。”

尹青不说话，他沉默了会儿，问：“为什么不开心？”

“我有点想我爸。”

“那就打电话给他啊。”

“他死了。差不多就是这个季节。”她的声音干干的，既不难过，也不煽情。江尚有些吃惊，回想起最初在公司见到她，瘦弱的身形，却是孤胆英雄般的模样。他伸出手臂，放在她的头顶，让她枕着，“靠过来一些，我给想爸爸的丫头唱首歌。”

他唱了一首英文歌，后来尹青才知道，那首歌叫*Blue mountain*，唱的是距离悉尼104公里的蓝山，曾被伊丽莎白女王誉为世界上最美丽的地方，去过的人都不愿意离开。

那首歌唱完，江尚也成了尹青心里无法翻越又不舍离去的蓝山。

那一阵他们团队忙一个竞标案，天天加班至深夜，有家室的同事先走一会儿，留下尹青整理资料，江尚继续在白板上圈重点。有一次实在太晚，深夜两点，他回过头，看见尹青蹲在他的背后，埋头整理资料，乌黑的长发散开了，铺满单薄的后背。那一瞬间他动了恻隐之心，觉得自己太过苛责。走过去，喊了声尹青。她抬起头，望着他，也不知道心里是什么触动，突兀地说了一句：“我可不可以握一下你的手，太累了。”

在回去的路上，车内暖气袭人，江尚的手掌厚实又温暖，我们的女战士尹青终于心满意足地睡着了。

入冬后就是尹青的生日，第一个为她过生日的人竟是江尚，以为是一贯的加班，走进办公室却是灯光一暗，一个甜香的蛋糕摇曳着温柔的火苗。看见他的脸，她的眼泪就落了下来。让她许愿，她却说：“第一，希望你每天都吃早饭。第二，希望你抽烟喝酒都少些。”

三个愿望里两个都是关于江尚的，她对他的情意他多少知道些，无意扮演韩剧中拯救灰姑娘的完美男主角，可是在握住她手的那一瞬，确实动了想好好在一起的念头。

单位禁止办公室恋情，他们谨言慎行，只有出差的时候，可以略微放肆些，有次去上海，待同事都睡了，他悄悄带她出去，进衡山路的小酒馆喝酒。酒吧是正宗的英式风格，老外居多，他们坐二楼，点了一支香槟，一瓶干白，慢慢喝着，有人开始到舞池里跳舞，是伦巴还是恰恰尹青不懂，只是羡慕地看着她们，那些女孩儿那么风情，那么快乐，在舞伴的手指尖旋转，一圈，两圈，激起的淡淡灰尘混着香水味儿，美得令人窒息。

江尚向她伸出手来，她刚想以不会跳舞拒绝，才发现曲子已经变柔和，是可以让人静静地贴着面的。这是她第一次这么靠近江尚，脸埋在他的肩膀处。

太好的时光，好到心里觉得怕。

深夜散场，他在马路边抽烟，脱下风衣给她，又买了一朵玫瑰。尹青说："江尚，你不要对我这么好。"

他没有说话，只是拢了拢她的肩。

很多事情，当你觉得好得不像是真的一样，确实就会戛然而止。

他们在一起半年，江尚夹在她和强势的母亲之间，犹豫又疲累。他的家庭有权有势，那么多人，只有一个爷爷对她笑，邀请她去家里做客，温了一壶黄酒喝，等半夜昙花开。老爷子养了几十年昙花，已经能预知花期。笑眯眯地对尹青说："昙花好香的啊，小姑娘你对我老头子笑一笑嘛。"

尹青就傻傻地笑了，喝一杯笑一次，江尚也被她逗笑了，祖孙三人笑个不停。昙花在深夜开了，香得那么沉醉，酒已换成茶，老人回屋睡去，天上一个话梅核般的月亮。尹青有些醉意，痴痴地望着昙花，却对江尚说："很多苦都不能同你讲。能跟你一起看次昙花，就很知足了。"她心里很明白，有些路只能走到这里了，她到头了。

有次江尚从家里负气出走，带她去醉乐堂喝茶，很别致的茶室，开在一座山和一片湖的深处，院落里种满了桂花树，若是桂花飘香来，茶客就要醉倒在这片桂花海里了。

他们来的时候是春天，都是别的花香。江尚要了一壶极品好茶，老曼峨，古树普洱，香味被闷了那么多年，茶是好茶，却是铭心的苦。江尚问："苦吗？"尹青摇摇头，"一点都不苦，我现在是吃什么都带甜味儿。"江尚却没有笑，皱着眉，好像真的被茶苦坏了心情。

关于江尚的新恋情都是听说，听说女孩家世太好，刚从加拿大读完研究生回来，很体面又不傲慢，见过的同事都对她印象很好，这里面也包括尹青。江尚惊讶她的镇定，竟然不吵不闹，就这样从他的人生里退了场。

他们的恋情就这么被抹去了，本也没有多少人知道，退回到同事关系，偶尔一起加班，午休时在他办公室的景观房里，他在电脑前打游戏，她坐在会客的沙发前给他泡茶，阳光像积雪融化在地板上，这样平凡的午后，尹青知道一生都难再得了。

她觉得难过，轻轻地走出去，掩上了门。不过几秒钟，她就摔倒在了楼梯上。医生说脑子里长了个瘤，要尽快手术。

她没有让母亲知道，江尚则有情义地陪在她身边照顾，女朋友来过两次，一次带了鲜花，一次带了保姆煲的鸡汤。尹青的手术很顺利，只是恢复还要好久，走路都不平衡。

江尚推着轮椅带她出去晒太阳，医院的后山有很多老松树，晚来寂静，松香令人平静又觉凄清。江尚隔开几步，望着她戴着绒线帽的背影，心下恻隐，想起从前她蹲在他背后，头发铺满背的样子，忍不住揉眼睛；从前她说太累了，我可不可以握一下你的手；从前她枕着他的手臂在地板上看月亮；从前她说我只有两个愿望，你要吃早饭，你要少抽烟……

从前他爱这个女孩，也只到爱过为止。

起风了，晚风吹动松涛，尹青入迷地看了一会儿，轻轻地叹了一口气，"如果我死了，梦就不会醒了。"

可是活着总比死了好。尹青26岁的时候回故乡养身体，用陈旧的钥匙打开铁门，母亲在厨房里守着一锅鸡汤等她回来，灶边上的收音机，混着杂音放着邓丽君的《甜蜜蜜》。

"甜蜜蜜，你笑得甜蜜蜜，好像花儿开在春风里，开在春风里……"

她想起24岁在故乡闻到的又冷又清冽的香樟的气味，淡淡地笑了。

一本正经做出要离开的样子

✽猪小浅

还没分开就想你

2006年，裴怀远有一辆很拉风的摩托车。

小城狭窄的街道上，他载着我，在风中疾驰而过。街边的音像店里，有人缓缓地唱："我会枕着你的名字入眠，把最亮的星写在天边……"正是桃花袖葱茏衫的年纪，青春仿佛永远不会老，冰激凌不会化，太阳落山时，我们就手牵着手一起回家。

那是高考结束后的夏天，我的生命中一下子多出两件幸福的事：随心所欲地看小说，轰轰烈烈地坠入爱河。腻在爱情里的人，恨不得对着街边的路灯，窗前的小花，甚至路上的陌生人，都能傻笑个不停。

和裴怀远待在一起的时候，我时常会想起小说里的句子"在星光下，可以感觉到一头一脸醉人的花香，与相爱的人在一起，一寸光阴一寸金"。可惜的是，即便家财万贯，也买不来太阳不下山。很快就是九月，命运将我和裴怀远一南一北地分开。

我爸送我去学校那天，小城火车站，黄昏的光线像被镀上了一层金。裴怀远躲在远处的角落里，用唇语说着，我爱你。即便隔着人群，我仍然能感觉到他眼神里的笃定，以及弥漫在空气里的蓬勃爱意。

伴着火车咣当咣当的响声，我背着我爸，偷偷点开裴怀远发来的短信，心里像是有小鹿乱撞。这世上有人写过很多甜美的情话：英雄一怒为红颜，只羡鸳鸯不羡仙，春风十里不如你，你是人间四月天。而裴怀远对我说的是，还没分开就想你。

那样饱满明亮且浓烈的感情，让我的心变得温温柔柔。

这一年，我在北方的大学念法语。课堂上，我时常用手机地图默默计算两座城市之间的距离。而裴怀远有点忙，白天上技校，晚上去酒吧打工。他说要努力挣钱买到一辆小车，让我坐他开的车，听他听的歌。嘿，光是想想他握方向盘的样子，就觉得是件很酷的事。

我那么坚定地相信，他说的未来，都会一一到来。

比蜜糖还要香甜

四年后，裴怀远果真有了一辆车。

尽管只是一辆二手别克，年代久远，有些破旧，但裴怀远单手握着方向盘的样子，又帅又养眼。他开着这辆车，载着我，从遥远的北方出发，一路向南，画面美好得像个不愿醒来的童话。

那是人人都能哼两句《春天里》的2010年。

裴怀远扯着嗓子唱了一路的"没有情人节没有礼物，没有我那可爱的小公主"。

样子看起来特别傻，我一边乐，一边说："裴怀远，你真是个俗气的人啊。"可下一秒，我又自顾自地笑了。生活有点俗气，却有一种能触摸到灵魂的快乐。

中途经过北京时，裴怀远歪着头问我："妞，爷带

你逛京城呗。”

那是我去了无数次的北京，可这次不一样啊，身边是开着车的裴怀远，是我爱着的男生裴怀远。他剪板寸头，留一缕小胡须，有那么一点小帅，还有那么一点小骄傲。我跟在他身后，一起走过烟袋斜街，踏过南锣鼓巷，在入夜的后海听一首民谣，在喧嚣的簋街吃一顿美食。只觉得，每一寸光阴，比蜜糖还要香甜。

玩够了，我们就继续赶路。抵达上海时，已经是五天后。裴怀远租的房子在东台路。屋子有些陈旧，可是有什么关系呢，有裴怀远的地方，就是家。

东台路有个很有名气的古玩市场，不去上班的时候，裴怀远就带我一家一家地逛。袖章、瓷器、茶壶、手表……走到尽头，再绕道去菜市场。

有时我们也会心血来潮去淮海路上坐双层巴士，阳光透过梧桐树打在身上的时候，就会奢侈地希望，这辆车能一直一直开下去，永远不靠站。

就像我和裴怀远的爱情，如果能够一直这样生机勃勃地沐浴在黄昏的街，该多好。

一肩之隔却那么远

后来很长一段时间里，我一直在想，自己到底是从哪一分哪一秒开始嫌弃裴怀远的？

应该是2012年吧。这一年的裴怀远，仍然在一家小公司做弱电工程师，每天背着工具箱穿梭在各大写字楼。我不想承认，这和农民工并无太大区别。

而我穿体面的职业装，光鲜亮丽地出入淮海路的CBD，在这座城市开始有一方小天地。

有些东西，在不知不觉的过程中，就逐渐变得不一样了。

就像那天，裴怀远陪我在徐家汇买衣服。中途遇到同事Lisa时，我的本能反应竟然是想要逃离。可惜已经来不及，介绍裴怀远的时候，我支吾半天才挤出三个字：我朋友。原谅我可怕的虚荣心，原谅我想要隐藏裴怀远的身份。我清楚地知道，如果我说男友的话，礼拜一上班，Lisa一定会过来八卦各种细节。

而关于裴怀远的细节，寒酸，且有点拿不出手。

回去的路上，那辆破旧的别克车挤在拥堵的车流里，有那么一点扎眼。

裴怀远像个受伤的小兽，却还是在我叫他的时候，扭头对我挤出一丝微笑。

我内疚得连一句“对不起”都没法说出口。

当我发现裴怀远不再带有光芒，甚至我开始有些嫌弃他的时候，我的第一感觉是害怕。害怕的结果是，我开始慌不择路地寻找解决的途径。

我给他报英语培训班，帮他去图书馆借卡夫卡作品，甚至鼓励他辞职创业，裴怀远忙成了一个陀螺。我以为这样就能拯救爱情，却忘了揠苗助长的失败在于，人累苗也不舒服。

有天我半夜醒来，发现裴怀远趴在电脑前睡着了。word文档里，他写着各种规划：三年后，将苏瑾娶回家；两年后，给苏瑾买房；半年后，让苏瑾买衣服不用看标价……我看得红了眼眶。裴怀远的每一项规划都和我有关，我却越来越觉得我们不是一路人。

你真的以为只有无休止的争吵才会消磨掉一份感情吗？比这更可怕的是，你们从来没有过天崩地裂地吵过，爱情却在不痛不痒、不远不近的过程中，一点点消失殆尽。

明明我和裴怀远之间不过是一肩之隔，却遥远得像隔了一整个银河。

每天和回忆作斗争

我一直有别的追求者。这对于一个长相尚可，性格温和的女生来说，再正常不过。

我想起我和裴怀远异地恋的那几年，有一次，有个学长在宿舍楼下兴师动众地表白。那天，刚好裴怀远来看我。我拉着他的手，走到学长面前，特别骄傲地说："喏，这是我男朋友。我这辈子爱的，以及要嫁的人，只有他。"

你知道什么是感情里的认定吗？认定是舍你其谁，认定是非君不嫁，认定是你说私奔我马上就想跟你走，认定是恨不得告诉全世界，你已经被打上属于我的标签。

可这些年，我渐渐变得没那么死心塌地了。

隔壁部门的设计总监邀我共进晚餐时，我没有拒绝。甚至，我还在裴怀远那儿撒了个谎，然后去赴约。我慢慢学会与裴怀远以外的男人，保持适当的暧昧。不越界，不言爱，却也不肯心甘情愿地嫁给裴怀远。

其实只有我自己知道，每当这样的时候，我有多怀念很久以前，那个拉着裴怀远的手说"喏，这是我男朋友"的自己。那种发自内心的笃定，才是可遇不可求的幸福。可惜那样的爱情，以及那种坚定，再也不会有。

后来，我终于成功消耗掉一个男人对爱情所有的耐心。

有天，我打开家门的时候，房间里的每样东西都只剩下一半。裴怀远留在冰箱上的便笺写着：我希望我这样一本正经地做出要离开的样子，会引起你的注意。我对着那张纸，哭得像个丢了糖果的小孩。

这句话，来自卡夫卡写给密伦娜的情书。原来那本卡夫卡作品，裴怀远真的用心读过。

那段时间，我每天都在和回忆作斗争。

在我确定走不出那些回忆的时候，我从房子里搬了出来。之后的两三年，我埋头工作，顺便谈一场不咸不淡的恋爱，再也没见过那个叫裴怀远的男人。

迟暮看落日的境地

2015年，我自己有了一辆小Polo。

5月，东台路古玩市场搬迁的新闻出来时，我还是忍不住在下着大雨的周末，驱车赶了过去。像是怀念一段老上海的时光，又像是悼念一段逝去的爱情。

从东台路出来，天色已晚。车子经过夜色中的黄浦江，仿佛置身于一座天空之城。雨依旧丰沛地光临这座城市，广播里说着前任，背景音乐是莫文蔚慵懒的声音，"若不是因为爱着你，怎会不经意就叹息……"

不久之后，听说裴怀远在小城大婚。

我在听到这个消息的瞬间，趴在桌上哭出来。我能想象，裴怀远穿着西装，端着酒杯在人群中微笑敬酒的样子；也能想象，他牵着新娘的手，接受众人祝福的样子。可惜，他身边的那个人，不是我；可惜，后来坐他开的车，听他听的歌的那个人，也不是我。

我觉得前所未有的失落。那种感觉，像是在年少时期喝了一杯白酒，从此以为所有的酒都该如此浓烈。后来才知道，不是所有人都会像裴怀远那样较真而不计后果地爱我。只有在他那里，我才最珍贵。

这个世界上，看起来有很多未完待续的故事，但有时也许一个转身，就会跌入迟暮看落日的境地。我在微信通讯录里，给裴怀远的备注是法语的对不起。

孤岛的歌

青春现在才开始哦，

酸酸甜甜的恋爱，浓烈的友情，数不清的梦想，

人生中最闪耀的时光，那就是青春哦。

——《蜡笔小新》

不足以语人生

✽ 闫红

一

我读小学三年级时，小城要举行一场全市小学生体操比赛，体育老师到各个班级选人，她站在高高的讲台上，手指朝下指指戳戳，指到谁，就好像有追光打到谁身上，那个被选中的人，瞬间就脱颖而出了。

这位老师没教过我们，不然她不会忽然把手指指向我："就第二排那个穿红衣服的，叫啥名？"被她询问的班主任有点无措，说："她不行。"体育老师说："她身体不好？"班主任说："那倒不是……"体育老师说："那还能有什么问题，我看她可以。"

我现在很厚颜地想，一定是我小时候浓眉大眼的，长相喜人，再者我当时在班里女生中算是比较高的，使得体育老师对我高看一眼。她所不知道的是，我有多笨拙和失调，打小我只要一跑动，家里人就要笑，似乎我总能把两条腿甩动得别具一格，这笑容使我尴尬，动作就变得更加不协调了。

我是全身心地笨拙着，比如说我还没眼色。

我在班主任面前经常表现出一种并不可爱的茫然，许多个寒冷的冬日早晨她对我喊叫："为什么要把围巾手套放在桌子上？不能放到桌子里吗？系在脖子上也行啊！要是全班同学都像你这样放，教室里成什么样了？你在家你妈经常骂你吧？"

这样一个女孩，确实不应该进入体操队，但体育老师热情洋溢地要接收我，班主任也不好再说什么。就这么着，我终于获得了一个为校争光的机会。

但体育老师很快就为她的感性付出代价，几乎没有一个动作我能做到位，我甚至都听不懂她在说什么，她说的那些动作，我总是很难想象，比着她的样子去做时，经常让大家笑成一片。

体育老师倒是没说什么，但有一天自习时，班主任一时心情好，问班里的体育委员，大家练得怎么样，体育委员说还不错，却有一个女生大声说："除了闫红。"

二

我现在都还记得，那女生姓舒，不常见的一个姓。她皮肤很白，头发天然地带点金色，个子很高，家境似乎也不错，因此优越感十足。在班里，她总是高昂着头，也会很突然地，将目光落到某个她觉得可以欺负的人身上，这个人，常常是我。

前面说了，我并不是瘦小的女生，但我长着一张邀请别人来欺负的脸。这可能跟我在家就老是被人取笑有关，一个人被家里人怎样对待，就会被外人怎样对待，有些痕迹是印在脸上的，你出去，别人一眼就能看到。

这个女生一直把欺负我当成业余爱好，不过，那天她之所以特地提出我不行，还有点势利的缘故。班主任被体育老师驳回，总是有点不愉快的。舒姓同学站出来"检举"我，无形中讨好了班主任，可谓一箭双雕。

如今想来，这个舒同学很有表演天赋，她说完我"不行"，还当众示范了我是怎么"不行"的，老师同学都哈哈大笑起来。然后，老师对我说："你明天别去了，××去。"

那个××就这样取代了我的位置。每天放学，路过操场正在做操的队伍，我心里都有种虫噬般的惆怅，听到体育老师大声呵斥谁，那种感觉就更加钻心了，以前，那个人总是我。但这惆怅也还是随着时间渐渐地淡了，直到有一天，在放学路上，我又被体育老师喊住。

她说："三班的××最近摔伤了，还是你来吧。"我心里一下冒出了小火花，但又不敢过度高兴，我说："吴老师可能会叫别人来。"体育老师洞察一切地笑起来，她说："没关系，你虽然练得不好，但毕竟练了那么长时间，临时换个新的，还不如你呢。我去跟吴老师说。"

就这样，我重新回到了学校体操队里。进入五月，天气渐渐热起来，训练越发紧张，有时甚至要停课去练习，好几个下午，同学们坐在教室里，我和班里其他的体操队员起身离开教室去训练，脸上尽量做出"好累啊""太烦了"的表情，似乎被强加的光荣会显得更光荣。

比赛定在六月一号，那天是星期五。星期四放学前，班主任说："天气预报说明天会下雨，要是下雨的话，比赛就延期，改到七月三号，大家就还带着书包来上学，作业也要交。如果不下雨，大家就不用带书包了，排队去大广场看比赛。"

那天晚上我没有写作业，一方面是拖拉的习惯使然，另一方面，也出于一点小小的迷信，下雨就要写作业，那么写作业，会不会就意味着更有可能下雨？我还不敢睡觉，在黑暗中睁大双眼，竖起耳朵听外面的动静，不敢有丝毫掉以轻心，怕一个不留神，雨就落下来了。

但最后还是睡着了，醒来就听到窗外啪嗒啪嗒的声音，绝望瞬间把心洇湿了一大片。我起床洗漱背着我试图掩耳盗铃的空白作业本，走在上学路上，迎接比现实更加恐怖的暴风骤雨。

不说当天我怎么跟检查作业的小组长斗智斗勇了，反正体操比赛改到七月三号了。我跟旁边的小伙伴说："没准七月三号还会下雨。"

训练继续下去，六月底，期末考试结束了，体操队队员每天去学校，全天训练。

体育老师把我们带到大广场上，六月底的骄阳打在脖颈上、小腿上、胳膊上，打到哪里，就把哪里的水分吸收了去。腿上的皮肤干燥紧绷，一刮就是一条白印子，倒给了我灵感，我当时极为羡慕成年女人穿的渔网袜，就用指甲在腿上划出纵横的斜线，直到被体育老师一声断喝："那个谁，你在干吗呢？"

如此艰苦卓绝地训练了许多天，终于到了七月二号，我们穿着学校定制的白衬衫蓝裙子在大广场上进行最后的排练，天闷热至极，衣服一直湿漉漉地贴在身上，汗水还在不断冒出来，那是我第一次知道，人可以淌那么多的汗。

体育老师皱着眉，看看天，说："搞不好明天又要下雨。"队伍不约而同地"啊"了一声，我心中倒是很平静，也许是上一次把我的期待与失望都耗尽了，明天怎样都可以了。

第二天果然又淅淅沥沥地下起了雨，伸手推窗，与昨天不同的清寒之气迎面而来，我回到床上，昨天体育老师说了，今天要是下雨就不用去了。

三

整个小学期间，我再也没有被"挑出来"的机会，我灰扑扑地混在人堆里，怀疑自己天生平庸，同时又不敢置信。直到读初中时，有一天，班主任对我说："听说你作文写得不错，你写首诗在迎新生大会上朗诵一下吧。"我在数学课堂上写了那首诗，后来得到发表，人生的道路不知不觉间被改变了。

几年前，在朋友圈里看到一篇文章，说小城里的老景物，其中有一张当年那个"大广场"的照片，黑白的，那操场远不似我记忆中的宏阔，除了一对可怜的单双杠，就是中间那个小戏楼一样的两层建筑，涂刷得很斑驳，里面的砖块都露出来了，简陋至极。

记得当时，体育老师就站在那二楼上，声音洪亮地发号施令，她告诉我们，评委们也会那样居高临下一一检阅全市所有小学的体操队，我们的每一个动作，都会被看在眼里，所以，我们必须努力将每个动作做到位。

这使我们紧张，力求每个动作都达到完美，而我知道自己的笨拙，知道机会的来之不易，一招一式里，有着讨好者的用力过猛，内心时刻都处于备战状态，但这一切，都被两场不期而至的雨消解掉了，我那时还不知道，人生里有许多事，大抵如此。

选择在这里经历生活

辉姑娘

01

亲爱的，今晚我接到了你的电话，你在电话里哭得像个小孩。

你说下了班去超市买东西，一大堆油盐酱醋瓶瓶罐罐买回来，沉得要死。结果出了超市打不到车，只好一步一步抱着东西挪回家。眼看快到家的时候，塑料袋破了，东西碎了一地，酱油醋溅了一身，最喜欢的白裙子算是废了。

你当时蹲在地上就哭了，放声大哭的那种。

你一边哭一边给我打电话，说这个城市你真的待不下去了，你要回家！就算不回家，哪怕去个丽江、杭州那样的城市，也好过在这个庞大又杂乱的北京城里活得这么累。打不到出租、买不起房子、看老板脸色、拿微薄薪水、找不着男友、生不起孩子、得不起重病，放眼望去一片一片的沙尘暴和雾霾。你说真不明白苦读这么多年，居然只是为了留在这个生活压力这么大的地方，过这样憋屈的生活，自己的脑袋是不是进了水?

你说你受够了，要回到父母身边。那里有车有房有温暖，下了班可以跟朋友打麻将唱K侃大山，聚会吃饭开车三分钟就到。想上班朝九晚五舒舒服服，不想上班开个小店，卖卖咖啡或鲜花。找个生活习惯相似、毫无地域分歧的男朋友，跟他一起去各地旅游，去享受生活，再生个白白胖胖的小宝贝，踏踏实实过日子，多好。

你说着说着就语带憧憬，哭腔也没了。你说你要走，现在，立刻，马上，你要离开这十年的一切，退掉廉租房，卖掉美容卡和健身卡，把辞职信扔到老板脸上，忘掉曾在这里如此苦楚地生活过，迎接美好清闲的下半段人生。

02

我听着你在电话那端的倾诉，不知不觉竟出神了。

我想起十年前你刚来北京的时候，在电话那端兴奋的语气，我几乎可以看到你眉飞色舞的神态。

你说北京真大，今天你去了天安门和故宫，觉得

庄严又威武。你觉得自己终于可以在皇城脚下读书工作，是对之前所有努力的最大肯定。

不过你也有一点不开心，你说去王府井那些商场，发现里面的漂亮衣服一件也买不起。但你很快就忘记了这点不开心，说一定会靠自己的奋斗在这座城市立住脚，总有一天会在商场里闲适地散步，随意地刷卡，买下自己所有喜欢的东西而不必考虑价格。你会在这座城市里找到自己的位置，会有受人尊敬的工作、宽敞的房子和舒适的车子，会找到自己的爱人，会带着这一切衣锦还乡，让父母为你倍感荣光。

我问你："还记得这一切吗？"你沉默了下来，然后说："记得。"

我又想起你刚刚工作时，踌躇满志。那时你还是个小记者，追在那些成名已久的企业家屁股后面想要问出些独家答案，为了出一篇好稿子几天几夜不睡觉也情愿。

有一次，一个被访者在山间度假村开笔会，你跟去做采访，住在破烂的招待所里，半夜那男人来敲房门，你吓得不知如何是好。

他借着酒意狂撞门，你死死顶住还是被他一脚踹开，门撞到你的嘴角，当即断了半颗牙，汩汩流血。他摔倒在地，你夺路而逃，半夜躲在电话亭里给我打电话求救，一边说一边号啕大哭。那种悲伤，和今晚的你一模一样。

可当我接你回家的时候，在深夜的车上我问你要不要辞职，你捂着流血的嘴，含糊不清却语气坚定地对我说："不要！好不容易才找到自己这么喜欢的工作，干吗要因为一个人渣就落荒而逃？"

你说，为了这座城市，你觉得值得。

03

你和男朋友是青梅竹马，可自从你上了大学，你们就开始了漫长的异地恋。

你们只能靠电话告知彼此的近况，你毕业了，找工作了，被领导教训了，又被领导夸奖了，你赚到人生第一笔稿费，你给他买了一条领带做生日礼物，但是今年又要出差，所以不能陪他过情人节了。你抱歉地说："亲爱的，虽然我们人不在一起，但是心在一起，距离产生美，我们一定会有幸福的结局。”

他在电话那端，说他毕业了，找工作了，被领导教训了，又被领导夸奖了，他拿到人生第一笔工资，然后他给另一个女孩买了情人节的鲜花。他抱歉地说：“对不起，我们人都不在一起，心要怎么在一起？距离不但可以产生美，也可以产生嫌隙。我坚持不下去了，我想要另一个幸福的结局。”

你给我打电话，喃喃地问：“为了这座城市，放弃了爱情，值得吗？”

你被同事陷害。重要文件的报批被她恶意耽搁，却在上司问起时装无辜；你写的稿件，被抢先以她的名字发表。你没有证据，只好咬牙和血往肚子里吞。主编在屋子里劈头盖脸骂你，你默默地忍耐完所有的羞辱，任他把文件摔到你的身上，接住，转身出门走到楼梯间，没人了，你蹲在地上浑身哆嗦到不能自控。

可你给我打电话时并没哭，那是我第一次感觉到你的成熟。你说这是想要在这座城市生存下去的法则，没有人能够幸免，你感谢这样残酷的成长，让你明白职场如战场。

你迅速地反击，暗里搜集那位同事抄袭的证据，足足积累了一年多，在某次会议上突然甩出。举座皆惊，同事脸色灰败，会议结束后黯然辞职。

你对我说，你成功了，扬眉吐气一雪前耻，可也并没有多快乐。你问我，这么做到底值得不值得？

04

你的新闻稿件获得全国大奖。同事们纷纷前来道贺，主编在接受采访时说，你是他最出色的员工，他为你感到骄傲。

有人开始约你写专栏、出书，银行卡里的数字开始节节高升，你为父母和自己办了最贵的保险，还带他们出国旅游。

他们很快乐，反复不停地对邻居和亲友说，快看，这是我女儿写的书。他们在海边的躺椅上相视而笑，你觉得心里都是满满的幸福。

可妈妈依然眼睛里带着担忧，她说：“女儿啊，你的终身大事可怎么办呢？”

你说你现在想去周游世界，今年要把欧洲走遍，明年是非洲，后年是澳洲。你要与考拉合影，与袋鼠握手，在普罗旺斯的薰衣草田中打滚儿，啃慕尼黑的烤猪肘，大口地喝啤酒。哪怕一个人，也可以继续前行。

我已经不需要回答你的问题，值得还是不值得。因为你已经有了自己的选择。

你终于升职了。

那天正好是你的生日。Party上许多朋友都来了。大家围在一起点燃生日蜡烛，唱起《生日快乐》，送上礼物，为你祝福。

你说：“谢谢你们，在北京，我哭过、笑过、摔倒过、爬起过、失恋过、孤独过、伤害过别人，也被别人伤害过。你们让我觉得，在北京这些年，没有白过。”

05

亲爱的朋友，当我讲起这些，你在想些什么？为什么不说话了？

是不是也回忆起那些岁月，颠沛流离，伤痕累累，却咬牙坚持，一往无前的每一天。

你终于开始明白，原来生活就是这样子，它辛苦却也甜蜜，美丽却也哀伤。我们身在其中，无一幸免。

如果，让我们假使另一种如果。

在一座安稳的小城，选择另一种生活，一切会不会不同？

可以住父母的大房子，宽敞明亮。但如果不依靠父母的积蓄，你依然买不起一间新房。小城市的房价虽然低些，也并没有低到薪水轻松存够首付的程度。

你发现小城市原来也会堵车，出租车司机的脸色一样臭，下雪时也要遭遇强行拼车。家人买了一辆车，你开得很少，因为物价飞涨，加不起油。

你对男朋友从一而终，结婚，生子，然后像所有的妈妈一样开始大讲育儿经，为孩子上幼儿园、小学和中学的择校费发愁。出国旅游？偶尔为之也许可以，但年年出行？还是省省吧。

一样要面对领导的挑剔，同事的钩心斗角，有人的地方就有江湖，有江湖的地方纷争永不休止。

好吧，辞职回家，开个咖啡厅或花店，也许会好些？当然不会。税务、工商、电力，每天疲于应付……你发现做老板比给别人打工更辛苦。在丽江小店里舒服晒太阳的都是顾客，老板永远在为今天生意冷清付不出房租而头疼。

沙尘暴原来并不只北京才有，雾霾侵入每一座城市，也侵入每个人心底。

你的确可以每天陪伴亲人，然而父母开始说你看隔壁谁谁的孩子去了美国，做着什么工作，现在多有出息。生活变得规律而平静，一切都稳定得如同老式的钟摆。与此同时失去的是宽阔的平台，广泛的人脉，以及可能变得"不一样"的许多机遇。

06

你已在业内小有名气。上司说，只要再出几本书，他就升你做副主编。

每年有固定的出国机会；报销额度与薪金水涨船高；已经开始有新来的实习生尊敬地唤你一声×总。

已经存够钱打算买下那辆心仪已久的车子，哪怕限号路堵，你还是满怀喜悦。

逛商场很随意，虽不是挥金如土，但也坦然自若，喜欢的东西大部分都能买得起。

不知什么时候，家乡那些伙伴的身影已在脑海中悄然模糊。你的朋友都在这座城市里，他们像我一样，愿意在半夜接听你的电话，听你流泪，听你欢笑，听你诉说。

想获得的一切，都已经只有一步之遥。你却在此刻想转身就走？到另一个城市，把所有的艰苦从头再来一次，然后再哭着说，我要走？

不忘初心，方得始终，我的朋友。

你的确为了这座城市失去了许多；可是在失去的同时，也得到了许多。

失去爱情，但获得自由；失去平静，但获得精彩；失去单纯，但获得成熟；失去根的稳固，却获得心的归宿。

你青春的汗水流在这座城市的每一个角落；人生最跌宕的回忆与这座城市的影像完全重合；人际关系离了这座城市就不那么灵便；你熟悉这个城市的每一条潜规则；知道如何避过上班高峰期出行；知道哪家饭店好吃又不贵；知道电影院哪天半价；话剧场有相熟的黄牛；花店里完全懂你审美的老板娘，不用说明就快手快脚扎好一束你最喜欢的鲜花，给最优惠的价格和最迷人的笑容。

你早已习惯了这里的一切，离不开，割不舍。

07

我亲爱的朋友，你可以羡慕那些住在小城的友人，想念那些家乡的亲人，你也可以幻想，如果不曾选择这样的生活，会过另外一种怎样的生活。

但你不能做这样的白日梦：安逸，自在，逍遥，毫无痛苦烦恼，逃避责任与义务，如陶渊明一般遗世独立地活着。

因为生活从来不对任何人例外，每个人一生悲哀与快乐的份额完全相同。只要睁开眼面对新的一天，就必须独自背负起压力与使命——无论在遥远的丽江，还是在忙乱的北京，我们都注定艰难但灿烂地前行。

我们留在这里，从来不是身不由己，而是选择在这里经历生活。

那些青春记忆里的大雨

✽午歌

记得看电影《重庆森林》时，看到金城武在失恋之后，冒着瓢泼大雨，一圈一圈沿着操场振臂飞奔的场景，心中一颤，我觉得这就是青春本来的样子：荒唐、生涩又肆无忌惮，在水花和泥土的飞溅中，迈出大步，切开雨帘和时空，不明所以，不知疲倦。也因此，想到青春，常常就想到青春期的大雨。

1

初三那年的晚自习，有一天，夜里忽然起了风。接着，闷雷从遥远的天际滚来，天空像一大包袱似的，猝不及防地被一道闪电劈开，将漫天的雨滴抖落。一瞬间，雨帘哗哗哗，密布了整个校园。

放学后，我和几个没有带伞的同学，躲在校门口小卖部的屋檐下，看着大雨在积水面上，敲出一个又一个水泡，打着旋儿地聚拢又散开，近乎绝望地等待雨停。

不久，我看见父亲骑着自行车，穿了一件长款的旧式帆布雨衣，远远地从昏黄的路灯下骑过来。雨很大，他却骑得分外急促。我有点骄傲地叫了一声："爸爸！"便跑向他。父亲看到我，停下车，从自行车后架上抽出一柄黑色长柄伞，迅速撑开，遮在我的头顶。

"快拿着！"

"哦！"

我急切地应了一声，准备向屋檐下躲雨的同学挥手作别，就在转身的一刹那，我看到那柄黑色的帆布伞，竟有两根伞骨是断的：圆形的伞面，因为伞骨的损坏，突兀地耷拉下一条长舌头，像一个讽刺的笑话。

我忽然觉得在同学面前丢尽颜面，一时恼怒，故意加大音量，用近乎质问的语气对父亲嚷道：

“家里有好几把伞，为什么单挑了把破的？”

“怕你淋雨，来得急了点。”

父亲一副满不在意的语气，一下激怒了年少虚荣的我。

“谁要用这把破伞？！”

我丢下雨伞，将书包夹在腋下，愤怒地冲进雨帘。积水迅速倒灌进我的鞋子，如大地伸出沁凉的爪子，一次次攥紧我的裤管和双脚。我不顾一切地向前奔跑，任雨水打在脸上，打湿全身。远处花花绿绿的霓虹灯，从密布的雨帘中生长出来，像五彩斑斓的眼睛，风声呼啸，又仿佛有人在为这躁动的青春和夜晚，鼓出掌声。

2

如果没有我的初恋，我可能一辈子都不能感受到南方的雨季。

我们在大一的寒假“相识”。那时我们只是网上的聊友，头一个月里，聊尽了兴趣、爱好和人生观等话题。之后，她在好友栏里百无聊赖地删除了我，而我却毫不知情地写了封信给她。

然后，我们便决定要在一起。

大二时她做了文学社的副社长，我做了学生会副主席，在写了上百封超长情书之后，在交换了青春素颜的玉照之后，我们对纸上谈兵的爱情生活索然无趣。于是我搭乘了一列绿皮车一路晃晃停停赶到合肥，她在大学寝室里一夜心似狂潮般等到天亮。

火车在破晓时到达合肥站。我人生第一次感受到了南方初秋的雨。那雨遮天蔽日地袭来，清凉而绵密。我在雨中的凉亭下躲避，拨通了她寝室的电话：

“我到了，等你！”

半小时后，雨越下越密集，渐渐地，仿佛诸葛亮哭周瑜般如诉如泣，仿佛孟姜女哭长城般千愁万绪，仿佛祝英台哭梁山伯般歇斯底里。这阵势，完全颠覆了我在戴望舒诗句中对我初恋出场时的寄托：

撑着油纸伞，独自
彷徨在悠长、悠长
又寂寥的雨巷，
我希望逢着
一个丁香一样的
结着愁怨的姑娘。

她撑一柄逆风飞扬的小伞，身姿摇曳，如凌空划破雨帘而来。秋风轻易地掀翻了她的裙摆。

我们在校园里的斛兵塘里走了又走，驴拉磨子般把整个池塘磨成浆水，小雨落落停停，更年期似的絮絮叨叨。

天黑后我送她回了寝室，她又送我回了宾馆。

我躺在床上傻傻地发短信给她：“你到宿舍了吗？”

她回复：“你怎么这么笨啊？”

夜里起了风，雨水砸在窗外的雨棚上，嘭嘭嘭，像巨大而结实的心跳。

3

大三的那年的暑假，我参加了一个赴河北赵县的社会实践小分队，深入赵县贫困地区展开支教活动。

我们在一个黄昏到达了赵县，中学里已经放了暑假，校长把我们安顿在学生寄宿的土坯房里。查看了地形以后，我和带队的小丽老师商量，最终选择到“小瓦房”的教室里睡觉。教室里没有床铺，我们就把课桌、凳子拼成一张大通铺，男生、女生各睡一间，各滚一床。于是所谓“支教”，变成了名副其实的“支桌睡觉”，白天我们没心没肺地从庄稼地里踩过麦秆，偷有名的赵县雪花梨到集市上换西瓜；夜里集体出动去扣白杨树上的“知了猴”（金蝉），然后一边在操场上烧烤“知了猴”，一边讲耸人听闻的鬼故事。

那年我们21岁，青春茂密而葱郁，像施了钾肥的植物一般向上生长着。

临行前的最后一晚，带队的小丽老师决定带我们去村口的一家小饭馆里解馋。小饭馆里刚炖了一锅排骨，香得能把我们的十二指肠勾出来。

天气闷热得厉害，男生在里屋，剥光了上衣，大块大块地啃起排骨。女生在外屋，一样大块大块地啃起排骨来。一锅排骨瞬间见底。

小丽老师善良而美丽，她是我从前高中的师姐，只大我三岁。我和她一起找到了同样善良而美丽的饭店老板娘，苦口婆心地谈了半天，最后把他们一家人用作晚饭的排骨也买了过来，总算让同学们解了馋。

晚饭没吃完，妖风大作，黑云压城，花生米大小的雨点砸下来，瞬间就把村里的黄土路浇得稀软。由于抢了东家的排骨，实在没脸继续赖下去避雨，小丽老师买单后，我们便一起冲进雨帘中。

男生在前，女生在后，黄泥路像一条湿滑而黏稠的舌头，舔一下脚板便能吸住它。没跑几步，就陆续有同学把鞋子陷进泥水里。这之后，有几个女同学迅速地爬上了男生的后背，再之后，男生把鞋子别在腰间或攥在手里，如一路转移妇女儿童似的，滚回了“根据地”。

回到教室，衣服已经完全湿透。由于一场暴雨迅速拉近了矜持的男女关系，大家各自换好衣服，又意犹未尽地坐到了一起。

我们在教室中央用破书本和烂凳子升起一堆篝火，湿衣服晾在篝火的一侧。女同学拿出最后珍藏的零食和男同学围坐在一起，没有知了猴，也不讲鬼故事，那天夜里，我清楚地记得，我们一直在教室里唱歌：唱破了喉咙，唱跑了调，唱得心里直痒痒。大雨就在窗外不知疲倦地下着，“哗哗哗”的声音仿佛从亘古地平线传来，传向遥不可及的天际。

火光里，我问小丽老师：“你有什么理想？”

小丽老师说：“我想找个像你一样的男朋友。你呢？”

我说：“我想永远活在这个下雨的夜里。”

赵县的最后一个清晨，中学宿舍的土坯房在暴雨中坍塌。我们睡在小瓦房的教室里，幸运地毫发无损。第二天一早，雨停了，大家望着坍塌的土坯房却久久不肯离去，我们开始帮村民一铲一铲地把坍塌的土块从宿舍里铲出来，齐整有序地排成一队，在大太阳下挥汗如雨，直到暮色深沉，才依依不舍地向村民们挥手作别。

那是生命最好的好时光，那是青春里最大的一场大雨。

后来的后来，我再不会因为一点“有失颜面”的小事和父亲争吵，也不会荒唐而固执地在雨夜飞奔。

后来的后来，我的初恋告诉我，我们不合适，还是分了吧。此后无数次的雨中，我依然撑伞漫步，但身边的女孩却永远再不会是她。

后来的后来，小丽老师终究也考研离去，渐渐没有了任何消息。那些当年一起下乡支教，说好一起打闹、永不分离的同学们，也如在雨水中泛起的水泡一样，起初打着旋儿地聚拢在一起，又在风乍起时，散向各自的远方。

此后很多年，我在异乡生活，经历了各种各样的大雨，像无数稳健持重的成年人一样，撑伞在雨中疾步，没有幻想，也不带情绪。直到有一天，我看到电影《重庆森林》里的金城武，在雨中狂奔的情景，方觉那应该就是青春特有的荒唐、生涩又肆无忌惮的本来面目。这时音乐响起，一首激扬悦耳的《California Dreaming》挤进耳朵里，歌里唱道：

树叶转黄，
天空灰蓝，
我散着步，
在一个冬日里，
感到安全又温暖。

不知怎么，我的眼眶竟然红热起来，恍然间我有了扬起大步穿越雨帘的冲动，树叶、天空和冬日的暖阳，和一切一切在许多年前被大雨打湿的记忆，在冰冷的都市水泥森林里破土发芽，抽条疯长，青春从未因经历雨季而褪色，我们走着，在向上生长着的虬枝条叶里，仍珍藏着最晶莹的水滴。

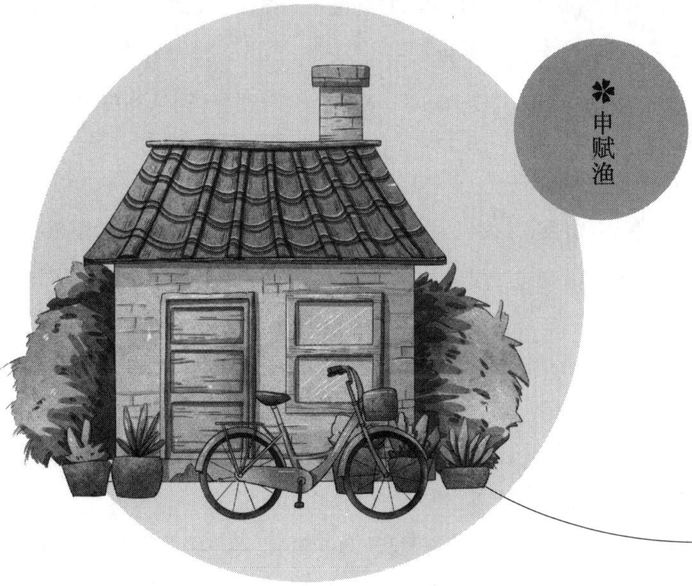

出走的故事

✿申赋渔

小学毕业这一年暑假，我被父亲毒打了一顿，无法承受，我离家出走了。这次出走，对于家人和我，都是猛烈的震撼。

半夏河是一条人工河，当年挖河挖出的泥土就堆在村西南的河边上，沿着河，形成一座绵延几里的土山。

放了暑假之后，我和小伙伴们每天午饭之前，挖满一篮子猪草，就来这里玩“打仗”。

村里的大人们在小土山旁边的田地里干着农活，农活结束了，就喊自家孩子回家。

这一天是父亲喊的，我正大呼小叫地玩得起劲，父亲喊了好几声，我完全没有听见，还在疯子一般地乱跑。忽然大家都停了下来，目瞪口呆地看着我。我回过头，父亲已经到了我的身后，他扯着我的耳朵拉我回家。

走了好几步，我用力掰开了他的手指，跑开去，找到我装猪草的竹篮子，飞一般往家跑去。

当父亲喊着正在疯玩的我，我完全没有听到的时候，有人挑拨着易怒的父亲说：“你看，儿子大了，管不了了吧？”在我挣脱父亲、一个人跑掉的时候，他们又哄笑起来，父亲觉得失了面子和做父亲的尊严。

我回到家的时候，父亲也回来了。他进了屋子，从里面拿了一根绳子，使劲地抽在我的身上，大声吼道：“叫你玩！叫你不听！叫你跑！”喊一声，抽一下。我站直身子，不动，也不说话，任他鞭打。

不是我的哭喊，我没有哭喊，而是父亲的咆哮引来了邻居。有人抢下了父亲手中的绳子，有人把他拉到了旁边。有人说：“你看这孩子多犟，跟你爸认个错不就拉倒了？”我手里还拎着小竹篮子，沉默地站着。父亲被邻居拉走了，人群散去。

背上火烧火燎地痛。我用手摸了一下，一道一道的鞭痕肿了起来。我转身离开了家。

我不知道我要去哪里，我只是想离开家。

我沿着半夏河朝东北走出了申村，一直走到高庄的那座大桥上，大桥底下泊着许多船。我站在桥上不停地淌着眼泪，那个打我的人，是我的父亲，我不能对抗他，我能做的，只有逃跑。

我不能总在这桥上站着，我要走，走得远远的，走到谁也不能打我骂我管着我的地方。我沿着河边的路一直往北。天渐渐地黑下来，我一步一步地走着。虽然背上依然疼痛，心里的愤懑却渐渐消退了，我开始想我该去哪里。我十一岁，小学刚刚毕业，我没有吃的，也不知道晚上能睡在哪里。未来对我而言是黑的，是可怕的，可是我宁可走进这个黑色当中去。我走了几十里路，没有回过一次头。

半夜了，我还在走，沿着河边。四周是旷野，最近处人家的灯光也已经不见了，河上也看不到船。偶尔会听到风里传来奇怪的声音。脚被磨得很疼，我把鞋子拎在手里，光着脚走在路上，越走越慢，影子越拖越长。

下半夜的时候，身后骑来一辆自行车。车子越来越近，骑车的人用手电筒照着我，我回过头，是我的邻居铁头。

全村人都出动了，听到消息的亲戚们也出动了，人们往四面八方去找我。有人说在高庄的桥上见过我，人们又从高庄的桥往各个方向去寻找。铁头沿着河，一路追了下来。

我不肯跟他回去。他说："要不，送你到俞庄舅舅家吧，你哪天想回去了再回去，不想回去，就住着。"

整个暑假，我就和小舅舅住在搭在旷野里的瓜棚里。这一大片西瓜地很少有人来。小舅舅给我找来一本破旧的《水浒传》，我就一遍又一遍地看。累了，就到田地里走走，或者卷起裤腿，站在旁边小河的浅水里，看小鱼游来游去。

这个世界上，再也没有一根线牵着我了。

三十年之后，父亲已经常住南京，和我们住在一起。我已经有了女儿。女儿的小名叫"唱唱"，在南京仙林读小学，一周才回来一次。本该接她的一个周末，我因为有事，就请父亲去校车的停靠点接她。

他是坐公交车去的，下来之后，却怎么也找不到校车的停靠点，父亲借了别人的电话打给我，放下电话，我就火速地赶过去。

天下着雨，我刚到接送点的路对面，校车就到了。雨越下越大，家长们撑着伞，拥在路边上等校车停稳。乱糟糟的人群当中，我看到了父亲。他没有打伞，也没有戴帽子，满头白发湿漉漉地贴在头上，踮着脚，紧张地盯着缓缓打开的车门。唱唱终于出现了，父亲挤过人群迎上去，满脸都是欣慰的笑。他一手接过唱唱的书包，一手把拿在手里的帽子戴上，打开伞，罩在唱唱的头上。这时候，我也走到了他们旁边。

"爸爸，下这么大的雨，你怎么不打伞，帽子也不戴？"

"我怕唱唱看不到我。"

父亲用衣袖抹了抹脸上的雨，领着唱唱往前走。他左边的肩膀已经完全露在外面了，还在把伞朝唱唱身上倾斜。

父亲是和母亲一起来接女儿的。明明我告诉他的站名是对的，可是公交车停下来，却不是校车停车的地方。他让母亲守在原地不动，他往回走，边走边问人。

等我赶到的时候，他已经找到了校车停车的地方，也终于接到了女儿。然后，我们又去接我母亲。可是到了母亲本该站立的地方，母亲又不在了。我心急如焚，父亲也急得手足无措。南京对母亲来说，是个完全陌生的地方。而且，母亲不会说普通话，又不识字，丢了就真不知道她会到哪里去了。

父亲气得直骂："让她在这里一动不动，等我回来，她不听。随她去，丢了就丢了，丢了就丢了。"说着，声音已经颤抖起来。

唱唱不停地问："奶奶呢？奶奶呢？"

我们又沿着路边往回走。雨不大，可是一直下着，父亲这时候还用伞把唱唱护得好好的，我和他的全身都已经湿透。走了一里多路，我看到前面十字路口，有人站在那里踌躇着，看背影像母亲。我飞快地跑过去，到面前一看，果真是她。

母亲浑身上下都已经湿透了，脸上也全是雨水。她担心父亲一个人找不到唱唱，也一路找过来，完全忘了自己会迷路。唱唱朝她跑过来，她连忙喊："不要跑，下雨呢，在伞底下。"父亲和母亲把唱唱夹在中间，用伞罩着她一个人。

在一个屋檐底下等车的时候，看着他们又高高兴兴地向唱唱问这问那，我的心里变得暖和起来，仿佛女儿就是小时候的我。我就想，如果能把这个情景拍成照片，寄回到三十年前，就好了。

我就不会那么孤单、那么伤心了。

我最害怕的那种生活，彻底结束了

✿独木舟

教师节前一天，我的好朋友结婚，为此我很难得地回了一趟家乡。

下午他们在酒店设的新房里庆祝打闹的时候，我忽然侧过身去跟一个同样看起来百无聊赖的哥们儿说："嘿，陪我回一中看看吧。"

所有认识我的人都知道，我是一个念旧的人，可是毕业七年来，我回母校的次数屈指可数。

在我生长的那个小城市，20块钱打个出租车可以环城一圈，甲、乙、丙、丁凑一桌吃饭，每个人都能扯上点亲戚关系。自然，谁家要是出了点什么不光彩的事，街坊邻里之间的传播速度堪比今时今日的热门微博。

转学去一中之前，在另外一所学校，我已经是全校知名的"不良少女"。

很奇怪，到现在我也不懂为什么这个名号会落在我头上，我固然不算是乖学生，但比我混得好的大姐头也多的是，细想一下，之所以名声在外，大概是因为我在某位老师的茶杯里放了点粉笔末这件事。

我是受港片和日本漫画影响长大的那一代小孩，在那些影视作品和漫画作品中，学生恶搞老师是司空见惯的桥段，整件事情中我错得最离谱的一点，就是很傻很天真地认为，我们学校的老师也会像那些作品里的老师们一样，对学生的种种恶作剧一笑了之。

那是一次月考，一位烫着方便面卷发的老师趾高气扬地坐在讲台上。考试过程中，她不断冷言冷语地讽刺着我们这些普通班的“学渣”，又拿奥赛班和精英班的学霸们来刺激本来就屁都写不出来的我们。交卷的铃声响过之后，我跟另外几个同学一合计，要让她为自己的势利眼付出点代价才行。

我已经不记得是哪个同学提供的粉笔末，又是哪个同学把白色的粉笔末撒进了那位老师装满冷开水的茶杯，只是，全班同学都看到了，是我把茶杯从办公室里拿过来的。

那位老师当然没有喝下那杯白开水。事实上，打开杯盖就能看见水上浮着一层白色粉末。

时隔多年，关于这件事情的很多细节我都记不得了，只记得当老师追究起责任的时候，我便当着所有人的面站了出来，承认是我干的。

到如今我仍然无法确切地陈述自己的动机，是出于一个差生对校纪校规的藐视？是少年心性对于某种不公正的挑战？是纯粹只想出风头、博关注？还是那种莫名其妙的使命感？

不管怎么样，我低估了事态的严重性。

无论是真英雄还是逞英雄，总之，英雄都是要付出代价的，我在第二年文理分班的榜单上来回搜寻了几十遍，也没有看见自己的名字。我接到这所学校的劝退通知。劝退，就是比较好听的“开除”。

据我妈所说，那天她一从别的同学那里听到这个消息就吓得半死，她的第一个念头就是，完了，存折还在这个鬼丫头手里，她肯定要离家出走了。

是啊，我原本是高高兴兴带着存折去报名交学费的，谁知道生活的走向突然急转直下，我在一个小时之内，成了失学少女。

在我的记忆中，那天的黄昏持续得特别久，而回家的路，特别特别漫长。

我不知道自己拖着沉重的脚步走了多久，最后，我瘫坐在马路边的台阶上，茫然地看着滚滚车流。

我不敢回家，也没脸回家，我搜罗了脑中所有的词汇，也找不到合适的措辞去应对我妈。

坦白讲，这件事对我妈的打击比对我还要大，作为一个单亲家庭的母亲，她一心只想养出听话乖巧、品学兼优的女儿，死也无法接受自己的小孩居然会被学校驱逐的事实。

那恐怕是我少年时代所度过的最枯燥、最乏味，也最低落的一个暑假。

直到别人都上学一周之后，我妈才帮我办好了入学手续。

这么多年来，我一直逼迫着自己不去想，那次转学的过程中，我那无权无势更没钱的母亲，她是怎样厚着脸皮找关系、托朋友，再托朋友的朋友去打通关节的。在新学校的老师办公室里，她是怎样避开其他人的注意，不声不响地往那位答应接收我的老师抽屉里塞进两条烟的。她一生要强，性子刚烈，却将自尊踩在脚底下，卑躬屈膝地向老师保证说：“我女儿品性并不坏，她只是太叛逆，太叛逆了……”

我没法设身处地地去想象我母亲当时的感受，唯一的原因是，至今我仍无法战胜那份存在于我内心长达十年之久的羞耻感。那份本应该由我自己来承担和承受的耻辱，那些原本应该由我自己去面对和解决的难题，我的母亲，她替我去承受了，替我去解决了，也许完成得很艰难，也许并不是毫无怨怼，也许姿态不够好看，但她做到了。

然而，新的学校，新的班级，并不意味着学生时代噩梦的终结，在所有的励志故事和心灵鸡汤里，主角都该幡然醒悟，痛改前非，继而奋发向上，一雪前耻，但我的人生剧本并非如此。

命运那双翻云覆雨手似乎要把我往一条路上推到底——我仍然是老师最不喜欢的那一类学生，不仅天资平庸，而且不够努力。

多年后，偶尔有新结识的朋友得知我的职业时，会欣喜地说些“原来你是作家啊？我读书的时候作文也写得很好，得过市里一等奖哦”之类的话，我笑一笑，不知道怎么接话。

事实上，在那些年中，我的语文成绩都算不上有多好，更别提让我痛不欲生的数学和英语。

升入高三之后，我崩溃过很多次，无数个夜晚我蒙头大哭，觉得未来的人生只会是一片灰暗，没有一丁点儿希望。

每一天，我都过得那样提心吊胆，班主任给我这样对升学率毫无帮助的学生的脸色一天比一天难看，每月一次的摸底考试就像是缓慢而残酷的凌迟，时时刻刻都要做好被老师通知叫家长来的准备，那真是炼狱一般的岁月。

经常在某个周一的早晨，我进到教室里发现自己的桌椅不见了，同学告诉我，老师叫人搬去她的办公室了——我们这些差生不用上课，去办公室里写检讨。

我不知道还能怎么办，我想过，或许我应该老老实实地承认，我真的不是读书的料，就算我每天晚上不睡觉地做练习题也是徒劳。

我永远不可能成为一个优秀的学生，不可能成为一个值得所有人钦佩的榜样，更不可能成为让母校为之骄傲的孩子。

我是那样绝望，班主任在把我母亲叫去学校、让我母亲把我领回家去的时候，她对我说：“你这样的人，出生就是一个错误。”

我想我一辈子也不会忘记这句话，不会忘记在我17岁的时候，有人曾经这样恶毒地伤害过我。

我终生也不会原谅。

我很敏感，又很孤单，内心那么多、那么重、那么激越的情绪无处排遣，除了把它们写出来，我再也没有任何别的办法。

我不断地写，在练习本上写，在信纸上写，上课时躲在堆得像山那么高的参考书后面写，回到家里藏在试卷下面写，我并没有任何信念，也没有明确的目的，更不可能未卜先知地估算到这件事会成为我日后赖以生存的方式。

对于那时的我来说，文字不是一条出路，它不意味着荣耀，它只是一个生活在下水道里的人，抬头能看见的那片小小星空。

而那点零星的光，便是我支离破碎的青春中，唯一的救赎。

高考前夕，班主任当着全班同学的面说，有些人反正是考不上大学的，不如现在就不要上课了，早点去找个工作，还能减轻家里的负担。

她的眼神有意无意地落在我的脸上，那种轻蔑，叫我没齿难忘。

出乎意料的是，我考的分数竟然过了线，虽然不是什么好学校，但总算是有个去处。收到录取通知书的那天，我很平静，没有太多的悲喜，也没有雪耻的快感。

18岁，我收拾好行李，独自坐上了去学校报到的大巴车。发车的时候，我回头看到我妈在汽车站孤零零地目送我的样子，压抑了无数个日子的眼泪，这才汹涌而出。

我知道，我最害怕的那种生活，终于，彻底结束了。

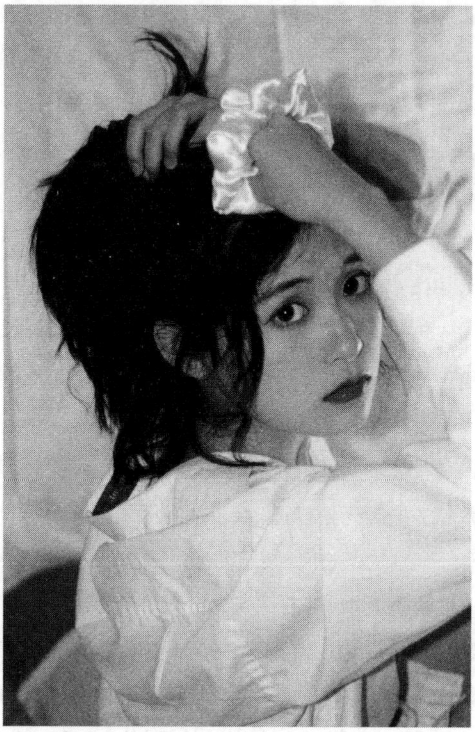

我终于与镜中的自己和解

✽文珍

一

我一生之中最频繁照镜的一段时光，是在25岁至27岁之间。那几年断断续续地在学弗拉明戈舞，因为受我喜欢的女作家影响。黄碧云曾盛赞这舞蹈的生命感，而我当时只嫌自己太年轻，迫不及待地要学习并懂得，何谓生命，何谓生命感。

这原本无法照出的一切，我当时长久凝视教室里的镜子，竟然清清楚楚地都看到。

我看到我的手还向空中举着未曾落下，裙子被另一只手提高还来不及扬起，左脚踏后，右脚向前。静止的这一刻，脸上似笑非笑。

舞蹈老师及时把我从梦中惊醒。她说："看镜子。向十点钟方向，甩裙子，头再迅速回正。"

我和所有其他同伴照做。

"下巴要骄傲，眼神要坚定，肩背要笔挺。要相信自己最美！"她厉声道，反复强调看镜子。于是我继续看镜。幻觉消失，努力追随着镜中人的影像。

"不用笑。不是照相，你不需要假笑。"老师说。

我喜欢这句话。我喜欢不必取悦任何人，只是坦然地平静地看着镜中的自己。目不转睛地，等那张好端端的脸孔随着镜子流淌成云，盛开成花，波光潋滟为水，或者只化作一阵大风。

学过或看过学舞的人必定知道，舞蹈练习室最基本的设施就是那四面墙上顶天立地的镜子。你站在中央，转头向任何方向，都看到自己的身影无处不在。那一刻，甚至比在舞台上更像在世界的中心，因为不但别人可以从四面八方看到你，你也在凝视自身如凝视深渊。

练舞镜子主要用于调整姿态，然而就算这时候舞者仍忍不住时刻要注意自己的脸。天生左右不够对称的面庞，竭力微笑或者宣告放弃的鬼脸——总是那样愚蠢，总是那样没有自信。

二

我家里一直没有全身镜，只有八个宜家买回来的小方镜，拼在储物间的门背后，打开门才能看到。有时也会在走廊与陌生的镜子狭路相逢。驻足数秒，唯恐人看到般仓皇走开。哪怕身后空无一人，仍然感到某种不可名状的窘迫。

也不是不照镜子——在背着人的时候。通常是椭圆形的小镜，大小只够容脸。尽可能伸长手臂，才能看到头发、脖子和肩。

我和镜子的缘分开始得相当之晚。稍有记忆，已经是《封神榜》热播的时代，八九岁的我站在大衣柜镜前，仔细端详自己有没有一点像妲己；再大些，看《上海屋檐下》，又迷上里面演宋庆龄的李羚，因她是齐耳短发，就站在镜前自己给自己剪刘海儿，总嫌剪得不够齐，一刀一刀剪下去，渐渐刘海儿又短又厚，无法见人。至今仍然在那时期的家族合照里十分醒目。

童年时代我无从判断自己的美丑，因为没人肯提。家里关于长相的话题始终是个禁忌。十岁坐爸爸摩托车出去兜风，路遇熟人恭维，爸爸回来学说，妈妈便说："好看什么？一只丑小鸭！"

就这样默默丑小鸭了许多年。又因近视，戴一副遮住半张脸的黑框眼镜，做眼保健操时才取下。要好同学告诉我："有人趁你做操时偷偷看你。"但也不信是因为好看，只担心鼻梁上有眼镜压出的可笑印子。

11岁，父母都到深圳去了，我被托管在奶奶家。偶尔照镜，奶奶便骂："怪不得成绩不好——红漆马桶。"

这是一句很厉害的骂人话，意思是说只有外表堂皇。

这一切都造成了整个青春期对镜子无法言说的羞耻感，至少是绝不能当众照的——连当时暗恋的男生上课照镜也引为憾事，怎么可以这么肤浅？

然而私底下，我仍然珍藏了一面小镜子，还是初二时表妹给我的旧物。外形是巴掌大的卡通青蛙，里面配的小梳子早就丢失了。我一个人时常凝视里面的自己。怀疑过自己一只眼睛大，一只眼睛小；也怀疑过鼻梁不够挺直。对镜子练习露出八颗牙齿，午睡时也偷偷把它带上床。

迟来的自我觉醒和青蛙王子一起，陪我度过整个黯淡无光的青春期。高中有一次和父母去珠海玩，却把镜子丢在了大巴上。下车后遍寻不得，失魂落魄很久，直到终于在座椅缝隙里找到熟悉的一抹绿才安心。我爱它，如同爱尚未完成的自我，认定只有它才不至于失真变形。那才是唯一的、真正的自己。

我当时并没有比它对于我来说更重要的朋友。

上大学后它依然陪伴我。我把它带到新的寝室、新的抽屉、新的床，结识新的朋友，让它见证头发一点点从短变长。大一暑假，甚至为它写了一篇小说，就叫《魔镜》。

"魔镜魔镜，谁是世界上最孤独的人？告诉我，告诉我。"

青蛙王子最终也会离开。来北京读研后，这面陪伴我超过十年的旧镜子终于有一天不小心摔碎。彩云易散，琉璃脆。我用了很长时间，默默消化掉这桩不足为外人道的惨剧。长久不再照镜。又过了更久，开始觉得照什么都一样。

而碎掉的青蛙镜我则一直带在身边，时至今日，偶然拉开抽屉还会看到。它的外面看上去仍然完整，没人知道它已从里面四分五裂，再也无法修复。

然而我看着它，旧得那么亲切，就像看少年时代唯一的朋友。

三

开始接受全身镜中的自己，是在学弗拉明戈舞之后。

和六七个学舞的同学一起，排成一列，一模一样地甩头，击掌，提起裙子并抛至另一侧。从镜子中看到自己在集体队列之中，会有一种异样的平静。

也许从那时才终于克服从青春期起对镜子尤其是全身镜的惧怕。也许自打破了那面青蛙镜开始，我不再期望有亘古不变的关系存在，却开始真正长大。

跳舞老师一直说："看镜子，要相信自己最美。"

我其实从来并不真的相信，但早明白美丑并不是那么重要的一件事。美也好，不美也好，总有些东西是镜子无从了解，而只有自己知道的。我学会坦然面对任何一面镜子，接受任何形态的镜中人，也学会面对这个遍地幻象的世界。镜子不过是镜子，而自己永远都可以从镜前走开。或许青蛙镜决定碎掉，也不过是为了最终放开我。

然而我毕生怀念与它共处的时光。它认识我的本质，远比我自己更早。

晴朗远远多于阴霾

✿ 孟夏

1

高三毕业的那天，我在垃圾堆上，看到了一只亮黄色的香蕉抱枕。这只抱枕是我的，或者说，在我把它送给我的同桌之前，它曾经是我的。

那个时候我们高三。同桌午休的时候喜欢直接把额头抵在桌面上，但是桌子太低，醒的时候就会脖子疼。所以他过生日的时候，我送了他一个抱枕，这样就可以把头垫高一点了。

我的高三生活过得很不愉快，而其中为数不多的愉快是和他做同桌。送这个抱枕，一方面是他过生日；另一方面，是我很想表达对他的感激。我很希望他知道，在一些不太顺利的时刻，我是靠他讲的笑话撑过来的。

但在垃圾堆里看到抱枕的那一刻，我实在不知道该怎么做了。同桌的家并不远，就在学校的隔壁。但我到底是要装作无事发生，还是要捡起这只抱枕，跟他说"嘿，你落了这个"呢？如果我要再一次把这个抱枕送还给他，我应该表现出什么样的情绪？是要若无其事，还是要装作有一点被冒犯但不严重的生气？还是要像我内心实际感受到的那样受伤呢？无论哪一个答案，看起来都过分艰难了。所以直到最后，我也没有勇气捡起那个抱枕。只是收好自己的东西，然后离开了教室。亮黄色的香蕉抱枕醒目地躺在无人认领的旧校服、再也不用的笔记本和撕得粉碎的教科书之间，最后被不知道哪一位清洁阿姨扔掉了。

我一直都对被讨厌的线索非常敏感。初中的时候，班里有两个我挺喜欢的女生是好朋友，其中一个和我常常一起坐车回家。某个冬天的傍晚，我们又在车站一起等车，像平时那样欢快地聊天。我给她一连讲了很多个笑话，她笑得前仰后合，擦起了眼泪。笑完之后，她缓了缓劲儿，突然对我说："你真有意思。我觉得你不是一个像××说的那样坏的人呀。"××是另一位我挺喜欢但不算熟悉的女生。这是一句听起来很像表扬的话。但当时的我思路突然难得的清晰。稍微琢磨一下，我就明白了：原来××一直在背后对她说我的坏话；她也一直都在听××说我的坏话。那种"被背叛"的感觉是瞬间涌上心头的，气氛突然地冷清下来。车来了，我们在拥挤的车厢里被人流挤向两边。下车的时候，我们没有互相道别。

后来我们就没有像以前那样努力地约着回家了。在车站碰到还是会聊天，但像那个冬天一样气氛热烈的傍晚，再也没有了。在好几年的时间里，我都觉得，离开一个可能没那么喜欢自己的朋友，是让自己安全的行为。

我没有想过的是：对那个女生而言，即使她很好的朋友一直在说我的坏话，她还是一直都在和我一起坐车回家；即使她很好的朋友一直在说我的坏话，她也还是愿意对我说："我觉得你不是一个像××说得那样坏的人。"在那个冬天的傍晚，她最想告诉我的，也许仅仅只是“我觉得你很好”。

2

高中毕业后，我和高中的同桌还在继续联系。我们终于都告别了“自己给自己添堵”的青春期，进入了“生活主动给我添堵”的成年时期。接下来的几年里，常年和焦虑搏斗的我，终于稍微掌握了情绪自理的能力；而本来率性潇洒的同桌，则在繁乱的生活里稍微显得左支右绌起来。更多的时间里，我们开始互相打气。

在我最消沉的时候，我会买高铁票去他念书的城市，在他们学校的食堂里吃早餐，听他花式吐槽最近的生活。尽管在去程的高铁上，我还是常常会想起那个被丢掉的抱枕，隐隐担心他只是出于客气，而并不真的想要招待我。但在回程的时候，这种担心总是会烟消云散。终于，我确信了这是一个“我可以去的地方”。而拥有一个“可以去的地方”，对我而言，实在要比“送出的礼物不会被对方丢掉”，重要太多了。

总感觉高中毕业没多久，我们就又大学毕业了。我们北方人是很难记得出门带伞的。大四的梅雨季节，同桌在上海实习，两个月买了十一把雨伞。毕业之后他去了杭州。下高铁的时候他发微信给我：“我晕，杭州也下雨了。而我竟然把所有的伞都留在了上海。”想象着他在火车站买第十二把雨伞的样子，我忍不住笑出了声，随口接上一句：“太真实了。你高中毕业的时候也把我送的抱枕留在了教室。”很长时间没有回复，我以为他已经忙着赶路去了。突然又收到了一条：“我毕业之后过了一阵儿才想起忘了拿那个抱枕，但当时已经找不回来了。后来我每年生日的时候都会想起那个，但是我一直都不知道怎么跟你提这件事。”那一刻，我才知道，原来对于这件事，他也有“不知道怎么办才好”的一面。

已经过了四年了。连我自己都差不多已经接受了“这就是一位活得比较潦草的直男”的设定，觉得他弄丢我送的礼物是一件很好理解的事了。但就是这位“生活潦草”的直男，四年里的每一个生日，竟然都会苦恼一遍怎么跟我解释。当时我想，足够了。知道他有在想这件事，对我来说已经足够了。

在很多感到受伤的时候，我都会想起月亮的背面。月亮是一个球体，它一边围绕地球旋转一边做自转运动。在这种双重的转动之中，有一半的月球表面，永远都在地球看不到的背面。在地球上，我们只能看到月亮明亮、皎洁的一面。

我曾经认为人和人之间的关系也像是这样，被展示出的总是和谐与快乐的一面。人们会一起在车站等车，在一张圆桌上热闹地吃饭，拍充满笑容的大合照发朋友圈，用各种各样的形式共享欢乐。可谁也不知道，背后是不是隐藏着不满、轻蔑和满不在乎。

3

会被我“记仇”的那些时刻，有很多都是我大失所望、深感受伤，自以为看到了“月亮的背面”的时刻。但在不断“记仇”的过程中，我开始觉得，人和人之间的关系，具有的不是正面和背面，而是相互并列的很多面。就像我和我的同桌，我们共度的快乐潇洒的高三时光是一面，毕业后被丢在教室里的抱枕是一面，多年来的彼此打气是一面，他漫长的、不知如何对我开口的歉意，也是一面。

有哪一面比其他面更加重要吗？从理性上说，我认为是没有的；但从感性上说，我渐渐相信，积极温暖的那些面比消极疏离的那些面更加重要。如果让我回到和初中同学一起等车的那天，我想我还是会因为她透露的那句“xx说你讨厌”而感到稍稍受伤吧。但是我会更用力地体会和记住，她补充说明里的“你真有意思”和“我不那么觉得”。被拒绝和被讨厌的线索是存在的。但还有更多被接纳和被关心的线索。如果在感觉到被拒绝的瞬间，就太快地后退的话，就会错过那些好的部分了。

完全晴朗的、没有阴霾的关系，是真的存在的吗？人和人一旦靠近，就有可能互相伤害。那么关系中存在着磕碰和错待，似乎是个必然事件。但是，只要晴朗的部分远远多于阴霾，或者我们看重晴朗的部分远远多于阴霾，那些积极的温暖的线索，就可以把忽视的拒绝的线索层层包裹起来。

天崩地裂会有时

乌冬

一

我爸的爱就像博物馆展厅里的冷气，不开则已，一开起来就让人瑟瑟发抖。

大概在我小学二年级的时候，我爸突然想好好爱我一下，他抽出一下午的时间，先是给我买了一条我根本不喜欢的裙子，又买了一个和裙子根本不搭的小包，紧接着带我去看电影。由于在劝我穿上那条我根本不喜欢的裙子和背上那个和裙子根本不搭的小包上花费了太多时间，等我们到电影院的时候已经没有什么电影可供选择了。但是我爸的爱丝毫没有退却，他十分潇洒地买了两张离开场时间最近的票，还买了两杯巨大的饮料和一桶巨大的爆米花堆到我怀里。

那是1997年的夏天，我作为那个夏天唯一的“圣诞树”艰难地挪进了影院。然后我发现，座位在第一排，而影片的名字是《天崩地裂》。我转头看看我爸，我爸也转头看看我，说："哎呀，没有别的选择了嘛。"

比灾难片本身更灾难的事情，可能就是别无选择地近距离观赏一部灾难片。当群演终于死得差不多的时候，配角们也开始死了。这说明影片进入高潮部分——火山爆发了，原本风景优美的小镇一下子变得乱七八糟。而主角开着车与熔岩赛跑，最终活了下来。银幕上一片火海，我的心中一片焦黑。

我从小就是一个非常有思想觉悟的人。我知道主角的光环毕竟是有限的，除了要分给他的老婆，他的两个小孩，还要分给他们家的狗。而大多数人的命运都惨烈得用短短一声惊叫就能够概括，根本没机会有什么后续情节。我坐在影院的第一排，仰着头也看不全主角巨大的脸，于是自然而然地将目光凝聚在脸后方的那一片火海，仿佛在里面看见了许多平凡的身边人正在苦苦挣扎着。

一般情况下，人们可能会把这类经历称作童年阴影，求个阴影面积也就罢了。然而我恰好又是一个非常热爱小题大做的人，于是这部影片就成了我的童年黑洞，在我之后的人生里不断地吞噬着优雅、从容、冷静、睿智等那些本应该在我身上大量存在的东西。

走出电影院的时候，我便觉得腿脚发软，无论看到什么动物都觉得它行为异常，看到谁都觉得这个人印堂发黑。往天上一望，就连云朵飘散的速度也非同一般，一定有什么大事要发生。

一个儿童被一部电影吓得神经兮兮，当然要怪一下分级制度的缺失。但是我们也不能否认，这和该儿童的无知是分不开的。毕竟那个时候我不过是一个小学二年级的学生，即便在小学生里也处于低幼水平。在如此胆战心惊地过了3年之后，我才恍然大悟：我所在的城市既不在地震带上，也没有分布任何火山群。如果整个地表是一张坑坑洼洼的脸，我的家乡正好在皮肤非常光滑、平整的部分，连毛孔也看不见，让人十分想热烈地长久地亲亲它。

事实上，我的童年经历中，唯一和自然灾害沾边的就是某一年的台风。那次台风在海上形成的时候就气象不凡，据说登陆了以后更是不得了，全市的中小学都因它停课放假。我既害怕又兴奋，在家里裹着棉被思索了一整套逃生路线。结果台风临门拐弯，对我市最大的影响仅仅是上厕所的时候，厕所窗帘被吹开。

二

升入中学以后，我脑袋里的被迫害妄想就大大减少了。一方面是因为作业突然变多，让我不再那么无知；另一方面是因为作业突然变多，我根本就没时间想别的。但是我对灾难片的恐惧却丝毫没有减少。我完全想不明白，拍摄和观看这些电影的人到底是出于什么心态？

2004年，影片《后天》上映，它描绘了全球即将陷入第二次冰河纪的故事，以逼真、恢宏的特效树立起灾难片的"视觉新标杆"。当然，以上这些是官方的说法。用民间的说法来讲，这部美国大片真是好爽、好刺激。朋友们纷纷约我一同去观影。我刚刚学完鲁迅的几篇杂文，便义正词严地回复他们说："这爽快我不要也罢。"

我当然不能和他们坦白我是因为害怕才不去的，再好的朋友也不行。因为青春期的时候，我只想着做个酷酷的女孩。

叛逆很酷，忧郁感伤也很酷，但是害怕肯定不很酷。不只是我，大家都这样。有一阵子，班上甚至流行一边吃饭一边翻阅跟法医有关的手册。里面青青紫紫、奇形怪状的尸体照片让人无法直视，但是受不了就是不酷，看吐了就是输了。

现在回想起来，这些事情虽然不可理喻，倒也不是毫无意义的。在追求酷、追求刺激的过程中，我们每一个人都在用力将自己丢向未知。用现在流行的说法，那一时的莽撞，也许正是突破自己舒适圈的绝佳助力。有些事情，在最初的时候没有勇气去做，随着时间的推移只会变得越来越难。15岁的我思来想去，最终也没有去看那部电影。现在的我快30岁了，仍然是一个拒绝看灾难片的人。有时候我会想，如果15岁的时候没有退缩，现在的我会不会成为一个更勇敢的大人？

其实不管是15岁还是30岁，被我称为“童年黑洞”的那部电影，早就已经吓不到我了：情节老套，场景特效更是跟开玩笑似的。真正根植在我心里无法消散的，是绝望、无助的情绪，以及对周遭环境信任感的突然丧失。真正让我恐惧的是“感受恐惧”本身，灾难片不过是它的一个载体。可以说，拒绝灾难片，本质上就是回避自己的恐惧。

但是世界上不存在“完美的回避”，倒是会出现越回避越躲不开的状况。就如墨菲定律总结的：如果你担心某种情况发生，那么它就更有可能发生。

三

2007年，我离开家乡到成都上大学。2008年5月12日14时28分，教室前方的投影幕布突然开始剧烈晃动，仿佛有一只大铁球一次又一次地撞向这幢老旧的教学楼，直到把它拆了为止。有人像草原上的某种动物一样发出短促的惊叫。但是更多的人只是张着嘴互相看着彼此，根本发不出任何声音。我的大脑和现场一样凌乱，直接抱着头躲到桌子下等待这一切过去。但是剧烈的摇晃一直没有停止。摆在桌子上的玻璃水瓶从桌子的一侧被震到另一侧，然后自由落体，“啪”的一声碎在我面前。我如梦初醒般探出脑袋来看了一眼，才发现教室里的人已经差不多跑光了，紧接着我疯狂地冲出教室跑下楼的速度，一定在我的个人历史上破了纪录。

但是朋友们，这并不是我要说的灾难。教学楼被震裂了几道口子，但还是坚挺地矗立着。大家稀稀拉拉地向操场走去，就好像这不过是一次没有预警的消防演习。因为在那个时候，没有人知道这一场地震到底有多严重。

我要说的灾难——活生生、血淋淋的灾难片就发生在我眼前这片象征着安全的操场上。

喇叭响了，大家赶忙凑过去侧耳倾听，结果就听到校长操着他那口标准的“四川普通话”宣布：“同学们，据最新消息，我们刚刚经历的是一场地震！”人群中发出笑声。然而当广播说地震的震中在汶川，震级高达8级时，我的余光便注意到一个鹅黄色的“物体”瞬间跌落在草坪上。我认为那是一个“物体”，因为“它”的下落没有一丝犹豫，或者说没有一丝生命力的支撑。我转过头去看了一眼，才发现那是一个穿着黄色连衣裙的女生。她瘫坐着，一只手勉强撑在地上，一只手握着手机，不停地按着那个重拨键。地震以后，信号中断了。但是谁能知道，电话到底是为什么无人接听？我出神地望着这个女孩，大概有10秒钟的时间。她没有发现我的凝视，自然也没有看向我。然而她的焦灼像一把锋利的小刀直刺我的眼睛。10秒钟后，我就忍不住转过脸去。但是10年后，我仍然记得她的脸。

接下来，余震不断，电视里的灾情报道也一直滚动播出，丝毫没有停歇。我穿着球鞋靠在床上，随时准备逃跑，眼睛却不得不看着这真实上演的“灾难大片”。我希望自己尽快麻木，因为麻木让人感觉安全一些、快乐一些。但是那个鹅黄色的身影总是在刺痛着我的心。那10秒钟的无声画面比所有砸重金打造的灾难大片都更能震撼我的心灵，就像多煽情的台词也比不过手机里那条最后也没有发送成功的短信，多恢宏的场景也敌不过散落着课本和球鞋的废墟。因为她是真的，他们都是真的。他们真的再也不能见面了。

也许有一天，我不再害怕灾难片中特效营造出来的恐怖场景。但是我没有办法确定，自己能否直面那些过于浓烈的情感、过于残酷的瞬间。

在爱情片中，分开就是分手；在灾难片里，分开就是永别。

不过恐惧这东西始终都在那里。不管去不去看它，我们总有一天会见面的。希望到了那个时候，即使发抖，即使流泪，我也会睁开自己的眼睛，注视它。

白雪少年

林清玄

小学时代使用的一本字典，被母亲细心地保存了十几年，最近才从母亲的红木书柜里找到。那本字典被小时候粗心的手指扯掉了许多页，大概是拿去折纸船或飞机了，现在怎么回想都记不起来，由于有那样的残缺，更使我感觉到一种任性的温暖。

更惊奇的是，在翻阅这本字典时，找到一张已经变了颜色的白雪公主泡泡糖的包装纸，那是一张长条的鲜黄色纸，上面用细线印了一个白雪公主的面相，于今看起来，公主的图样已经有一点粗糙简陋了。至于如何会将白雪公主泡泡糖的包装纸夹在字典里，更是无从回忆。

到底是在上课时偷偷吃泡泡糖夹进去的？还是有意保存了这张包装纸呢？翻遍字典也找不到答案。记忆仿佛自时空遁去，渺无痕迹了。唯一记得的倒是那一种旧时乡间十分流行的泡泡糖，是粉红色长方形十分粗大的一块，五毛钱。对于长在乡间的小孩子，那时的五毛钱非常昂贵，是两天的零用钱，常常要咬紧牙根才买来一块，一嚼就是一整天，吃饭的时候把它吐在玻璃纸上包起，等吃过饭再放到口里嚼。

父亲看到我们那么不舍得一块泡泡糖，常生气地说："那泡泡糖是用脚踏车坏掉的轮胎做成的，还嚼得那么带劲！"记得我还傻气地问过父亲："是用脚踏车轮胎做的？怪不得那么贵！"惹得全家人笑得喷饭。

说是白雪公主泡泡糖，应该是可以吹出很大气泡的，却不尽然。吃那泡泡糖多少靠运气，记得能吹出气泡的大概五块里才有一块，许多是硬到吹不动，更多的是嚼起来不能结成固体，弄得一嘴糖沫，赶紧吐掉，坐着伤心半天。我手里的这一张可能是一块能吹出大气泡的泡泡糖包装纸，否则怎么会小心翼翼地留着做纪念呢。

我小时候并不是很乖巧的那种孩子，常常为要不到两毛钱的零用钱就赖在地上打滚，然后一边打滚一边偷看母亲的脸色，直到母亲被我搞烦了。拿到零用钱，我欢天喜地地跑到街上去，或者就这样跑去买了一个白雪公主泡泡糖，然后嚼到天黑。

长大以后，再也没有在店里看过白雪公主泡泡糖，都是包装精美的一片一片的口香糖，每一片都能嚼成形，每一片都能吹出气泡，反而没有像幼年一样能体会到靠运气买泡泡糖的心情。偶尔看到口香糖，还会想起童年，想起嚼白雪公主的滋味，但也总是一闪即逝，了无踪迹。直到看到字典中的包装纸，才坐下来顶认真地想起白雪公主泡泡糖的种种。

如果现在还有那样的工厂，恐怕不再是用脚踏车轮胎制造，可能是用飞机轮胎了——我这样游戏地想着。

那一本母亲珍藏十几年的字典，薄薄的一本，里面缺页的缺页、涂抹的涂抹，对我已经毫无用处，只剩下纪念的价值。那一张泡泡糖的包装纸，整整齐齐，毫无毁损，却藏了一段十分快乐的记忆，使我想起纯真如白雪一样无瑕的少年岁月，因为它那样白，那样纯净，几乎所有的事物都可以涵容。

那些岁月虽在我们的流年中消逝，但借着非常微小的事物，往往一勾就是一大片，仿佛是草原里的小红花，先是看到了那朵红花，然后发现了一整片大草原，红花可能凋落，而草原却成为一个大的背景，我们就在那背景里成长起来。

有时候我不免后悔童年留下的资料太少，常想：早知道，我不会把所有的笔记簿都卖给收破烂的老人。可是如果早知道，我就不是纯净如白雪的少年，而是一个多虑的少年了。这样想时，我就特别感谢母亲。因为在我无知的岁月里，她比我更珍视我所拥有过的童年，在她的照相簿里，甚至还有我穿开裆裤的照片。

我读大学的时候

✽刘贞

第一天

我是全宿舍最早去报到的，在那之前我没有独自生活的经验。在校门口和爸爸妈妈挥手作别，我是踌躇满志的。我故意不去看他们忧心忡忡的眼睛，后来听说妈在回程路上哭了一鼻子，她跟爸爸说那么大间宿舍，只有贞儿一个人住，不知道她会不会害怕啊。

我穿着新买的衣服，戴着新配的眼镜，面对一个新世界，决意做一个快乐的新生。跟他们挥手说拜拜，我在校园里转了一圈，去学校周遭打探一遍，吃了一碗素面，买了一个红色的眼镜盒，傍晚时分回到宿舍，第二个舍友已经来报到了。我主动伸出手说："我叫刘贞，你好啊。"晚上院系的老师和学生会的师姐们来宿舍看望新生，问我们有什么感想，我说学校真大，比我想象中还大。

现在想想，真是大。盛下了我最丰盛最美丽的四年，还不止呢，还有我渐渐沉静的今天。

班长

我们班长是个小个子男生，脸色苍白，下巴尖尖，架大大的黑框眼镜，眼白比眼珠要大，看上去老是一副吃了一惊的样子。上课时他总坐在前排，手里面拿着不靠谱的闲书，比如上新闻采访课，他手里拿着《俾斯麦传》，上法律基础课他在看茨威格的小说。

他喜欢上古典文学课，古典文学老师姓李，从外形上看，就是大一号的班长，同比放大一点五倍即可。李老师上课很爱背诗，对着我们新闻广告系的学生难免会觉得寂寞，好在没多久他就发现班长有一颗古典的心。老师在上面背一句，他马上能接出下一句，多生僻的诗都成。老师因此特别赏识他，还送给他一本自己写的《唐诗美学》。一上课，他们俩就一来一往地唱和半天，我们这帮不学无术的在下面大眼瞪小眼，倍感无聊。本来爱唐诗的班长跟我没什么交情——直到他爱上我们舍长。他来找我说心事，想让我帮他敲敲边鼓。

他说："我不喜欢非常漂亮的女生，我也不喜欢非常聪明的女生，我就喜欢她那么平凡普通的女生，没有压力。"

这说辞都不能打动我，更别提打动对方了，他示爱失败，很颓唐，在古典文学课上也开始沉寂。我们班有些女孩心肠好，看不得他这么颓丧，拉着他去郊游，回程中他又爱上了最活泼的申蓓蓓。这次他很跃进，暑假提着点心去了申家拜见伯父伯母，申蓓蓓全家皆惊，申蓓蓓羞愤难当，以为是人生中一个污点。

后来他见了我们女生都不搭理，发奋图强地在学生会谋前程。后来毕业去了报社，做体育报道。偶尔能看见他在电视上作为专业人士评球。前年在商场遇到他，小腹微凸，身边有个高挑儿的女孩。匆匆打个招呼，他说："啊，都是年轻人嘛，咱们以后可以多联系联系。"像组织部的口吻。后来听申蓓蓓说班长还常发短信给她，说他正在维多利亚港吹海风，问她在福建能不能糊口啊。

我觉得他就是不会表达。虽然他很爱说话，很

会背诗。可他是我在大学里认识的人中，表达能力最差的一个。

图书馆

我上大学的时候不勤奋，我不太喜欢上课，因为不喜欢某些老师。我常去的地方就是图书馆。冬天我常翘课，赖在被窝里躲避查铺。那时候我比现在更瘦，整个人平躺在被子里把头蒙起来，从外面基本看不出来。常常是，舍监老师拍拍我的床铺说："这孩子，又没叠被子。"等她们走了，我就爬起来去图书馆看书。我们学校的图书馆是个很有特色的建筑。从图纸上看是四瓣朝天，像一朵郁金香的花蕾。可是实际效果打了点折扣，就像一只举起的猪蹄。

我本来不喜欢待在图书馆看书的，把书借出来躺在上铺，边喝果汁边看多惬意，可是图书馆还书处有个很难缠的员工。这个田姓管理员几乎是那时候我们所有女生的梦魇。此人三十岁不到，面白无须，声音温柔，架金丝边眼镜，酷爱与人搭讪，尤其尊重女士。凡有面目可喜的女同学去还书，他必定和颜悦色地问你中午吃了什么，对食堂有什么意见，喜不喜欢班主任老师，还有家乡有什么特产。后面等待的男生不耐烦，就开始嘘他，他也不生气，就是敲敲桌子说："同学，要注意保持安静。"

我们也不反对聊天，可是他每次都翻来覆去这么几句话，你吃了什么啦，喜不喜欢班主任老师啊，家乡有什么特产啊，显见缺乏新意也没有诚意。后来我们都不乐意自己去还书了，基本都找自己相熟的男同学代劳。

平心静气地想，一个男同志，不到三十岁，对着整架整架的旧书，时时刻刻要提醒别人保持安静，内心有点惶恐有点话痨的倾向，也不是不可以理解。

后来他结婚了，听学弟学妹们说，他现在话很少，像《大话西游》后半程的唐僧一样简洁。他应该找到他交流的对象了，所以心里不再寂寞了吧。

这个人，我觉得是我大学里见过的最寂寞的人。

杜猫

我最喜欢的女性朋友都是在大学里认得的。她们纯真、明朗、精神上线条简洁，都会喝一杯酒，个别的抽起烟来姿态还很美。她们都不扭捏，都对爱情有坚定的信仰。可是她们几乎没有一个拥有简单明了的爱情。这是成年之后非常困扰我的一件事，我不止一次地困惑：她们这样的人，何以不能幸福？

她们之中，杜猫和我最早相熟。他们都说我们俩很像，她和我个子差不多，我瘦一点她胖一点，我一直戴大框眼镜，她很臭美，很早就戴着博士伦隐形眼镜，我们俩都看很冷门的书，说很考究的话，但是我知道，她跟我不同的。她像一只猫，有猫的韧性；我像一只鸟，有鸟的惰性。

别人看我们是一双镯子一对桨，可是我们注定一个在左一个在右，一个向东一个向西。

杜猫的性格中有种刚性，质地坚硬，是我所不具备的。比如说她示爱被拒，但是痛哭流涕的那个却是对方。我不行。我有个犹疑而谨慎的灵魂，我会把心事收得很紧直至闷死为止，内心极动荡表面极安详。当所有人都传说我是个很自在不羁的人，我觉得她比任何人都了解我的迷惘我的羞怯。

那一年我谈恋爱，接着又失恋，她陪着我坐车从城东到城西，自城南到城北。漫无目的，见公交车就上，然后在终点站的马路牙子上，陪着我发呆。晚上，我在她们宿舍借宿，我整晚抱着她的一只胳膊，如同一只脆弱的考拉。

后来毕业了，她去了南方。出乎意料，没有从事艺术类的工作，在一家私企做了人事管理者。我考研留校，她颇不以为然，觉得我太保守，但是并不意外。他们都说没想到刘贞的选择很传统嘛，她跟别人说刘贞几时不传统了。我想她还是比别人了解我，知道我对未知的恐慌。

后来联系得少了，前阵子接到她的电话我很高兴，她说自己现在内心平安喜乐。

我想虽然我们曾经那么亲近，我们仍然不是同类。就像蓬和麻，就像韭菜和小麦，我想我会一直喜欢她，像喜欢那种我过不了的生活，我所拒绝的道路。

戏剧节

我所在的系当时叫文学艺术传播学院，学院每年都会搞很多文化活动。其中有一项历史悠久、远近闻名，就是黑美人艺术节。艺术节以戏剧为主，鼓励学生自己编自己演，每届评选最佳男女主角，诞生明星若干。演出当天，一票难求。

大二那年，我写了剧本，参与演出，在学校网罗一批人马，天天借排戏为名聚在一起，聊天、散步、喝啤酒、晒太阳、发呆、通宵看电影。那一年的戏剧节因为礼堂的改建而不断延期，排练的时间持续了两个月。

后来夏天来了，花都开了，鸟都叫了，这集体中有的人和有的人之间就发生了一些事。有的故事秋天就结束了，有的人和有的人的故事就还在继续，比如两个当时看来最八竿子打不着的人，现在已经结婚好几年了。

演出结束后，我觉得虚脱一样，像蜕了一层皮，感觉很荒谬，那一段时间好像是借来的，那一段时光中的人，也像是被催眠的。

戏演完了，失去了共同目标，小集体自然就散了，那年夏天快结束时，我把头发盘在脑后，穿一件深蓝色的背心裙，有人说老气横秋。

那时候最流行的歌是任贤齐的《心太软》，我身边每个人都怀着一段心事，每个人都觉得这歌是唱给自己的。那阵子很多对情侣分手，我数了一下，有十三对。

整个八月，焦黑一片。我二十岁的夏天，是相当不快乐。

后来我写了《左岸右手边》，在十年之后。

边家村

我们学校坐落在城墙边，毗邻边家村。我的同学山新毕业之后还曾经在那儿租住过一年，她曾经在一篇文章中深情讴歌过这地方，那篇文章深得我心，名字就叫《边家村是个好地方》。

边家村有很多样子挺旧的楼，有烂熟的商业圈，久经考验的饭馆食肆，价钱公道的服装店，货色齐全的精品屋。走在边家村，到处是漂亮的女生和懒散的男生，很多写诗的青年人、画画的中年人也常常出没于此。这地方不势利，没有高楼大厦挤对你，在边家村，你会很容易遗忘你自己的穷，原谅你自己的潦倒。

我喜欢这儿浓浓的市井味儿，热腾腾的温存，一种生活的气质。

在边家村消磨一个愉快的周末，兜兜里揣二十块钱就很富裕。可以看一场电影，喝一杯可乐，买一份《南方周末》。如果还有余钱，可以吃一碗龙须面，买一双漂亮的棉袜子。我深切怀念1995年，尤其是那一年的物价。

上大学时，托食堂的福，常常会觉得很饿。边家村好吃的很多，已经消失的两两饺子，还在营业的东北熏肉大饼，我尤其爱工人文化宫旁边那一家烤鱿鱼，走在边家村的艳阳下，曾经，幸福那么易得。

现在我也常常去边家村，买影碟，吃熏肉大饼。尽管学校已经迁到了郊区的大学城，可是我总觉得没有哪个地方适合坐落我的大学，除了边家村。热闹、温存、丰富。

满眼飞鸿

爱留给心所系的人，

温暖赠给四方，

那辽阔的自由赏给灵魂独享。

——简媜

我和姨妈的星辰时刻

✲ 陶粲明

1

外婆的葬礼过后，大家坐在寺庙后面的小厨房里吃斋饭。简单的炒豇豆、辣椒炒腌雪里蕻、冬苋菜叶子汤。饿了的人，觉得什么都好吃。

悲伤配着素食，是合适的。

小姨添了饭，朝窗外的小山丘看了看，自语："埋得这么远，以后就难得来一趟了。"

妈妈重重放下碗筷："有什么难得来的，你不能来，我来就是了。"

"我不是那个意思，"小姨看着妈妈难看的脸色，"姐，我不想跟你吵。"

趁妈妈走开，我悄悄从包里拿出一个信封塞给小姨，她略略推辞了一下，看见妈妈远远过来了，就不再扭捏，叹息一声，收下。

离开的时候，小姨对我说："有空来长沙啊，你现在也难得回来一次了。"

我说好。小姨的眼圈就红了，中年后日渐肥胖起来的身子有点不自然地退后几步，让车子拐弯开出寺庙的前院。

妈妈在车上很生气地说："你又给她钱了吧？她又不缺钱，以后不要给她钱了。"

“哦。”我应声。

“她就知道钱，就是喜欢钱。”妈妈气恼地补充着。

我别过脸去看向窗外。这一对相差六岁的姐妹，从来没有过相亲相爱。

小姨不到10岁的时候，外婆再嫁，把小姨从乡下带到长沙。14岁的妈妈却被留下守着土地和已经年迈的生父。直到第二年父亲去世，才随村里人去了江西一家伐木厂，好歹可以养活自己。

我理解那漫长10年的时光，被遗弃被遗忘的苦和怨、无奈或绝望。

外婆曾跟我说：“你妈妈，恨我。”

2

我是10个月大被送到外婆家的。

我认识的外公在医院的饭堂做大厨，他跟外婆结婚后没有孩子。妈妈和姨妈待外公始终不亲，但外公待我和妹妹却如自己的孩子。

小姨当年是个活泼调皮的女孩，不爱上学，初一读完就吵着要回家。外婆身边只得她这一个孩子，便逃过了上山下乡的命运。我记得小姨有一张扶着自行车在医院大门里那棵伞状雪松前照的一张相片，她侧脸看着镜头，笑得无比灿烂。

我从没见过妈妈有这样的欢笑。

19岁的小姨去九芝堂制药厂打零工洗瓶子。那时候，外婆还没有搬到韶山路边医院宿舍的两居室，仍住在靠梨子山一旁的两层楼的单间里，

春天门外梨花雪白，墙上镜框里有一张外婆在梨树下的黑白照片。她梳着整齐的发髻，穿着青布斜襟衫子，是青春不再但时光正好的美丽模样。难怪他们说外公第一次见外婆，知道她已经有两个闺女还是毫不犹豫地将她娶回家。

我吵着要跟小姨去她上班的地方玩，小姨哄只有三岁的我：“沙沙乖宝，在家陪妹妹玩，小姨去上班，回来给你带饼干吃。”

我不肯。小姨只好带着我去。

其实，那也不是什么工厂，就是一个大仓库，满地满天都是玻璃瓶。小姨把我放在大水池子旁边，这一次她没有笑，很认真的样子：“沙沙要听话，等小姨洗完瓶子就带你去德园吃包子。”

我懂事地点头。她拿一个干净瓶子给我玩，然后系上黑色胶皮围兜戴上蓝色工作帽，取了长柄刷子开始刷洗瓶子。

后来漫长的人生，我再也没见过那么多的瓶子。

阳光从小姨后面的高窗上照射进来，她脸上的汗像小溪一样汇聚然后流下来消失在领口。阳光照在我脚边手边的玻璃瓶上，地上墙上还有天花板上都映出五彩光影，仿佛无数光蝴蝶在飞舞跳跃，我看呆了。

小姨突然把脸晃到我眼前：“沙沙，你喜欢小姨啵？”

“嗯？”我揉揉眼睛，“喜欢，最喜欢小姨。”

跟光蝴蝶玩了好久，我睡着了。

迷迷怔怔里被小姨拉到背上，摇摇晃晃到了东塘那家德园包子铺才醒。我紧紧捏着那个让人口水直流的香喷喷大肉包，吃两口包子顺嘴从小姨的茶碗里喝一口茶水。

我递包子给小姨吃，小姨假装咬一大口然后说：“沙沙自己吃，小姨回家吃外婆留的饭菜。”

那时候，钱好金贵。不过，我要再大些才会知道。

3

外公提前退休，小姨终于顶职进了医院的食堂。

很快，她就像外公一样，有时候我还没醒她就去值早班了，有时候我睡了她还没回那就是在值晚班。

只要有空，小姨都会和外婆去一个大大的废料场，捡各种废品回家，废弃的布料、生铁疙瘩、未烧完的焦炭、铁丝电线螺钉铁钉都可以收集起来送到废品站卖钱补贴家用。

我和妹妹到现在都有走路余光看着地上的习惯，发现一颗铁钉也会迟疑一下想起40年前遇到一颗铁钉时的扎实欢喜。

仿佛捡到钱。

钱，永远不够。

有一段时间，我经常自己愣愣神会笑，突然又哇哇大哭。

“怎么了，沙沙？”

“想妈妈。”我轻轻说。

小姨抱紧我，任我在她的肩头抽抽搭搭。

那之前，我似乎从未说过想谁，我一直觉得砂子塘这两间小屋就是我的家，而爸爸妈妈总要到过年才有时间来看我和妹妹的。

几天后，小姨带我去株洲看妈妈。她跟外婆说搭便车。20世纪70年代初，长沙到株洲的距离，有地球到月球那么远。

没车，没路，前路茫茫。交通不便到令人发指的地步。那个时候的生离死别也许就是这样一段今天看来只要半小时高速的路程。

那辆绿色运煤东风车的驾驶室里大大小小竟挤了6个人，我们来晚了，小姨只好抱着我坐在后车斗。虽然煤已经卸掉，但整个车厢四下透风，全是黑乎乎的黑色煤灰余渣。小姨拿一条洗脸毛巾野蛮地把我的头脸裹得严严实实，又从斜挎包里拿出她的工作服给我包上，死死将我紧在怀里，像是怕我被风吹跑了。

不知过了多久，中间吃了小姨准备的云片糕和一根麻花，嘴里有细砂硌牙。小姨说：“糟糕，忘了带水壶。”我们好渴。

到株洲长途汽车站下车的时候，小姨的脸和手都黑乎乎的，我歪歪倒倒地站在她身边。站在陌生的街头，我清醒过来。“爸爸妈妈工作的工厂在哪里？”我问她。她摇着头茫然不知方向。

一路走一路问。小姨手里那张地址皱皱巴巴，全是黑灰印迹，字迹模糊不清。

天眼看着就黑了。小姨抱起我，我搂住她的脖子，在她耳边说：“我们回家吧，我不想找妈妈了。”

“傻瓜，”小姨用手拍拍我的屁股，“别怕，沙沙，我会带你找到妈妈的。小姨抱不动了，背你吧。”

她把我放下，蹲下身让我趴在她的背上。

小姨念念叨叨说她来过这里一次的，她记得要走过一条很长的法国梧桐树的马路，我的家就在南华村红色砖房的一楼，木地板哦，抽水马桶哦，门前有石榴树……我听着听着就到外婆桥去了。

醒来时，看见小姨脸上满是汗水，眼圈红红地看着我，而妈妈搂着我在哭。

后来我才知道，8里路，小姨走了将近4小时，一直走到月上枝头，四下漆黑，好在到门卫室时问到了一个认识爸爸的航校老师，他好心将背着我的小姨送到了家。

那一晚，我一定要小姨给我洗澡，一定要跟小姨睡。

后来，7岁那年，虽然哭哭啼啼的，我还是乖乖跟爸妈回来株洲读书。只不过一到寒暑假，最迟第二天我就会迅速回到长沙外婆那里。

有时我独自带着妹妹坐长途汽车，有时搭爸爸单位去长沙办事的便车。

很小的年纪，似乎就开始有了乡愁。

4

小姨结婚那年动静特别大。她拒绝了我爸妈给她介绍的在株洲厂里工作的像我爸一样的知识分子，坚决要嫁给退伍军人赵建国，任谁说都不听。外公气急说，她要敢嫁给赵建国，就打断她的腿。

小姨还是嫁给了赵建国。

那天晚上，我被他们吵醒，听见外公把小姨准备结婚用的脸盆桶子之类的东西摔得乒乒乓乓像发生了天灾。小姨默默收捡，一声不吭。那晚她就离开了外婆家，再没有回来住。

她站在窗外冲外公外婆喊：“我嫁他嫁定了！”

小姨后来跟我说她就是喜欢赵建国，一走进他们家就觉得舒服。“沙沙，你懂啵？”

我点点头又摇摇头。20年后我才明白真正爱上一个人时，一切都那么值得，包括不可避免的伤害。

迷迷瞪瞪坐在蚊帐里揉着眼睛，看见小姨用红色的网兜拎着一网兜东西摔门而去。好像她要去干一件什么了不起的事情，好像她要一个人走很远的路去一个光明灿烂的地方。

小姨真像个英雄。

一年后，小姨生下儿子凯凯，姨父高大魁梧帅气，永远笑呵呵的样子，我看着也觉得舒服，觉得小姨好有眼光。

我和妹妹都喜欢粉嘟嘟的凯凯，常常抢着去抱他。外公外婆也喜欢凯凯。

大家便不再提打断腿的事情。

5

夏天，在外婆家待着，有两件事是大快乐。第一是卖废品，第二是乘凉。

下午，太阳还没落山，外婆就早早让我们把晚饭吃了，她可以早些收拾洗澡洗衣。外婆爱干净做事利索是出了名的，所以，就算家里常备几筐破烂废品，仍是清洁讲究得很。她的黑色带暗花的香云纱总是要用茶枯去洗，说茶枯去汗味不伤衣。

我和妹妹洗了澡，扑了一身白白香香的痱子粉后，就手牵手去隔着八九栋楼房的小姨家。

小姨的小儿子泽泽快两岁了。

永远是正赶上他们开晚饭。必定有煮得浓稠的绿豆稀饭，还有一个说湘乡话的笑吟吟模样的老奶奶。赵建国笑呵呵地给我们姐妹碗里放一大勺白砂糖，搅拌后，就是那个年龄我能理解的人间美味。真甜。

那甜几乎是童年的所有希望。

真的能感觉到肚子看着看着圆鼓鼓了，连裙子都被微微撑了起来。小姨摸摸我的肚子，哈哈大笑。

天黑了，小姨招呼我们上五楼的平台纳凉。赵建国已经把竹床竹椅都搬上去了，整个平台上搁满家家户户的竹床竹椅，小孩子在床椅之间追逐打闹，一派欢乐场景。

坐着摇摇蒲扇，听大人们闲聊，看着天上的星子渐渐多起来，等夜更深黑得更透时，躺下去，漫天的星斗又亮又大，遥远的银河就在天边不远处。我觉得呼吸困难。后来才晓得，原来美得太厉害会叫人窒息。

夜风微微吹过，星星仿佛会跟着轻轻飘摇。这是我记忆中最早的星辰时刻——总有一些深远而茂盛的夜会成为闪闪发光的星辰时刻，就像这一刻。

而这一刻，伸出手，小姨就在手边。

远方与未来有数不清的苟且，但这一刻，像极了一首根本不存在的诗。

6

原来人是会死的，是会永远离开不见的，不记得是哪一个瞬间就明白了。夏日晚上睡在外婆身边，半夜会伸手去摸她的脸，想到有一天她也会走掉，暗夜里觉得很羞耻地哭泣。

外公走了，成了墙上的一张黑白照片。

外婆到底还是走了。

小姨把他们所有的照片和衣物被单一把火在院子里烧掉。

记得外婆摔了腿后躺在床上，跟去探她的我说：“沙沙，你小姨恨我，她两个孩子我都没帮她带。可是，我带她来了长沙，没带你妈啊。”

外婆这一生，好难。

看着小姨把一切毫不留情地投进火堆，我心里难过得流不出眼泪。我扭头进屋，用被子蒙住头。小姨过来问：“沙沙，你怎么了？”

35岁的我该怎么跟她说我想回去童年待一个下午？

妈妈说：“你去长沙看你小姨，买点东西进屋就行了，她和赵建国都有退休工资，两个儿子都有工作，都娶了媳妇，不缺钱。起码不比我们少。”

“别给成习惯了。你又不欠她的。”

我答应妈妈，是因为不想为钱的事起了争执。如果钱能摆脱一切困扰，我希望有数不完的钱。总有高贵的人告诉我，钱是最没有心意的东西，一份小礼物都更能表达感激和爱。

我对此嗤之以鼻。

让钱去到喜欢钱的人手里，是我迷信的唯一的一种爱的方式。虽然，自己并不富裕并不多金，过着普通的生活。

自己能挣钱后，我喜欢拿钱给外婆、给爸妈、给姨妈，还有近的远的亲戚，多少不限。看每个人拿到钱，都有发自内心写在脸上的欢喜，我喜欢他们那种觉得掩饰毫无必要的表情。

我知道，终于有一天醒来，我也会没有了妈妈，没有了小姨，没有了你们他们我们。

我们都有一张粗俗的嘴脸，这一生好像来历不明的怪兽，如此平淡又如此壮阔。但，从不遗憾。

我们活在世上，彼此并无亏欠，只是往事里充满深情。

我只想做你们的百万富翁

✿落落

一元两角五分

在没有自己挣钱，对生活费没有任何概念的时候，作为只是被牵在父母屁股后的小东西，既理解不了某个字母组合对于服装价格的意义，也不明白爱她就带她吃的哈根达斯是鱿鱼丝还是萝卜丝。

那时我只是毫无意识地被塞到某个套头毛衣里，吃着门口小店卖的五角钱零食。似乎也有过因为妈妈不准我频繁地去找小店老板联络感情而大哭大闹的时刻，但那时对于钱的感情还没有完全建立，只是将它们简单化为对父母的不满。

那会儿我念幼儿园，全家还留在外地，身为知青的父母一边工作一边想着怎么返回上海，记忆里他们的工资都没有上三位数，家里的开销又总是减少不了的。我是个一无所知的小屁孩，听不见爸爸与妈妈关于生活的合计，只会记得他们给了我什么，没有给我什么。又因为对花花世界一无所知，所以对于他们给了我什么的记忆，总是比没给我什么要多一些。

把生活平均分配给了吃饭、睡觉和看电视、在后院里玩耍的时候，谁也不会来告诉我，有哪些好东西，比看卡通动画、摘向日葵更有趣，是多少多少钱。那些爸爸妈妈知道的价值，全都被他们阻挡在了我所接触的世界外，什么都单纯得没有起伏。

过了许多年后，一个阿童木玩具以我完全忘怀的样子重新出现在脑海里，是在读到高中的某一天，我从父母的某个抽屉里找到一本黄皮记录册。非常小的册子，也就一巴掌那么点大。因为圆珠笔书写的缘故，封面上那“女儿日记”四个字已经在久远的年月里糊开了。是爸爸每天写的关于我的日记。没有太长的篇幅。都是一小段一小段。给我吃了什么，我做了什么，我玩了什么，今天带我见了什么样的人。从日期上推断，那时我应该五岁吧。总之很小。因而他提的事件，我都一点也不记得了。

里面写到了一段他去购买阿童木玩具的过程。爸爸是这么写的：今天在城里看见一个阿童木玩具，一块两毛五分钱。想了很久，还是给毛毛（我的小名）买下来了。买完后，我只能自己走回去。不知道是不是没吃午饭的关系，走了一个小时后感到很饿，但是因为买了玩具所以没什么钱了，最后只够买一个白馒头。五分钱。回到家时很累。不过毛毛很喜欢那个玩具。

说实在的，我一点也不记得有过这样一个阿童木玩具了。这个特地被爸爸记下来的应该很重要的东西，如果不是因为被我发现了手册的话，也许永远就要消失也说不定。

我怎么就能忘记它呢。售价一元两角五分。爸爸在橱窗那边看见，犹豫了很久，把它和全家一个月不多的收入算来算去，终于咬咬牙买下来。致使他走回家的路上非常饿也没有更多的钱买吃的，只好买个馒头充饥。

曾经因为自己的年幼无知，度过了那些与金钱毫无瓜葛的平和日子，原来在我记不得、看不见、听不到、理解不了的地方，投入了父母许许多多的奋斗，有时候甚至是辛酸的无奈的背景，他们怎么挣钱，怎么养育下一代，怎么想办法过好一点的生活。好一点的生活，或许是可以不用计算着买玩具，买完后不至于因没有钱而饿肚子。

用现在的思维来想想，“饿肚子”是个距离我们多么遥远而不真实的词语啊，但在某个阿童木玩具的背后，确实存在着这样囊中羞涩的无奈。

十六元

小学与初中的一段时间里，因为爸爸常常出差，几乎都是我和妈妈这样相伴着生活过来的。有很多不方便的地方，好比水管爆裂之类的技术活只能找邻居帮忙，碰上邻居不在的时候只有水漫金山一场。有时候我会很想念爸爸，最简单的原因就是如果爸爸在的话，妈妈这句“把碗和筷子摆好”的要求就不会是对我说了。我也不用从电视机前百般不情愿地离开了。

比起爸爸，世界上所有的妈妈显然都是抠门的生物。所以和她在一起的冲突总是最多的。无奈当时我还处于太弱势地位，每次只能心里气愤地一语不发。一遍遍想着“给我买双鞋子会死啊？”会不会死不知道，因为终究还是挥别了小红鞋。

小学四年级的时候，我的两篇作文被老师推荐去了某刊物，使我的文章第一次有机会印刷成铅字。稿费是妈妈给我的。她那时候还在我的学校里做教务主任呢。两篇，所得的稿费是十六元。

一度还没有从喜悦中恢复过来的我对于这个数字只有一个难以置信的神情，仿佛这个泱泱五千年文化大国会出现这么低的稿费是一件伤天害理的事。于是我对妈妈产生了怀疑，她总是对我特别严格，没准扣掉一半钱，为了培养我节俭的良好品质。

总之我对妈妈质问了一番。口气用的是鄙夷加气愤。故意把筷子放在一边，像要绝食抗争的样子。妈妈听见我的疑问，呆了一下，随后她笑笑。“你不要太贪心。”

我想要穷追猛打，又说不出别的话。当时自己的心智只能操纵一场争执的前一回合，后面都毫无办法。但我还是认定了，妈妈克扣了我的稿费，让我失去了起码八袋小浣熊干脆面。

等到几年后，进入初中。在某天的闲聊里提起当时这笔寒酸的稿费，爸爸才突然说：“你妈妈还多给你了呢。”

“什么？”

“其实原来两篇只有八元钱的。你妈妈怕你太失落，她自己加了八元钱。”

原来不是少了八袋干脆面，是多了八袋。并不是每个时候都要记得那些被妈妈不允许的事情。更多的时候，是她每天想着办法变化菜色，是她常常自告奋勇地给我买来无花果丝，是她想到，才八元钱，怎么办，可恶的，小家伙一定会不开心，她想啊想，要不再拿出八元钱吧。十六元，听起来总是稍稍多一点的。

人生第一笔稿费，妈妈给了我一半。

一百元

高中的时候开始频繁地向家里伸手要钱。那会儿还不知道如何自我奋斗。一切希望都寄托在父母今天心情好或是考试能够勉强在年级中游水平上。也不是没有想过“爸爸妈妈凭什么要给我那些零花钱？”但这个念头只是转瞬即逝。他们不凭什么，就因为他们是我的父母，我是他们的孩子。答应那些还没有过分离谱的条件，似乎都是他们愿意做的。

脱离了义务教育阶段，每年都要交的学费，寄宿制高中必备的住宿费，饭费，还有补课费教材费等等额外的，给家里的压力也就不再似前几年那般轻描淡写。然后每个月从父母那里领来零花钱，几乎没有一次是够花费的。

不知道怎么了，吃了一次火锅还是看了两场电影，总之每到月底就穷得满床打滚。直到最后不得不吃泡面。这些都是不能让父母知道的。不然的话又是一顿训。他们也许会觉得自己的孩子花钱如流水呢。每个月给的零用钱还不够吗。她还想要多少？是因为还没有工作不知道工作的辛劳？

因而到了那个时候总会吵架。有时候被妈妈教训得狠了会突然发飙似的跟她对吵起来。局面很是难堪。妈妈不是个吃软的人，而我想低头也低不下来了。最后只有爸爸在中间以维护妈妈的姿态来和局。他和我说一句话，再和妈妈说一句话。好像中间的连接按钮，把一切又接回了原样。

那个时候，已经是买阿童木玩具的十多年后了，我一下子变成了家里的消费冠军，仿佛父母的大部分收入所得都会用在这样一个孩子身上。可因为在头脑里开启了对于物质的大门，使得手里握着的钱永远不够用，以至于曾经纳闷，为什么自己的父母不是百万富翁。这样的话，就可以不用在花费上瞻前顾后。

他们不是百万富翁。他们只是工作着，忙碌着，然后一点点衰老着还要和不听话的孩子持续一场艰难教育的两个平凡人。

大约是高二的初夏，为了学业之类的问题和妈妈又闹了不开心。我在出发去学校住宿时是爸爸送的。

由于之前刚刚折腾过，那些关于“你有没有好好上课”“令我们失望”或“烦死了”“你怎么知道我不行”的残余对话使得两人的情绪都有点低落吧。黄昏的路充满了酸涩而压抑的空气，车流间我只听见爸爸拖鞋的啪啪声。他提着我装满了衣服书本和水果的包，我想和他说点什么，又找不出话题。车站上有许多同校的人，也有送他们返校的父母。三三两两说说笑笑的样子。爸爸站在车站边一个卖卤味的窗口前，突然问我：“你要不要带点切片牛肉？或是叉烧？”我一愣，没什么胃口，说：“还是算了吧。”

再过一会，远远看见车来了。想到随后又要开始一周的无聊日子，满心都是烦闷和倦怠。而周末应该更开心一点的，却还是以和妈妈吵架为结局。总之，什么都不对。

车就要进站的时候，爸爸把手里的包交回到我手上。然后伸进他的裤子口袋，摸了一会，握出一张一百元，递到我眼前。

“这个，你拿着吧。不过，省一点用。”

站在车厢里，人群拥挤，爸爸冲我摆了摆手算是道别。没多久车发动了，我右手提着包，左手拉着上方的扶杆。手心里是压得扁扁的一百元钱。当巴士进入隧道的刹那，我终于咬着牙努力不让别人发现地，在车厢里哭了起来。

我知道的，这是爸爸预想外的一个动作。他也不知道要对我说什么。不知道不买牛肉和叉烧的话，还能再给我些什么。这个很容易让他皱眉操心的女儿常常喊的就是“钱用完啦”，他想装作没听见，总不能在这方面养成她的坏习惯。

可他终究听见了的时候，电车已经到站，他心里那点爸爸的尊严突然又变成无奈。这样想着的爸爸，找来找去，自己穿着睡裤和拖鞋出来，口袋里只有一百元钱。于是他把它拿了出来。有一点点不好意思地开口说：“你拿着吧。省一点用。”

两千元

当我不辞而别离开家，去往北京工作时，身上所有的钱都在到达北京后不久彻底用干净。在陌生的城市，被子牙刷脸盆都是必需品，坐车也是需要钱的，吃饭也是需要钱的。许多消费都没办法回避。等到我向身边所有的朋友都尽力地伸手借了一次没有办法再第二次开口的时候，就到了彻底弹尽粮绝的地步。那时候工资也很少，翻着口袋发现身上只有两块多，距离下次发工资还有大半月。一直以来，再穷都是会有饭吃的，所刨除的无非是牛肉干之类的零食而已，再穷都可以对妈妈死缠烂打着说“真的没有钱了啊”，于是一点点又骗来了五十、一百。可当时他们在几千公里以外，完全看不见的地方，他们心里是对我无穷的哀怨和惦念。我该怎么对这样焦虑的父母只是说“我没有钱了”。

或许就是在那一天，当我睡在床铺上，摸着口袋里的两块钱，想要绝望地流点眼泪的时候，才真正发现，原来赚钱养家是这么不容易的事。自己已经过了十几年在开口要钱时完全不会想到父母身上压力的日子，而接下来，就到了日子向我伸手的时候了。

于是就这么没有出息地，轻易落败。

经过了四五天的苦苦挣扎，把所有可能的方法全部想遍了以后，发现自己依然只能对父母开口。因为他们总不会让孩子受苦，我好像是利用了他们的爱的恶毒小人。

不敢跟妈妈说，只能打电话给爸爸。那已经不是我第一次在离家后和他接触，手机里杂音肆意骚扰，他的声音听起来遥远而熟悉。我想，啊，这是离我很远的爸爸，偏偏我想说的主题是“没有钱了”。

爸爸听了以后问了声“什么时候没有的”，我说“有几个礼拜了”。他在那里顿了一顿，接着问：“为什么不早点说？”

后来爸爸选择了最快捷的邮政电汇方式，因为当时我身边没有足够的钱去办银行卡，所以只有这个是可以的。挂了电话大约半个小时后，他打电话说汇了两千元过来，问我够不够。我说够了够了，真的够了。

听说电汇是两个小时就能取到的。我等了一会便出门去邮局。当时北京非常非常冷，地面上是压得实实的冰。得很小心地走路才不会滑倒。还没有准备厚冬装的我，只穿了薄牛仔裤，走得膝盖刺痛到想要哭。其实可能是哭了的，只因为疼在脸上的不知是风还是眼泪，所以终究还不确定。

一百万

有些人会说“我会永远爱你们”，也有人说得具体点，“一辈子养育你们、尊敬你们、孝顺你们”，还有人会说“爸爸妈妈我会让你们过得幸福的”，然后无外乎“成为俊杰令你们脸上有光”，“每个礼拜都来陪你们吃饭”。

父母是那么容易被讨好。

有哪怕一点点的给予，他们都会说“啊，好好，好好”，甚至是“不用啦，你好我们就开心”。可越是这样的无欲无求，越是让人想给点什么，再给点什么。什么才能弥补得了过去那些付出在自己身上的价值连城的情感。不要拿空话和自己的成功妄图来填平这个空缺。

我只想给父母非常非常多的，非常多的标价高昂的东西。他们一辈子都不会自己去购买的东西。那就由我来吧。

因为一直以来都决定了。从还没有能力，只能像个奢望着某天魔法会实现的小丑的时候，就已经不知天高地厚地决定了。我就是想给爸爸妈妈买名牌，希望妈妈可以慢慢地显得年轻高贵起来，爸爸像个气度非凡的成功人士。每次经过大商场的橱窗都在想，快了，快了，妈妈，下次一定要把那个送给你。妈妈，你再等我一下。

比起排名多少多少的富翁，谁都认为做一个孝顺父母的人，是听起来更令自己满足和骄傲的名号。无论他们将来要走多远，赚多少钱，总会想起他们的父母小时候视自己若珍宝，抱着他们哭，或是在寒冷刺骨的冬天为孩子坐很长时间的公交车。

父母们并不会因为孩子现在的成功，而消抹掉过去他们那艰难的、贫瘠而辛苦的付出。

这之间的差距该怎么填。

俗气到极点的我们于是像个钻牛角尖的傻瓜一样认准了——挣很多很多钱，给爸爸妈妈买很多很多好东西，都要是名牌。名牌就象征着爱。这就是世界上最简单的公式。没关系的，自己某天饿得吃馒头也在所不惜，只要让那些爱我的，被我爱着的人，过好日子。

也许以上说的都是空话梦话蠢话，但是爸爸妈妈，都要等到这一天。我想成为你们的百万富翁。用很多很多钱，养你们到九十岁，一百岁，一百零一岁。

也许能更多一天。也许能更多一点。

生日快乐

✽ 辉姑娘

谁会像我为别人过生日那样，为我过一次生日呢？这似乎已经成了一个奇怪而复杂的，走不出也解不开的结。

1

六岁那年的冬天，我过了人生中的第一个有记忆的生日。

在此之前，父母从来没有想过要给我过一个像样的生日，因为他们整天都在冷战或者激烈争执。

父亲是个很奇怪的人，用母亲的话来说，他是一个“过不了节的人”。

我的母亲和所有敏感浪漫的女性一样，只要到了与节庆沾边的日子，就会喜气洋洋提前准备，给我买花裙子，买各种瓜果梨桃，商议着到了那一天要去公园转转，晚上炒几个菜。

父亲当然也会欣然同意，但奇怪的是，只要到了那一天——最多撑到出门前，父亲一定会因为某些事情开始指责母亲，进而大吵。也许是嫌给我买的裙子短过膝盖，也许是准备的吃食不合口味，也许只是晚出门了两分钟——他平日里并不算一个多事的人，也很爱我和母亲，却偏偏在节日里像一个点了火的炮仗，随时随地喷发出来，几乎成了一种病态。

印象里，我们家从来没有度过一个平和、正常且温馨的节日，当然也包括我的生日。

这些本该美好的日子，大都以母亲刚刚高高兴兴收拾停当就被父亲刺激得大哭，最后孤身愤然出门，扔下我和父亲在家里，然后父亲坐在沙发里骂骂咧咧一整天为结局。

我六岁那年的生日，放学回到家里，见父亲独自坐在一个小板凳上，一张小方桌上摆着四个菜：炒蒜薹、炒木耳、炒黄花菜和白菜炖豆腐。还有一瓶啤酒和一个小小的生日蛋糕。父亲转过头来看着我，露出一个似哭非笑的笑容：“生日快乐！闺女！”

他说：“以后你的生日，就只有我们两个一起过了。”

我偶尔会在文章里写到自己的父母，却鲜有人知，那些写到父母两人亲密互动的，多是我的继父和亲母。而单独写到父亲和母亲的那些点滴，只是他们各自的故事。

他们很早离异，并且组建家庭，父亲与继母还生下一个妹妹。公平地说，他们不算出类拔萃的父母，但肯定也不是特别失职的父母，即使离异，也都非常爱我，我也爱他们，并且从不吝惜表达爱。

我与祖父祖母同住，父母从未让我的生活所需短缺，也经常交叉式地给予一些陪伴和指导。某种意义上，我甚至因为他们早早分手，而享受到双倍的愧疚与补偿。父亲很聪慧，在恢复高考以后以不错的成绩考上大学，母亲早早经商，人也机变伶俐。他们的思想在当时的年代也是相对超前和新鲜的，这为我的成长带来非常必要的帮助。

但他们依然受年代所限，无法逃离某些人性上的弱点和缺陷。比如无法遏制怒火，不懂得情绪管理；比如语言偏激，个性过于耿直，情商不高；也并不知道什么才是孩子真正需要的。正如六岁时的生日蛋糕和四个菜，菜只是父亲爱吃而不是我爱吃的，蛋糕上的奶油又太甜了，而他什么都不知道。

何况在那样的氛围里，所谓小小家宴，不过是大人一次声泪俱下哀悼自己逝去的婚姻，孩子一脸茫然食不下咽的晚餐罢了。

后来一切都平静下来，两边都过上了互不相扰的生活。当时父亲开了一家餐厅，生意很好也非常忙碌。我住得很远，虽然他常常过来，但也是我晚上快睡着了才到，匆匆看一眼就要走，即使见面也多是教训学业。

在这样的情况下，每年的生日几乎谈不上“庆祝”。祖父炒两个算不上好吃的菜，配一碗面条也就算了。

2

我上了高中，喜欢上一个男孩子，却脸皮太薄始终没有办法开口表白。有几个好友都知道我喜欢他，便怂恿说：“你不是快过生日了吗？不如多叫几个朋友在一起聚个餐，办个小小的生日会，如果他对你也有好感，肯定会给你准备一份特别的生日礼物，饭桌上再聊聊天，没准就成了呀。”

所有年轻的女孩子似乎对这种浪漫的计划都毫无抵抗力。的确，只要稍微想一想，一场只为自己而开的小型聚会，在一间小而温馨的餐厅里，几个简单漂亮的菜肴，一点点不上头的水果酒，戴着生日帽，所有好友开开心心为你唱着生日歌，喜欢的人站在身边，微笑着送上礼物。鲜花、蛋糕、众星捧月……小说和电视剧里所有的画面都如梦幻泡泡一般飞了出来。

那年我十六岁，上一次关于生日的记忆还是六岁的那个小小的蛋糕。大约正因为种种不可言说的失落，终于在那一刻彻底生出了不可抑制的妄念。这个提议实在太诱人了，我同意了。

计划定了下来，朋友也顺利帮我约到了那个男生。于是我小心翼翼地跑去跟父亲说，想要过生日时请朋友们吃饭。

父亲非常诧异，因为这是我第一次对他提出这样的要求。他怀疑我是否生出了虚荣心或者攀比欲，拧起眉毛抓住我开始严厉地质问起来：“为什么要办生日会？别人办了吗？你知不知道要花多少钱？小孩子过什么生日？上次你考试才考了二十几名！你妈跟我离婚，我唯一的希望就是你了，为什么你每天都在想这些乱七八糟的事情……”

那场谈话以我泪流满面哭得一塌糊涂告终，哭到最后已经忘记了所求何事。父亲再次展示了批判式的教育方法，在他的眼里仿佛开了这个生日会，我就成了下一秒要进警察局的坏女孩。回到学校我抹着眼泪对好友说：“生日不过了，算了。”

然而生日的前一天，父亲突然跟我说：可以过生日，但必须去他开的餐厅，他给我留了一个包房，让我的朋友们都来。

我震惊地看着他，瞪圆了眼睛半天都没说出话。

这就是我的父亲，好像那个年代很多的大人都有着类似的处事方法。乍一听到孩子某些另类的想法时，下意识是激烈反对甚至全盘推翻。过几天想明白了这个想法并不严重，又为了彰显所谓宽容与爱，突然告诉孩子已经同意。美其名曰是惊喜，其实更多的是惊吓。

至少在那个生日前夜，我手忙脚乱重新通知所有朋友前来的时候，内心是真的慌乱而无措的。

那个生日会的细节，时至今日早已模糊一片。唯一记得的是同学们在父亲的餐厅里正襟危坐，那个男孩子也在其中。父亲上了一堆看上去只有婚宴才能吃的菜肴：四喜丸子、糖醋鱼、油焖大虾……他拿出酒桌上领导的气势，率先举杯：“祝同学们学业有成！前程似锦！”同学们笑得很腼腆：“谢谢叔叔！您太客气了！”

我吹了蜡烛，许了愿，切了蛋糕。那个男孩子送了我一本普普通通的《唐诗三百首》作为生日礼物，递过来的时候表情淡漠得仿佛在给课代表交作业。结束时大家互道再见,我站在冬夜的风里看着他们冻得哆哆嗦嗦搭车离去。

从那天起,直至今日,我再没有过办生日会的打算。

此后关于生日的记忆,大多是别人的。

3

毕业以后工作,需要与甲方搞好关系。某位特别重要的甲方领导是一位很喜欢浪漫的成熟女性,于是我们策划部想了个办法,在她生日那天,买了几车她最喜欢的香水百合,从她公司楼下一直到办公室里,堆满了新鲜的百合花。那天她的脸上洋溢着无限惊喜,在充盈的花海中走进来,迎着所有下属欣羡的目光和惊呼,那张美丽的脸几乎感动得要哭出来。当然效果也是显而易见的,第二天她就和我们签下了至关重要的一单。

我还策划过另外一个领导的生日会,那天他一到公司,发现整个屋子都是黑的。他以为停电了,灯刚一按亮,无数的碎金纸从天而降,我们推着蛋糕走出来,蛋糕上还做了那年最流行的照片喷绘。然后拉他到一棵提前布置好的室内树下,那里堆满了大大小小的礼物盒,他可以坐在礼物堆里一个一个拆开,大家在旁边欢呼,唱歌,拍照,笑成一团。

俗吧? 现在听起来所有的环节都俗套且无聊,但当事人真的开心。

我那时热衷于给朋友和同事操办各种各样的生日会,还特别喜欢悄悄打听关系很好的朋友平时特别想要的礼物,到生日那天给他(她)一个惊喜。

我给男生朋友送过他超级想要但不舍得买的球鞋;给女生朋友送过价格不菲、她男朋友也不舍得送的一大束蓝色妖姬;还曾在发小生日的时候突然捧着她最喜欢的包包和蛋糕出现在她家门口,看着她激动得满面通红。

这些看似幼稚的做法维持了很多年,直到某天一个朋友对我说了一句话。

她说:“你是不是想把自己从来没有得到过的,都让别人得到一次?”

我猛然醒过来。

那年的生日我坐在空荡荡的桌子前,想:曾经那么卖力,绞尽脑汁,试图让那么多人过一遍梦想中的生日,为什么还是换不来一次同等的回报?

谁会像我为别人过生日那样,为我过一次生日呢?

这似乎已经成了一个奇怪而复杂的,走不出也解不开的结。

4

此后的岁月,随着年纪渐长,也开始被人尊称一句“前辈”“领导”“老师”,恭恭敬敬地点头问候。

自然也会有同事、下属或者合作伙伴在生日的时候,买了蛋糕和价格不菲的礼物,说“走啊,聚一下,今天您生日”。然后大家在饭局上聊点有的没的,喝得醉醺醺的,我则负责在结束的时候拎着钱包去埋单。

但心里是平静的、淡漠的甚至麻木的。

你知道那不是为“你”而过的生日,而是为了你的身份、你的职务而必须进行的聚会、“应酬”罢了。

有一次一个朋友过生日,组织了特别大的聚会,包下了一个巨大的酒吧,所有人玩桌球、游戏、喝酒、唱歌、跳舞,甚至有专门看手相和涂指甲油的服务。冷餐十分美味,可见花费之巨。大家举杯谈笑,仿佛多年老友。

寿星看起来也特别高兴,满场飞,拉着所有人自拍合影,满脸都是笑意,口口声声“招呼不周”,我们连忙回:“哪有哪有,玩得太开心啦!”

那天的蛋糕足足有七层,所有人陪寿星一起吹灭蜡烛,满场喷小礼花,热闹极了。

连生日帽都是用纯金镶边,看起来十分豪奢。大家抓起蛋糕把奶油拍在他的脸上,四处追打,笑声此起彼伏,一片和乐融融。

最后所有人靠在一起拍大合影,喊“茄子!”“美元!”“生日快乐!”

这场巨型聚会直到凌晨才散场,我走得晚,看着客人们一个个过来跟寿星告别,然后离开。

我站在门口等了会儿来接我的车,无意间一回头,看到寿星也走出门来。

大约是没看到远处夜色里的我，他环顾了一圈门口空荡荡的停车场，停了片刻，居然慢慢地在台阶上坐了下去，点燃了一支烟。

我并不知道那一刻他在想些什么，只是看着他一个人面无表情地吸着烟，刚刚的热情和笑意如潮水般退成虚无，仿佛撑出来的某些东西“啪”的一声在空气中轻微地裂开散去了。

5

某次酒后，我感叹多年受困于此种生日魔咒。朋友之一笑起来，说自己二十多年不曾有过一次生日庆祝。

我问她为什么，她说刚上小学一年级的时候，班上有同学讲起父母给自己过生日的事情，她听了非常羡慕。于是生日那天下午，一冲动就翘课跑回家了。

她满心期待，以为父母在家做足准备，等她回来过生日，如果提前回来，他们一定非常惊喜。

谁知母亲见她突然回来十分生气，把她大骂了一顿，勒令她马上回到学校上课。

但是校门已关，她根本进不去，在外面的雪地里冻得瑟瑟发抖。

她说：“从那以后，我就不喜欢过生日了。”

另一位朋友说起她的故事。

她二十岁生日那一天，亲自下厨做了几个菜，想跟父母一起过。

她父母是生意人，平时就工作繁忙。生日那个晚上，两人放了她的鸽子，说必须要去签一个很重要的合同，都没有出席她的生日宴。

她一个人吃了菜吹了生日蜡烛，心里空了一大块。

很多年以后，她问起父母还记不记得那一天到底签了一份什么合同，多少钱的合同，值得推掉女儿的二十岁生日。

父母都是一脸茫然，说根本想不起来了。

“他们不记得那天签过了什么合同，我却一辈子记得，他们没有庆祝我的二十岁生日。”她说。

第三位朋友说：“我小时候看了一部剧，女主角过生日，切开蛋糕，里面藏了一条男朋友送她的项链。当时我特别羡慕。”

我们忍俊不禁：“这么老土的桥段？”

“是啊。可那时候我就想，要是有人为我能这么用心一回，不管那项链多简陋，我以后一定为那个人赴汤蹈火，对他好一辈子。”

“那后来呢？”

“当然没有实现。暗示过老公几次，他根本不明白。可是这种期待要是说得太明确了，还有意思吗？”

我们摇头。

我说，我给你们讲一个，对于生日的妄念。

我从六岁的生日讲起，讲到暗涌的那些期待，不切实际的幻想，对那个日子的执念、贪恋与求不得。我讲了很久很久，然后终于停下，自嘲地笑起来。

“而我的妄念，不过都是为了淹没六岁时那张小饭桌上的记忆罢了。”

6

前年父亲大病，病好后说话就不再利索，人也行动不便了。

我回去看他，陪他小住，正赶上自己生日，于是在路边买了个小蛋糕和四个他爱吃的菜带到疗养院去。

父亲说不清话，坐在沙发上看我点蜡烛，开菜盒，很高兴的样子，含糊地说着话。

我点了一根蜡烛，唱了一遍生日歌，又许了个愿。

父亲冲我“啊啊”了几声，我听懂了。

“是要我把愿望说出来吗？”我笑着看他，“说出来就不灵了啊。”

他继续大声“啊啊”。

我摇头：“我许什么愿，你也知道的啊。”

人生过到现在，哪有什么愿望，所求不过岁岁平安。我低下头去，一口气吹灭了蜡烛。

烛火摇曳，光影朦胧中，仿佛是旧梦扑面袭来。推开那扇斑驳陈旧的老家大门，父亲还坐在那张小椅子上回过头来，他的面前是他亲手烤的一块形状诡异的蛋糕，和我最喜欢吃的四个菜。

这个父亲，比我记忆中的样子更多了几根白头发，但脸上带着宁静又遥远的微笑。

他对我轻声地说：“你回来啦？生日快乐。”

阁楼里的《简·爱》

✽ 沈铁伦

教室里的小脑袋，本来按桌椅分布得横平竖直，放学铃响，大家离开座位，迅速形成新的聚落。要好的，已挽手臂互换零食；住得近的，商量结伴回家。女孩子们约着同上厕所。一群群放笼的小雀，叽叽喳喳从教室飞出去。等学生散尽，办公室里的老师也陆续收拾东西。只有宋老师任凭所有文具摊在桌上，茶杯敞开，呼呼冒着热气。她趴在走廊的栏杆上，看大家离校。

来接小孩的家长们一仰头看见宋老师，都挥手打招呼。等走出学校一段，家长聊天，绕来绕去说到宋老师。"还没呢。"家长们说。小孩子们一边打闹一边凑过来问："什么还没呢？"家长们就说："你们宋老师，和别人不一样。"

宋老师比我妈还大几岁。我妈有了我，我已经上学了，而宋老师还没结婚。女人如果年轻，人们会谈论她的未婚。已婚的多半想着做媒，未婚的男人要多点想头。但女人上了年纪，人们反而不谈论她的生活，只是交换眼色，如暗示一个秘密。

也似真有秘密一般，宋老师离群索居。20世纪90年代初，个人分房全仰仗单位。在等候名单上，长长一列教职工名字，各自家庭都有困难。单身的宋老师，排得遥遥无期。校方好歹照顾，看到教学楼上阁楼空置，允许她先去住。

人人放学都要离校，唯宋老师不用。她在校园里安家，多么稀奇。是因为这样，所以她和别的老师都不一样吗？

学校给每个教室装了闭路电视。别的老师上课都不太用，但宋老师上课，每隔几周会带录像带来给我们放英语动画片。12月过圣诞节了，她申请学校食堂停了一日学生例行午餐，换成油炸大排和一铅桶卷心菜西红柿汤。她给我们讲西餐礼仪：叉子在左，刀具在右，挺直身体离开椅背，双肘不能支在桌面，喝汤时不能发出声音，要向外侧舀。我们并没有刀叉，也一样努力遵循礼仪，一个个笔挺坐好，用不锈钢饭勺在搪瓷饭碗里认真地一勺一勺向外侧舀汤。

有家长听说了，不禁皱眉。"就不能带小孩好好背课文念单词吗？花头多的，到底是……"到底是什么，家长顾念学生在边上，忍着没有说出口。但那没有说出口的内容，其实连学生都知道了，"宋老师，和别人不一样"。

英文课的内容讲到了过生日。教材的插图里，英国父母手持气球，主角男孩戴尖头小帽，他的姐姐和朋友捧着插有蜡烛的蛋糕走来相贺，原来英国人的生日这样过。但生日蛋糕在当年的上海是奢侈品，同学们看着插图，面露羡慕。

到了下一节课，宋老师带着一只大纸盒走进教室，一打开，教室里哄然一声"哇"，原来是个巨大的奶油裱花蛋糕。宋老师笑一笑，重复几句教材里的单词和段落，取出带来的刀叉，小心分了几十份，班上同学每人都得了一小块。大家领了，回各自位子上去吃，单词和段落像奶油一样，落进肚子化了。

冬去春来，美丽的班主任红着脸向家长们告假，她刚刚大学毕业，现在要去结婚了。另一位任课老师也在给同事发喜糖，他的儿子结婚了。所有人到了年纪都要成家，整个学校里的成年人都是如此，我从家庭里认识的每个亲戚都是如此。除了宋老师。

有一天出完黑板报，我们几个学生在学校里留得晚了。洗好手走出厕所，听到阁楼隐隐有乐声。大家循声走啊走，走到通往阁楼的楼梯前。你推我，我推你，扒着门缝看一看那里面藏着什么。有沙发吗？有锅碗瓢盆吗？和我们家一样吗？宋老师会不会睡在课桌椅上，拿黑板当墙？直到背后传来一声咳嗽，大家回头一看，宋老师拿着一本托福教材站在阁楼外。

她开了门，放我们进去。大家一拥而入，很快塞满整个阁楼。这房间不过四五平方米的样子。窗下放着张单人床，床边一把椅子，椅子上置一台收音机，椅子下面两只热水瓶和一罐三合一的雀巢咖啡。所有陈设，一览无余。宋老师拉开床角的毯子，铺在床沿，示意我们坐在上面。窗户朝东，光照不够，她又开了灯。黄灿灿一只灯泡大放光芒，将陋室镀金。一时间，乐声中断。

宋老师打开收音机，拿出磁带翻面。她一边拿出磁带，一边问："来干吗呢？"

我们相顾而笑。老师也笑："觉得老师这里好玩？"

我们说："觉得你和别人不一样。"

宋老师愣了一下说："我有什么不一样呢？"

一个同学说："我们放学回家，你家却在这里。"

宋老师说："是啊，你们回家，我家却在这里。"

她按下播放键。磁带转动，发出轻微的咝咝声，有一男一女对话，女人说："你以为因为我贫穷、低微、不好看，就没有感情吗？我也有的。如果上帝赋予我财富和美貌，我一定要使你难以离开我，就像现在我难以离开你。"我问宋老师这是什么，像放电影的声音。

宋老师说："就是电影里的台词，这是我自己录的，叫《简·爱》。刚刚的音乐是电影主题曲，简·爱是一个外国女教师的名字，她像我一样，没有家庭，也不好看。"

"宋老师，你好看的。"同学们说。

宋老师说："谢谢你们。"

然后她说，"不要紧，我如果也能去国外就好了。等我到了国外，一切都会好的……"只听得磁带似乎又进入下一段。一个男声在急切地呼喊："简，简，简……"宋老师不出声地听着，我们也听着。那声音里的急切叫人起鸡皮疙瘩。老师不发话，我们不敢走。直到一个同学想起来似的说："我爸爸还在校门口等着接我呢。"我们起身告辞，宋老师站在门口向我们挥手。

我们奔下楼梯，她站在橙黄色的光线里，她的肩膀、手臂、裙摆，最后是脚，逐一消失。教学楼已经暗下来了，平时熟悉的墙壁和台阶骤然显出陌生。每个转角后似乎都有未知的东西蹲守。大家害怕起来，好像刚刚闯入了不该我们闯入的世界。为了消除恐惧，我们比赛一般飞快地奔下台阶，到了最后几级，几乎是不顾性命地跳下，最后大家冲到底楼，发疯一样大笑起来，一起跑向校门，那里亮着灯，我们的父母正等着接我们回家。

后来听说宋老师那几年一直想申请出国，但没成功，后申请调走。直到我最后一次听到她的消息，她还是单身。其实那时她的年纪还未到不惑。如果今天，我在上海街头，看见一个三十几岁的女人，我会觉得她很年轻。

大约在宋老师离校几年后，有一次新来的英语老师让我帮忙去办公室整理旧书。在书橱里，我翻到一本中英对照的《简·爱》，花了一个下午囫囵吞枣看完中文部分。那本书的导读里，照例写着要批判地看待作者的历史局限性等提示，也记录过几段作者致友人的信。到了大学读英美文学时，我才找到《夏洛蒂·勃朗特书信》来读。

1852年，36岁的夏洛蒂致信友人埃伦："那不时从我心中挤出一声呻吟的不幸，是在于我的处境——并非因为我是一个单身妇女，而且很可能始终是个单身妇女，而是因为我是一个孤独的妇女……但这是无可奈何的事，因而绝对必须忍受，而且要默默地忍受，说得越少越好。"

我记得在中学里，我第一次翻阅那本《简·爱》，内页盖着校英文教研组藏书章，是公家的书。但我翻到封底，看到一个小小的签名，是花体英文，宋的拼音。

微小战争

✽天空路

1

世界每时每刻都在发生微小的战争。股市与房市此消彼长，初春与残冬争夺大地。没谁想输，可有些人似乎没赢过。比如我。

我的第一次失败是在1999年，那年我7岁。父母在浙江办了一家鞋企，随着外贸日渐红火，生意越做越大，我家搬进带院子的大房子，添了辆车。有天晚上，父母难得同时回家，却把我和11岁的姐姐关在院子里，不许进屋。我们哆哆嗦嗦，贴在门外偷听，客厅电视里的歌舞晚会四海升平，父母激烈争吵，盘子和椅子横飞碎裂。父亲一声怒吼，姐姐被单独叫了进去。父母决定离婚，一人分一个孩子，可他们都想要我的姐姐。我在屋外的台阶上耐心地等了很久，困惑大过沮丧。

正屋对面，院子的一角，有个存样品鞋的小屋，我默默走近，推门而入。黑暗中，满月的光辉透过中式窗棂丝丝缕缕地洒落，我看见无数纤细的精灵在银色的光柱中上下翻飞，满屋绒面与水晶样式的高跟鞋闪闪发光。我被这样的美惊得说不出话，忍不住走向小屋深处，仿佛走进光影交织的迷宫，月光忽然化为冰凉透明的光刃，把我的脸和手臂切得流血。那天晚上，急救车呼啸而来，父母狠狠地骂我为什么自残，医生和护士都不相信我是被月光割伤的。我百口莫辩，只有姐姐心疼地帮我吹伤口，对我说出院后要带她去看月光的刀，我心里一暖，觉得如果我是父母，也会选择我的姐姐。

那一年，姐姐在奥数竞赛中获奖，免试进入全市最好的中学，跳过初二和高一，到16岁时，已经考上清华。市电视台的记者来我家录节目的那天，父亲买了一整车蝴蝶兰装饰客厅，把钢琴搬到院子里，让姐姐为大家弹《致爱丽丝》。我告诉摄像师我也会弹那支曲子，他对我笑笑，让我坐在屋门口的台阶上。我看着我的姐姐在镜头前从容地弹琴，觉得无比骄傲，也无比自卑。父亲高兴得满面红光，宣布给姐姐读书的中学捐钱，后来初中部和高中部的四个班都以姐姐的名字命名，就像在清华大学里，实验室和教学楼也会以厉害的人命名一样。这年秋天，我顺理成章地进入以姐姐名字命名的班，成了众人瞩目的新种子选手，可是我一直没发芽。老师们有意无意地用姐姐来激励我，渐渐地，我有点害怕他们的目光。

姐姐大一暑假回家，带回很多封信，来自不同的写信人，信封上的字迹工工整整。她把它们捆成一扎，锁在抽屉里，不肯透露信件的内容。我偷偷地摸过那个抽屉，在木头深沉厚重的质感下，我能感到信件们在漆黑狭小的空间里发光发烫，我猜每封信在被开启的瞬间，都会长成一片森林，阳光在树枝与树叶间斑驳如金，温暖人心。我开始模糊地想象长大后的世界，想象如果自己将来奇迹般地考进好大学，会不会也收获这样的宝藏，可惜在考学的战场上，一将功成万骨枯，姐姐是将军，我是枯骨。幸好，我也有我的天赋。

2

我跟着男生们去了网吧，从《帝国时代》到《星际争霸》，似乎只要我认真一些，就不会输。我的手速很快，直觉地知道如何优化配置资源，很快就在游戏社区里小有名气。初二那年，我开始帮人代练，第一次就专注过了头，错过了那天的英语测验。我获得了成人顾客的认可和300元代练费，第一次为自己骄傲。

这天晚上，我被先后到家的父母分别打了一顿，父亲恨恨地咬牙。我被赶进院里罚站，必须仰头看着二楼姐姐的卧室反省，敢低头就再挨一顿打。姐姐还没放假回来，她的房间一片漆黑。我抬起头，把眼泪逼回眼眶，发现隔壁房子的阳台上站着一个人，暖黄的灯光从他背后的房间里照出来，把他照成一个剪影。我窘迫地擦脸，假装自己闲极无聊，在看星星，他回了房间，几分钟后竟出现在隔壁院角的小屋屋顶，陪我一起看着夜空。夏天将至，银河无比清晰，悠悠渡河而过的不知是人造卫星，还是散步的神明。我被罚站到晚上11点，他就陪我到晚上11点，我们谁都没说话。

后来我打听到他的名字，发现他也在以我姐姐的名字命名的班。他和我姐姐同年进初中，成绩也算优秀，却始终差她一截，姐姐跳级，他按部就班地升学。我的座位靠窗，常常看见他跟高中部的男生们在球场上奋力拼抢，也能看见他坐在学校后面的百年老树下，安安静静地读书。我在网上召集人马，成立了一支游戏战队，以他的名字命名。

一年后，我们还是从未说过话，我在学校的高考喜报上得知他考进北航，默默替他高兴，却没勇气向他道贺。那天夜里，我号召战队的兄弟们在网吧里拼了通宵，我紧盯屏幕，调兵遣将，看着他的名字如入无人之境，所向披靡。凌晨四点，我站在虚拟世界的星空边缘，觉得他就在我身边。

2008年的暑假，姐姐从清华毕业，申请到去美国S大学的研究生，临行前回家小住。我的游戏战队在全国竞赛中得了第二名，得了笔不小的奖金，并因此受邀去国外参加世界级电子竞技比赛，《市晚报》的娱乐版就此发了一条新闻。我买了张报纸，在战队名字和我的名字下用荧光笔画了道线，偷偷地爬上院墙，扔进他家的院子。傍晚时分，他竟然来我家敲门，我第一次这么近地站在他面前，心跳得不知说什么好，他微笑着问："你姐姐在家吗？"

他对姐姐表白了。

我站在屋外的台阶上，听见他说从高中起就在给姐姐写信，也听见姐姐直截了当地拒绝了他。我忽然明白了他那晚为什么会陪我，他和我一样，注视着我姐的窗户。我想起家里那个紧锁的抽屉，里面也锁着属于他的那片森林，我在外面憧憬徘徊了那么久，却始终不知道。

我没有回应电子竞技比赛的邀请。最终胜出者将获得三百万元的奖金，可我不再想面对来自世界各地的两千名对手。我把战队交给兄弟们打理，沉寂了整个暑假。

3

姐姐出国读书的前一周，我家出了事。父亲背着母亲，把多年的积蓄交给有门路的朋友投资金融衍生品，在次贷危机中贬得分文不值。父母间爆发了我有记忆以来最激烈的战争，除了离婚，再无他路。他们打官司，上法庭，分割最后的财产——我家的鞋企；很快便失去意义，因为我们一直为外国品牌做贴牌生产，没有国内的销售渠道，而外贸订单在经济危机中急剧缩水，鞋企破产了。父亲几乎净身出户，母亲用卖房子的钱付了拖欠工人的工资，最后我们只剩下几箱衣服和那架钢琴，母女三人共同面对从头来过的世界。虽然我们不曾大富大贵，至少从未为柴米油盐发愁，此时却千金散尽，唯有彼此是对方的财富。

母亲一下子苍老了许多，心烦气躁不肯吃饭，夜夜失眠。医生说母亲得了严重的抑郁症，必须住院治疗，药品、床位、检查费，每天都有开销。姐姐决定放弃出国，去典当行押了钢琴，换了现款救急。她只身回到北京，投简历、找工作，居然获得一家跨国基金公司的实习机会，如能转正，年薪百万。姐姐非常珍惜这份幸运，常常因为工作催得太紧，饭都来不及吃，每个星期出差两三次，周末也在加班。我知道姐姐正独自承担着养家的重任，有点恨自己，我想帮忙，可是没有哪家公司愿招高二学生，何况我的成绩并不好。

姐姐实习期未满，忽然从北京坐火车回家了。我清楚地记得那天是12月31日，我刚从医院给母亲送饭回来，在租来的房子里洗锅洗碗，姐姐把行李箱扔在地上，从背后抱住我，放声大哭。元旦后的1月5日是决定她能否从实习身份转正的关键点，她的上司今天给她看了“同意转正”的公文，只要她签字便可生效，同时给了姐姐一张字条，上面写着他单身公寓的地址。他的字很漂亮，却因此让我觉得更厌恶。我第一次看见姐姐如此茫然失措，就像看见胜利女神丢盔弃甲，我忽然意识到姐姐才20岁，面对残酷的成人游戏，她和我一样毫无经验。我擦掉姐姐的眼泪，想保护她，不知该怎么做。有人在按门铃，我开了门，快递送来一个扁扁的包裹，里面有本存折，还有一个密码。

是远在外地的外婆寄来的。

寄出时间是两个月前。外婆腿脚不便又不识字，不会在网上汇款，一听说我母亲住院，立即把存折放进包裹托人寄出，不料寄的地址是那幢被卖掉的房子，辗转到了现在。我和姐姐去银行查了余额，打出流水账单，发现外婆的积蓄都在里面，她每月从中取出一些买米买菜，也用来打胰岛素控制糖尿病病情。我们大惊，分文未取，用加急快递把存折寄了回去。我们站在街边，攥着长长的账单，就像攥住随风起舞的火焰，手心发烫，心里也烫。

那天晚上，姐姐和我久违地一起坐在床头，聊到半夜。我们说起美得伤人的月光，说起鞋企曾经的辉煌，说起父亲偷偷去医院看望母亲，却怕被她发现。我逗姐姐描述在大学里追她的男生长相，她提到生物科学院的院草也提到数院的篮球队长，有清华的也有北大的，有山东的也有四川的。

“姐，那原来住我们隔壁的男生呢？”

“哦对，差点把他忘了。”

我笑着摇头：“从小到大，我总是输给你。”

姐姐有些吃惊，沉默了很久，说了句奇怪的话：“但是，作为我的妹妹，你注定有一天会超越我。”

“嗯。在那之前，请好好做我的榜样。”

姐姐没有打开行李箱，凌晨五点多就去了火车站，直接回了北京。我登录电邮，给电子竞技比赛的主办方写了封诚恳的道歉信，接受了参赛邀请。我打开电脑，面对让我心动又心哀的男生名字，决定用这个ID参赛，因为只有到达顶峰的人才有资格说放弃，只有和他一起战斗到最后，我才能笑着忘记他。我想通了一件事，我根本无法超越姐姐，因为我们每个人都是不可比的独特个体，能超越的只有自己，战胜嫉妒才能认识自我，战胜胆怯才能开始尝试，战胜私利才能理解和平。我回归战队，在1月5日的第一场外围赛开始前，和队友们夜以继日地PK练习，我要把荒废的暑假补回来，我知道自己还可以做得更好。

1月4日晚上，我提前收工回家，打算在比赛前夜好好睡一觉。我想起第二天也是姐姐的重要日子，给她打了电话，她的手机却一反常态地早早关机。寒意顺脊背而上，我害怕姐姐最终还是去了字条上的那个地址。黑暗中，我坐在床上望着窗外的夜空，满天星辰化为细沙，纷纷扬扬地落下，揉进我的眼睛里硌得生疼。我知道再过两个月，我们就付不起房租和母亲的住院费，我知道世界上每分每秒都在发生微小的战争，这不过是除了失去自尊，不会失去任何东西的一场战争，可我还是痛惜姐姐的牺牲。

次日清晨，我早早地去医院给母亲送了饭，回家洗碗。姐姐忽然回我电话，她的上司罚她连着两晚通宵加班，她累得忘了给手机充电。

我高兴得要命：“为什么要加班？明明知道这不公平。”

“有始有终，做你的榜样。”姐姐声音疲惫却语调轻快，我知道她在实习的最后一天，一定还会微笑着全力以赴。“你呢？”姐姐问，“你在做什么？”

“我啊，”我脱下厨用手套，换上游戏战队的队服，“我正要去征服星辰大海。”

我亲爱的陌生人

✽八月长安

我们是姐妹，我们没话说。

我有一个表姐，到目前为止的人生里，我只见过她三次。第一次见到她的时候，我大约五岁。

大舅和舅妈是工农兵大学生，读医科，刚结婚就被一同分配去西藏做援藏医生，而这个姐姐，就是在拉萨出生的。她大我七岁，皮肤黑黑的，脸上有两团因日晒而生成的高原红，说起和爸爸妈妈回家乡探亲这件事，会将它称为“回内地”。

可她一点都不土，土的是我。姐姐也和我一起住在我外婆家，我会好奇地溜进她的房间去偷偷翻阅她的东西。五岁的我还没有坐过飞机，她的桌子上有一个餐盒，是从飞机上带下来的。我端详着保鲜膜里面的小蛋糕和榨菜，不知道为什么，同样的蛋糕和涪陵榨菜，一旦被放在那个白色的塑料盒子里，就变得特别……圣洁。

我盯了一会儿飞机餐，嘴馋了，又知道不应该偷吃，所以就转开视线，在打开的行李箱表面看到了一个漂亮的硬壳笔记本。我识字比较早，她的日记写得也简洁明了，阅读随手翻到的那一页完全没有障碍。

“赵毅，我不像别的女生一样缠着你，是因为不想看到你不学好。我对你冷冰冰，只是因为我喜欢你。”

这种情感对我的年纪来说实在太超标了，然而越是令人费解的事情就越会被我记住。我仔细地揣摩每一句话，却不明白为什么喜欢一个人就要对他冷言冷语。

还有，什么是喜欢呢？姐姐推门进来的时候看到我拿着那个日记本，整个人都呆住了。

几个小时前我躲在大人背后对她说了一句“姐姐好”，几个小时后我拿着她的笔记本，对她说的第二句话是：“赵毅是谁？”

姐姐本来想要尖叫的，顾及还在客厅的舅舅，硬生生憋住了，走过来抢走日记本，低下头严肃地盯着我的眼睛说：“不管你看到了什么，不可以告诉任何人。这是我们的秘密。记住了吗？”

我懵懂地点头，她满意地捏捏我的脸，随手拿起桌上的飞机餐盒，说：“这个给你吃。”

我眉开眼笑，去他的赵毅，我姐姐最好了。

后来我一边吃着飞机餐，一边回忆在姐姐的行李箱中看到的东西——好像有那么多新奇的小玩意儿。在我心里她是带着美味圣洁的食物从天上降落的仙女，还拥有一些似乎非常难懂又高级的秘密，简直是……简直是……

我默默地品味着干巴巴的小蛋糕，一直没找到一个合适的词形容姐姐。就这样激动地吃完最后一口时，我变成了这个陌生姐姐的脑残粉。

不知道是不是担心我透露她的秘密，自打那天之后，姐姐对我出奇友好，时刻陪着我玩。她教会我折从高空落下时会自动旋转的纸蜻蜓，听我絮叨自己那点不足挂齿的小烦恼，给我看她带回来的奇奇怪怪的书。

她翻开书，问：“你是什么血型？血液有不同种类，你知道你是哪种吗？”我摇头。她便苦着脸对着那本书查找，半晌才抬起头，说：“你自己选吧。”

A型血的美丽瞬间：微微一笑地点头说“你好”；B

型血的美丽瞬间：俏皮地眨眼一笑说声“嗨”；O型血的美丽瞬间：自信地一笑说“交给我”；AB型血的美丽瞬间：神秘地一笑说“你猜”。我思考了很久很久，说：“我想当B型血。”

姐姐也郑重地点头，说：“好，从今天起你就是B型血了。”

除了读书，她每天也陪我玩我那堆大小不一却同样丑陋的娃娃。她给大棕熊起名叫绒绒，小白熊起名叫小雪。她主导的过家家并非每天另起炉灶，而是一部漫长的连续剧——我们今天让绒绒和小雪扮演自己的父辈母辈，令他们结仇；明天再让绒绒和小雪相识，相爱；后天让绒绒和小雪得知彼此是世仇，让他们痛苦纠结……我从没这样玩过过家家，每天醒来都急吼吼地想要知道，今天绒绒和小雪又怎么了。

我们一起去踏青，她紧紧牵着我，给我买气球，一路给我讲雪山的样子，告诉我方便面袋子在西藏会鼓起来，甚至会爆炸；我问她：“为什么绒绒和小雪要那么苦，明天他们是不是就能在一起？”她却摸摸我的脑袋说：“这样才有意思呀！”

我十二岁的姐姐，觉得波折横生的人世，才算有意思。

她只待了十几天，在我的记忆中却很漫长。直到最后一天，绒绒和小雪的故事也没有演完，我可怜巴巴地望着她，她却忙着收拾行李，和家里其他亲戚们道别，到底也没告诉我结局是什么。

姐姐离开后我消沉了很长一段时间，但还好，我深信我们还会见面的，毕竟我们是血亲，她亲口说我是她最喜爱的小妹妹。而且我知道了自己是B型血，双子座。姐姐当初拿着那本书对照着说，六月出生的人是双子座，古灵精怪，特别聪明，伶牙俐齿的。

于是我此后变本加厉地嘴贱，生怕活得不像双子座。

上了小学以后，我是我们班级第一批知道星座的，第一批捧着脸忧伤地说“谁让我是双子座”的，却也是最后一个知道原来星座是按照阳历生日划分的，我当初报给姐姐的是闰六月，可我是八月的。

原来我是狮子座。这让我往后可怎么活？

我从连飞机餐都没见过的小破孩成长为引领风潮的大队委员，我有太多太多消息想要告诉姐姐，也有太多太多话想问她。

然而再次见到她时，我已经初二了。她上了大专，再次回来探亲却满是波折。

舅舅舅妈先行回到家乡，我们都在等待姐姐放寒假后直接飞回来过年。一天晚上，舅妈在北京的家人打来电话，说姐姐的确已经到达北京准备转机，可是飞来的还有另一个人。舅舅和舅妈当场脸色就变了。这时我才知道，姐姐成了与传统相对抗的“坏女孩”，文身、吸烟、逃课、打架，甚至和古惑仔谈恋爱。她就读的学校在陕西，终于独自一人脱离了家长的严密监控，整个人都自由了。

这个将被带回来的男孩就是个古惑仔，身无分文，玩乐队，不知道还有没有其他在长辈眼中惊世骇俗的特征。一夜电话密谈之后，姐姐最终还是孤身一人出现在了家门口，却一直冷着脸。

那张冷冰冰的脸打退了我所有亲近的念头。明明有那么多话想要问，却都憋成了腼腆的笑。那些想要跟她分享的、我的新生活，以另一种方式被她知晓了。舅妈恨铁不成钢时，居然驴唇不对马嘴地拿我这个半大孩子来举例，说：“荟荟期末考了第一名，你看看你，你像什么样子。”

姐姐扭头看了我一眼，笑了一下。我不知道这个笑容是代表轻蔑、鼓励还是毫不在意。我局促不安，却谨记大人说话小孩不能插嘴，只能用眼神告诉姐姐，我一样喜欢她，我没有她好，我永远是她的脑残粉。

我想姐姐没有看懂吧。她根本就没有看我。

那一次全家团聚，我终于明白我离这个姐姐有多远。她和其他几个年纪相仿的兄弟姐妹一起聊“911”的解散，聊TakeThat（接招合唱团）最喜欢的歌，推荐他们去几个非常有趣的网络聊天室，讨论《大话西游》，说白晶晶和紫霞谁才更值得爱……

所有关乎“我能走进这个人的世界”的想法，都是错觉。一切理解不过是因为对方给了你理解的资格与机会。我万分难过，却只能在饭桌上乖乖扒饭。绒绒和小雪的一切疑问都那么难以启齿。本来就已经因为幼稚而被排斥了，我不想给自己雪上加霜。

但至少星座话题还是经久不衰。我找到机会，怯怯地跟她说："姐姐，我发现我不是双子座的。我是狮子座。"

姐姐的眼神从"你在说啥"渐渐转变成"那又怎样"，彻底冻住了我的一脸僵笑。

尴尬了几分钟之后，我忽然大脑短路一般伸出手去摸了摸她的手腕——那上面有几道很浅的伤痕。姐姐迅速拉低袖口盖住了，再次露出了我熟悉的笑容，也就是在我问出"赵毅是谁"之后的那种求我不要声张的、讨好的笑容。

"疼吗？"我问。她摇摇头，说："小孩子别瞎问。"

我已经到了她第一次见到我的时候的年纪。我已经懂得为什么越喜欢一个人越要冷冰冰，也知道那一道道的伤口是什么。但我已经没办法让她了解到我的成长了。

成长这件事不是用来向谁邀功的。我默默告诉自己。这个道理当时看似高端大气，现在想来，也不过是赌气。

何况姐姐压根没发现我的赌气。

她毕业，回到拉萨当公务员，听说结婚了，又听说离婚了。关于绒绒和小雪的故事渐渐被我抛诸脑后，我也有自己的人生要过。我也会对小孩子不耐烦，也迷上了上网，有了自己喜欢的歌手，有了喜欢的"赵毅"，有了秘密。

许多许多秘密。

第三次见面时我大学一年级，她二十六岁，文身已经全部洗掉。我终于踏入西藏，看了雪山，游了圣湖。她和舅妈一同陪伴我们这些亲戚，话不多却很周到，眉眼间没有了桀骜不驯的气息。我的爸爸妈妈都说姐姐她长大了。

那个世界也愈加走不进。而我赌气多年成了习惯，再见到大姐姐，已经不复当年的神奇。

那次西藏之旅很精彩，雪山林海，美景沿途，但高原反应剧烈。只有姐姐的眉眼神态，淡得像水墨背景。我终于在最后一次见到她时，不再小心观察她的喜好与表情，不再患得患失，不再表现自己，也不再好奇于她是否发现我长大了。

距离上次见面又过去了许多年。她患了抑郁症，辞了职，在家休养。这似乎没什么奇怪的。我的姐姐从小见多识广，古灵精怪，有太丰富的精神世界，太骄傲太不驯服，安平乐足的生活与她无缘。

当我对满心不解的妈妈说出自己的看法时，妈妈很奇怪地问："你跟你姐私下有联络吗？你怎么知道她在想什么？"我也不知道我想的对不对，也许都是我一厢情愿的臆测。然而我始终记得，在西藏游玩时，其他人都下车去照相，只剩下我和她一同坐在车里，沉默的空气很尴尬。

我忽然觉得难过。她本是我最亲的大姐姐，我们血脉相连，可实际上，我们是陌生人。我们是一对见面时要亲切拥抱、问候彼此近况，实际上却对对方毫无了解、连笑都笑不自然的陌生人。

说来好笑。我那时已经是成年的大人了，却还是小里小气的。可谁让她是我五岁的神。即使现在知道她不是，余威尚在。

就在我终于鼓起勇气主动开口问她是否还记得绒绒和小雪时，别的亲属拉开车门上来了。话题戛然而止。

我只听到她轻轻地笑，说："你还记得。"这一句之后是永远的沉默。我们是姐妹，我们没话说。

爸妈总说我们这一代的独生子女，对兄弟姐妹之间的骨肉亲情总是看得特别淡。可是又能如何呢，就像我，从未与这位表姐一同成长，每次见面，她都从天上降临，带着一身巨大的谜团和变化，我跟不上，也无法靠近。

她可能永远都不会知道她对我有多重要吧。我们是如此不善于表达感情，如此笃信血缘可以跨越一切。

善于表达又怎样呢？热情何尝不是对他人生活的一种侵犯和僭越。

如果我第四次见到她，我想我一定会鼓起勇气邀请她喝一场酒。没话说也没关系，只需要醉一场，告诉她，当年那个只会玩娃娃的小妹妹可以喝酒，可以聊天，真的长大了。

真的长大了。我现在早已明白，不管是爱情、亲情还是友情，只要喜欢一个人，就永远不要冷冰冰。

你认识刘黎吗

✿ 姚瑶

我从没想过我会彻底弄丢我人生中最重要的朋友。她叫刘黎，是我人生中第一个朋友，遇见她那一年我13岁，失去她那一年我18岁。

我的整个童年时期是没有朋友的。

女生之间所谓友谊，最显著的特征就是手拉手一起去厕所，无论做什么都要在一起，亲密无间，形影不离。但我没有这样的朋友。

幼儿园期间，某天午休，我发现自己床上的被子和枕头都不是自己的。原来有个小女生觉得我的床阳光好，就和另外几个小女生趁我不在时，把我的被子挪到了角落里最阴暗的一个下铺，并威胁我不许告诉老师和家长。我穿了新衣服会被她们剪破，玩游戏时永远没有人把手绢丢到我的身后。

读小学以后，我成了招人讨厌的好学生。6年来，6次投票选“三好学生”，每一次我的得票都是个位数。后来有人偷偷告诉我，是班长一直跟大家说，不要选我。我好像永远也无法融入集体，最后连我也讨厌起自己，我不知道要怎样做才能让大家喜欢我。

现在的我才明白这种东西叫作“冷暴力”，没有打架、扯头发，没有辱骂、霸凌，是心理与感情上持久、缓慢而又深入的伤害，带来那个年纪的孩子所无法理解的孤独与难过。可你的身上没有伤口，别人也看不到你受伤的过程，难以求助，无法描述。

所以，我变得自闭，躲在房间没日没夜地看书，把书里的人当作朋友，写厚厚的日记，为自己创造出一个热闹的世界。13岁的我放弃了自我拯救，也放弃了会有人来和我做朋友的奢望，我几乎接受了自己所有的不可爱与不被爱。就是在这时候，我遇到了刘黎。

那一年，刘黎21岁，来到我所在的初中实习。班主任带她进来时，谁也没把这个皮肤很白、看起来有点弱不禁风的姑娘放在眼里。

她个子较矮，有些腼腆，自我介绍时说：“我是安庆怀宁人，那里是海子的故乡。”因为这句话，我从习题集里抬头看了她一眼。

她说：“我想用一句他的诗当作见面礼。”说罢，她拿起粉笔，转身在黑板上写下了一句话：“你来人间一趟，你要看看太阳。”我看着黑板上的那句话，好像真的被阳光灼烧了眼睛。

刁难实习老师是学生们的一点恶趣味，被冷落了两天后，她用一个早自习解决了这个问题。

前一天她帮班主任批改了我们的周记，趁机把每个人的本子翻了个遍，记住了四十多个名字。第二天上早自习时，她和每一个人说话：你喜欢这个，我也喜欢；你上周去旅游了；你感冒好了吗……就像来自老朋友的问候。

走到我身边时，她说：“是你啊，文笔那么优美，只是有点忧郁。”紧接着又说：“忧郁没有什么不好，不敏感的人写不出打动人心的东西。”我的脸红了，与其说是害羞，不如说是震惊，震惊于她对我说的话。

她又问我最近在看什么书，我也反问她，她说她喜欢三毛、村上春树，最近很喜欢余杰的《香草山》，还说了很多我从未听过的名字，然后她直接拉过我的手说：“我写给你吧。”她说着就用钢笔把那些名字在我手心里写了下来，还对我眨眨眼说："别被班主任发现哦。"

那个瞬间，我受宠若惊，因为她像个朋友一样，与我有了不足为外人道的小秘密。

课间，刘黎主动邀我去操场散步，和我说起她曾为了去省城的电影院看《泰坦尼克号》，偷偷搭上缓慢的绿皮火车，独自一人看电影的事情。那时她目光灼灼地对我说："一个人看电影，以后一定要试一试呀。总有一天你会享受独自做一件事的感觉，那个时候你不再需要人群提供安全感，你一定会成为这样的人。"

那时候，我只觉得这些话是听起来漂亮的话，美好却指意不明。但它们以润物无声的方式，经由刘黎埋藏在了我的心底。

说完这件事的周末，她特意约我去看电影，看的是刚上映的《哈利·波特与魔法石》。要知道，我从未与任何人在课外约好一起做任何事。所以，从她手里接过珍珠奶茶，在电影院里她拍着我的小臂哈哈大笑时，我其实掉眼泪了。

实习结束那天，她在讲台上抹着眼泪说，每个人都是带着各自的使命来到这个世界上，有美好的，也有阴暗的，她想栽培美好来对抗阴暗。

那时候的我，所能想到的最好的方式，就是写一封长长的信给她，小小的我用了很大的字眼，我说："你像是奇迹，让我看到了自己长大后的样子。"

很快我收到了她的回信，从那时起到我考上大学为止，我们通了6年的信。

有时她会回忆大学生活，有时会说说对未来的期望，也常说心里的失落或者孤独。她写下的句子读起来都极美好。而我呢，梅雨时节拎着鞋子光脚踩着水跑要告诉她；秋天悬铃木落叶心里有点空荡荡的要告诉她；第一次长途旅行去青岛，把拍下的照片寄给她；后来去三峡，告诉她夜晚行过高山峡谷时心里的那份郑重。

她总说她看到我的时候就好像看到了曾经的自己。在最为重要的那6年里，她就这样陪我一路长大成人。

我第一次用寝室电话给她打过去时，她正准备换工作，她说："会有很多你不能理解的人，也会有很多不能理解你的人，没关系，去做你最想做的事。"

我没有留过她的QQ号，也没有把她的电话抄在任何无法销毁的地方。在她告诉我新工作地址前，我的手机被偷，恍然发现竟然没有可以找到她的方法了。

因为联系变得太方便，我们不再记得要给对方一个具体的地址，不再等待一月一两封的漫长信件，我们总以为一个电话就可以随时抓到对方，却忘了来得容易，去得也飞快。

我尝试过很多方式，最终都没能联系到她。我很想告诉她，我真的在写书，也在翻译书；我会去旅行，会享受孤独；我有了能够理解彼此的一些朋友；我还没有被生活磨灭赤诚天真；我没能像她一样温柔如水，但我做到的事情里有属于她的那一部分。

我也很怀念那些仔仔细细读一封信再写一封长信的夜晚，所有的抒情都因为缓慢而更合理，所有的情谊都因为等待而变得更持久。没有微信，没有微博，没有手机，没有QQ，也不怎么打电话，却没有失去过重要的人。

现在的我早已明白，小时候无论怎么假装合群都不可能交到朋友；而现在，再怎么独来独往也一定会遇到和自己一样的家伙。世界终究会变大，就像游戏里一点一点被点亮的地图。在这个变大了的世界里，人分为很多种，而每一个种群都数量可观，我们都不例外，我们总能找到彼此喜欢的同类。

但对于13岁的我来说，很难想象卧室与教室之外的世界到底有多大，更难想象之后的10多年，我会陆陆续续遇到这么多截然不同又都很有意思的朋友。那时候，我想不到会有人陪我看凌晨4点北京街灯熄灭的瞬间，想不到夜晚的胡同口有人一起喝泛着泡沫的啤酒，想不到会有人陪着我去长城上一起看天地之大美，想不到有人陪我上天台只为了抱头痛哭说一些再也不愿想起的傻话。13岁时的我，内心堆积着许多无处发泄的情绪，绝望地想着，是不是永远也不会有一个和我一样矫情的人来跟我做朋友呢？

幸好，我遇到了刘黎，不幸的是我长大了，她却不见了。如果你碰巧认识她，请你一定告诉我。

明天你将会是在哪里

✽王宇昆

1

他坐在我对面，穿着羽绒服，如果不是餐厅的服务员要求他把烟掐了，他一定会吐出一个令自己满意的烟圈。今天是他的生日，他大老远飞过来要我一起给他庆生。我选了大学附近的一家寿司店，一进门是一个俄国人用不怎么地道的日语说“欢迎光临”。

他的表情有点生气，刚才夹着烟的手指现在孤零零地叩击着桌面。

菜单放在面前，他指了指金枪鱼寿司，又指了指鲑鱼寿司。我把他的要求翻译给服务员听，整个过程的漫长让这位金发美女有些不满。

“要是有空就帮你爹打听打听这片有啥好活能接。”我点点头，点了好几下，然后对他说：“你给我留个电话吧。”

作为儿子，我没有我亲生父亲的电话号码，我们用各种各样的方式联系着彼此。他这次找到我，多亏了俄罗斯的一场大雪。我通过老师找了一份兼职，清扫学校大门前的积雪，每天拿到少得可怜的卢布，清扫一周。

所以那段时间我每天都一边看着天气预报，一边祈祷着明天没雪，但全年无准的天气预报在这一周却出奇精确。

清扫的时候，会有调皮的小孩搓起雪球在身后偷袭。我拿着扫雪工具，拍着身后的雪渣，一抬眼看见了从计程车上下来的他。

就跟每次莫名其妙地出现一样，他也总会毫无留恋地离开。

直到最后一个鲑鱼寿司下肚，他也没有给我电话号码。

他的生日没有蛋糕，所以他干脆对着寿司许愿，许愿也不用蜡烛，只要鱼肉够鲜够美，生日就算是得到了极大的满足。

我喜欢食生的习惯，多半遗传于他。

别人讽刺我喜欢吃生是没进化完全的野人，想想也是，不然我为何会对他喜欢流浪的天性如此泰然。

2

他可是一个父亲啊，可我连他明天可能在哪里都不清楚。

我送他去安检前，我们在谢列梅捷沃机场的大厅里嚼着口香糖，看着周遭不时有人相拥哭泣，痛别分离。

小时候，他每次离家前，我每次被送去全封闭寄宿制学校前，都是这幅景象。

小孩子在哭，家长说“爸爸很快就会回来”“回来给你带礼物”此类的话来安慰。

后来有一天，我妈告诉我，你爸在香港跟人打架，挨了刀子，送进医院了，你想要的礼物也泡汤了。从那之后，每次分别，我再没有哭过。

我妈大老远从东北坐飞机去香港，来来回回折腾了半个多月，然后一嘴骂骂咧咧，一手呼哧呼哧地搬着大包小包化妆品，带着他回了家。

那时候我们刚从平房搬进楼房，谁家吵个架，隔着墙听得一清二楚。那天晚上我妈和他大吵了一架，我躺在小床上拿卫生纸塞住耳朵，不管用，就干脆跑出去喊街坊邻居来我家拉架。

那么小的客厅堵满了穿着睡衣的男女老少，我爸朝我妈脸上“啪”地甩了一巴掌，声音脆得吓人。

第二天，我妈和他去民政局离婚。

那时候我大约10岁，上小学。我妈搬出去的时候几乎把这个家掏空了，冰箱、彩电……甚至吹风机、熨斗都带走了，就剩下墙壁上那个结婚照，相框外的玻璃还破了。

我妈没要我，我就跟了我爸。他动不动就冲着我骂我妈。我在一旁看中央电视台的动画片，《黑猫警长》里螳螂妻子吃了螳螂丈夫。我还一脸不可思议地问他，螳螂为啥把自己丈夫吃掉了。他一边喝着白酒，一边嚼着花生米：“你妈就是个母螳螂，她把我的钱全给吃光了。”

我不明白公螳螂在讲什么，就上前去把电视机关了，昨天我爸刚买的电视机。

我也是后来才知道的，我爸在香港做生意跟人家打架，进了医院，我妈知道我爸出事了，就借着这个机会办了离婚。就连去香港接我爸回来，她也是抱着购物的心态去的。

我觉得这种事情会给一个男人造成不小的伤害，不说生无可恋，也起码得长醉个三五月。但我爸却没有，他把我妈带走的那些电器一件件购置齐全，一声没吭地又出门闯荡了。

临走前，他把我托付给楼下的奶奶照顾，还给我留了一张照片，是他在三亚陪我坐滑索时照的。我就像电视剧里那些苦孩子一样，把那张我咧着嘴笑、我爸也咧着嘴笑的照片塞在枕头底下。想妈妈的时候拿出来看一眼，想爸爸的时候也拿出来看一眼，肚子饿的时候也拿出来看一眼。然后就在这无数眼之下，我看到了他奇黄的龅牙，盼到了他再回家。

他每次回来都会给我带好多吃的穿的玩的，虽说穿的总不合身，玩的总不喜欢，但吃的却能看出他的一番心意。全都是我没见过的，什么鳄鱼肉、鸵鸟熏肉……仿佛跟着他也尝遍了全世界的味道。

我的那些同学们都会嘲笑我们家这档子破事，我就拿着鳄鱼肉，鄙视他们说：“见都没见过吧？”

又一次，我爸回来在厨房里忙活了一上午，我放学回来问他捣鼓什么呢，然后他就端了一盘子寿司出来。

那是我第一次知道寿司是什么玩意儿，我爸纯手工制作，他说是他在山东出海进货的时候学的。

味道很不错，生鱼肉透着微微的腥气，米饭也有点干涩但口感扎实。

我吆喝着说：“爸，你给我做一个星期吧，过了这个星期你再走。”他伸手捏了捏我的脸蛋：“跟你妈一样，都是馋嘴。”

3

他是善于漂泊的人，终点无数，起点只有一个。我永远不知道他明天将会在哪里，他说他也不知道。

在我已经不会用眼泪延长分别时彼此挽留的时

间后，我变得愈发从容，尤其是面对人生的诸多悲剧现象。

比如，分手。

我初三那年谈了一个女朋友，我们是同桌，她眼珠子骨碌碌转的时候可爱极了，像只小猫。我自己做了一盒寿司拿去给她，顺便表白，然后她答应了我。我们经常会在上课的时候，偷偷在课桌下面拉手，导致我俩的成绩迅猛下滑。班主任在后门盯梢，逮着我俩上课拉手后，把我俩叫去了办公室。

当我面带遗憾地告诉班主任“我也不知道我爸身在何方”的时候，我万万没想到他会在第二天就回了家。

办公室里的气氛不是很妙，女朋友的家长以各种罪名讨伐我，我的女朋友也在关键时刻倒戈，说是我整天骚扰她。

我爸在办公室里给了我一巴掌，“啪”的那一声，让我想起很多年前他打我妈的那一下子。

我是不是也要在第二天跟他断绝父子关系？因为那一下实在太疼了。脸颊火辣辣的，我低着头看着地板，看到我爸的那双破鞋子烂了一个洞。

我的同桌被调去了教室的对角线方向，与此同时我们也分了手。我们变成了最熟悉的陌生人，即使打了照面，也会沉默着路过。

我爸回家后继续教训我，他不知道从哪里抽了根树杈子，满屋子追着我跑。我从来没见过他发这么大的火，即使当年他和我妈吵架也没这么大怒气。我心生畏惧，“扑通”一声跪在了他面前。

我求饶，求他别打了。他甩下那根“凶器”，一巴掌撇开我的脑袋，然后离开了家。

一个月没回来。

他再回来的时候，还是穿着那双破了洞的鞋子，衣服也没换，白头发多了些。我问他干什么去了，他瘫在沙发里，捧着我的脸说：“儿子，你爹完蛋了。”

我只知道他是个做生意的，卖过皮革、木材，倒腾过珠宝，还出海打鱼，养过藏獒；只知道他会源源不断地给我钱，或多或少，但从未停过；只知道他每次回来待不了多久，又要踏上我未知的路途再次离开。但我从不知道此时此刻有什么样的故事在他的身上发生着。

我问不出答案。他脸上堆满了难过，像只被动物园抛弃的黑猩猩。他开始疯狂酗酒，在家里灌自己二锅头，一瓶又一瓶，用牙齿开瓶盖，在家里随地吐痰，我打扫的时候能看见血。他24小时几乎都在睡眠或是烂醉中，他叫他那些狐朋狗友们出去喝酒，回家的时候脖子里还有碎玻璃碴子，他却笑得像个小痞子。

一整个月，他都没有再离开。

那天晚上12点多了，楼下的吴奶奶上来说我爸跟人打架，现在倒在马路牙子上呢。我穿着校服一路狂奔，却没在吴奶奶说的那个地方瞧见他。于是又找遍了东北的这座小城市离我最近的所有街道，最后在臭水沟边的草地上看见了他。

他脸上被人划了一道，脖子上、手掌心里全是玻璃碴子。我骂骂咧咧地问他怎么和人打架了，他醉醺醺地说一个姓王的卷了他的钱，一句话没说就人间蒸发，留下他一个人在街上睡了3天。

他说着说着开始哭，手指还在半空中挥来挥去。“可怜我那小崽子，他那么小就没了娘，整天一个人脖子上挂串钥匙孤零零地回家。”他那双手挥舞着突然一下子掉在了草地上。

“崽啊，你别怪你爹，你妈跟着别人跑了，可你爹永远不跑，他就算身上一分钱没了，他也不跑。”他的眼泪顺着脸上的沟壑流下来，我用力把他扶起来，眼泪也跟着掉。

他好像模糊中看见了我，伸出手摸了摸我的脸。“崽，你老爹没喝醉，你看我还能走，就是，就是找不到回家的路了。”

我把他的手搭在我的肩膀上，那一瞬间他踉跄了一下，我才发现原来我已经比他高出那么多了。

那天晚上我们一路缓慢地走回家，一句话也没说，他也没察觉出我流了眼泪。后来我才知道，那次被班主任叫家长的时候他在上海谈一个很重要的生意，接到电话后他火急火燎地赶回来，隔天一回去发现自己的存款和账目全给别人套走了。

④

然后，突然有一天，我放学回家发现，家里的彩电、冰箱、洗衣机……全没了，就像当初我妈走时的那个贫民窟一模一样。

我爹拿着两张机票，给我看："日本，下周一的飞机。"

我这才想起，这之前，他曾经指着一幅地图跟我说："你最想去哪里，随便指。"我就冲着那个细长的岛屿国家画了个圈。

没有工作的他，把家里所有值钱的电器全都卖掉了，整间房子就剩下泛黄的墙壁和两张床。

那个时候出国旅游还是要花不少钱的，虽然从东北到日本只需要几个小时，但卖完这些电器却足足花了一个星期之久。在日本，他带着我吃了地道的寿司，那个味道我至今都记得。

满足感和惊喜感从心底流到脚跟。

前后一周的时间，他叫我不要想接下来我们的生活会怎么样进行下去，而仅仅是享受此时此刻。

我和他一起泡温泉的时候，他闭着眼睛哼着一首歌，我问了他一个问题："爸，你为什么从来不肯给我留下你的电话号码呢？"

他说："我有你的电话号码就行了。"说完他整个人就猛地沉入了水底。

回国后，他一直靠着送快递维持我们俩的生活。直到我初中毕业，上了高中，他还是按捺不住他那天生流浪的性子，又一声不吭地在某个清晨消失了。

整个高中，我们见面的机会越来越少，每次见面的时间也越来越少。我大概知道他去过印度谈生意，在北京当过运输司机，还有去韩国倒腾过化妆品。

生活也渐渐好转，家里换上了新的液晶彩电、冰箱、洗衣机。距离高考还有一百来天的时候，他给家里的座机来了个电话。我问他在哪里，他说他在云南捣鼓米线，打算来东北开个米线店。

中国的东南角和西北角的距离，让我在这个小小的电话听筒前不知道该说什么好。只能说"注意安全吧"，再补充"早点回来，回来的时候别坐火车了，坐飞机"，最后挂断电话。

我已经很适应这种生活状态了，包括他倒下哭泣到重新站起来时的所有变化。所以，在我高考落榜，他把我弄去俄罗斯留学的时候，也没有产生多少恐惧和抵触。

或许这就是从他身上遗传下来的生存原则吧，可以存在无数终点，但永远只有一个起点。

⑤

那一周的扫雪工作终于坚持到了最后一天，那天他给我发了一封邮件，是一张照片，他抓着一只有他胳膊那么长的鱼，冲着镜头咧嘴大笑。

我又想起小的时候我躲在被窝里看着那张照片哭得昏天暗地了，没变的是，他的牙还那么黄。

"我有你的电话号码就行了。"

现在想想，这个答案也没那么简单。

我的哥哥不一样

✽艾小羊

1

我小时候，不知道什么是重男轻女，但我知道有哥不一样。

我家住的是一片平房居民区，周围的家长都是同一厂矿的，我们算是厂矿子弟，读的也是厂矿子弟学校。在学校里，当男生想要欺负一个女生的时候，通常有一个衡量标准，就是这个女生有没有哥。

“你敢动我，我有三个哥。”如果碰到不识相的，这句话也足以吓退小流氓。

城市小，人员结构单纯，所谓小混混小流氓，也不过是多看了几部香港黑帮片，装狼扮老虎。

但如果家里没哥，就真的有点麻烦。我同桌王冬梅家里就没哥，男同学欺负她的时候，她只好说：“我回家告诉我爸。”

但这种威胁通常没什么威力。爸爸这种生物，最喜欢做的是各打五十大板，你说有人欺负你，他不会像哥哥一样，立刻出头帮你报仇，而是眉毛一横：“你又惹事了？人家为什么欺负你，怎么不欺负别人……”

这种话真能把人噎死。但没法啊，他是你爸，永远胳膊肘往外拐的。

所以小孩在外面有了纠纷，找哥比找爸强一百倍。爸爸是迂腐家长，哥哥是江湖义士，只要哥哥往班级门口一站，说某某某，你给我出来，班里的男生立刻吓得像缩头乌龟。这时候，那个妹妹就会小鹿般地窜到教室门口，甜甜地叫一声哥。

2

因为有三个哥哥，我跟我姐很有优越感。但也有时候，别人家的一个哥，比我家三个哥还风光。比如小洁家。

小洁家的哥哥在练武术。夏天的时候，他经常赤膊蹲在巷子口。那时候我10岁，我二姐13岁，还不太明白八块腹肌之类的东西，看到小洁哥哥突起的肱二头肌，觉得这人长得好奇怪。

但小洁哥哥穿起衣服，特别好看。他学习不好，混社会的，但又没像其他混社会的人那样，每天邀一帮人在巷子口虚张声势。

他总是独来独往。忽然某一天，听到高年级同学说，一场江湖纠纷有小洁哥哥参加。大家相约跑去看热闹，等到天黑还没见到人，于是又有线报说两边和解了。

"一定是因为害怕小洁哥哥。"

"对，肯定是的。"

小洁比我小1岁。她来我家玩的时候，我们经常问她："你哥干吗呢？"她说："在家，谁管他干吗。"

她哥比她大9岁，两人玩不到一块儿。小洁只有被人欺负的时候才想起她哥，但随着她哥的声名鹊起，敢欺负小洁的人越来越少。

3

小洁哥哥18岁在工厂上了班。跟我大姐在同一个岗位：看矿石传送带，俗称老虎口。传送带24小时不能离人，工作是三班倒。

不久，听我大姐说小洁哥哥谈恋爱了，对象是厂里一个有名的交际花。那时候但凡爱打扮、爱笑、爱说话的姑娘，都被说成是交际花。我大姐和我妈每天嘀嘀咕咕地说小洁哥哥送了交际花一个发卡，交际花又送了小洁哥哥一条手织围巾。

一天下大雪，我跟二姐在上学路上碰到小洁哥哥。他刚下班，穿一身煤灰色的工作服，脖子上围了一条雪白的毛线围巾，用那时候特别流行的"元宝针"的针法织成，松软熨帖，像围了一堆雪在脖子上。

我们几乎看呆了。在冰天雪地里，一个高大挺拔的男子，穿着很脏的工作服，棱角分明的下巴放在一条雪白的围巾上。

二姐攒了两个月的零花钱，去买了四两毛线，准备织一条雪白的元宝针围巾。虽然她还不知道送给谁，但她觉得织围巾是每个漂亮姑娘的必备技能。

二姐的围巾还没开始织，小洁哥哥就死了。

是我大姐下班后急急忙忙宣布的消息。据说小洁哥哥值班的时候，口袋里揣了一袋葵花子，站在传输带上检查机器，葵花子洒了，他弯腰捡，一不小心掉进了粉碎矿石的老虎口。

细节其实已经无法还原，唯一能够确定的是结果。

4

小洁家人来人往热闹了一个星期后，假装恢复了常态。我大姐却不敢上班了，说上夜班的时候，总有一个看不清脸的男人跟着她。

我妈让她在心里念叨一下小洁哥哥。

"小洁她哥叫什么？"

"李治国。"

"你就说，治国啊，我跟你无冤无仇，不要跟着我了，安心去另一个世界投胎吧，你家人都挺好的……"

我正听得入神，我爸在外屋吃饭，大声吼了一句："你们胡扯些什么！"

那是第一次，我知道小洁的哥哥名叫李治国。

后来我的哥哥们陆续结婚生了孩子，我们也长大了，没什么事情再去麻烦他们。老房子拆迁的最后一年，我回老家探亲，8月刚刚下过一场雷阵雨，一家人围坐在院子里吃西瓜，我妈忽然说："小洁的孩子长得跟她哥小时候一模一样。"

我眯起眼睛，仿佛看到站在巷子口的小洁哥哥。当年他在我眼里那么高大威猛，如今回忆，不过是一个容貌秀丽，身材美好的少年。

而如今坐在我对面的那三个中年男人，是从少年走过的，我的哥哥们。

最终爱你，多于爱车

✽何日君回来

1

经历过漫长生活的每个人，大概都会总结出一两句人生格言，而我爸爸的格言，我印象最深刻的是两句话，一句话是："假如给我再选一次的机会，我也许真的不会和你妈妈结婚，以及生下你了，我会开着我的车，去天涯海角。"而另一句话是："自从你出生后，我像庭院里扎根的树，再也没有想跑开过了，真的。"

我爸年轻的时候，身上带了很少的钱，便从家乡硬生生跑到了北京。他爬过大巴，逃过火车票。他第一次见到绿皮火车，很动容，那是比摩托车大得多的东西，看起来笨拙，却快得多。长城脚下有人在卖闪闪发亮的冰棍，天安门门口挂着巨幅的毛主席相片，故宫午门衬着蓝天白云，北方的晴天就是跟南方不一样，他这样说，当然，他跟比车更快的飞机模型也忍不住合影了一张又一张。

这些经历对他来说是难忘的，后来很多年一次又一次被提起，说爸爸当年多帅气，去了多少地方，祖国的大好河山，尽收眼底。说起当年，他眼里尽是留恋。

"爸爸，你人生的最大理想是什么？"五十多岁的他停下手中的筷子，想了半天："理想，我没想过那是什么东西，不过，假如我有机会的话，我倒是想开车把整个世界看遍！然而，我的钱和时间都用来养你这个小兔崽子了。”

2

爷爷从供销社退休后，我爸顶了他的职，很安稳地跟我妈结了婚。我问过他：“你干吗结婚？”他想了半天，回答说：“我们那个时候的人，大概没人想过不结婚。”

“那你那时候还玩车吗？”

“玩，刚结婚那会儿，你妈还是挺宠我的，那时候雅马哈摩托车，全国一片大红，我骑着车，载着你妈，每天到处晃荡。一直到你出生……”

“我妈说我刚出生的时候，你不肯抱我，因为害羞？”

“不是，我觉得别扭，我怎么忽然有个小女孩了？”

不过从我扎起小辫子，穿起花裙子，开始记事起，他已经很乐意抱我了。

为了挣钱，他开长途货车，从偏远的山里把树苗和大石头拉到城里建房建厂，记忆里，他总是在做这样的事，漫长的年月都在蜿蜒无尽头的山路上行驶，从月夜到天亮，又到另一个日落。

我妈忙完一天的工作，替我洗完手脸，很是疲惫地勒令我睡觉的时候，我总是裹得像粽子一样缩在墙角，轻声但是很坚决地表示：“我要等我爸爸回来。”我妈便会极不耐烦地说：“你爸爸今天不回来了，这次拉货去得比较远，先睡，别等了。”看我一脸顽固，她会补刀一句：“你爸爸为了你能上学穿新衣服，多么辛苦，常常在车上睡觉，连床都没有，那山路你知道多危险，一个不小心就翻下山去了，我告诉你，快乖乖睡觉，梦里求菩萨保佑你爸爸。”

晚上的夜特别黑，我从梦中哭醒，满枕头都是眼泪，梦里我爸连车带人一起滚下山坡，他在山上遇到了巨大的冰雹，前方的路被堵死，回不了家。我迷迷糊糊地醒了，还在抽泣，忽然听到爸爸说话：“喂，你哭什么？”我抽噎着说：“我想爸爸了，我一个人活着，觉得很孤单。”我爸发出巨大的笑声，他把我抱到怀里说：“小不点噢，你知道什么叫孤单，啊，什么叫孤单？”二十出头的爸爸有模有样地学我抽泣的样子，我用胳膊紧紧地抱着他的脖子放声大哭，下定决心，再也不许他开车出去了，早上比他早醒，晚上睡得比他晚，连卡通片也转移不了我的注意力，眼睛片刻不离他。

他终于决定带我上山拉一趟石头，保温杯，小毛毯，各色零食等都带得齐齐整整。在儿时的记忆里，那是好长好长的一段旅途，我迷迷糊糊在路上醒了睡，睡了又醒，我爸爸却是精神劲头极好，把我用小毯子裹紧，安放在卧铺间，他会拉开车窗，放点那年代的流行歌曲，晚风拂面，他嘴里的香烟在夜色中闪亮。我凝视着天上的月亮，跟他说：“爸爸，这月亮怎么一直跟着我，能不跟着吗？真是讨厌极了。”又说：“爸爸，为什么每首歌快要唱完的时候要拖得那样长，他们很舍不得唱完，对吗？”而我爸往往听到这些，就发出巨大的笑声。虽然是个孩子，但是我已经隐隐约约觉得把爸爸交给货车是安全的，也就顺其自然地，不再有之前的那些哭哭啼啼的夜晚了。

3

我读初中时，买CD，追剧，跟同学玩耍，各门功课堆积如山，而由于我妈下岗，我爸最终卖了货车，跟我妈一起承包去开大巴了。

90年代承包大巴似乎是个挣钱的活儿，至少比拉货挣得多，只是哪儿钱多，干这行的人也自然多，竞争很大，司机售票员都跟打劫似的抢客源，连骗带哄总要把人拉齐了才发车，人越多挣得越多。一路上，

有人随时随地要上下车,有人趁着人多逃票,有人乱丢果皮纸屑,火爆的天气,火爆的人,火爆的发动机,火爆的司机,从车上到家里,他开始常常跟我妈吵架。

我第一次跟他吵架也发生在那个时候,问他要零用钱,他不耐烦:"上周不是才给过你吗?"我嚷着买了CD。他的眼睛睁得滚圆,大喝一声:"买买买,你爸辛苦挣点钱很容易是不是?"我一边跺脚一边甩门,离了家里,一头扎进学校。那次我跟我爸冷战坚持了很久,在房间里见了他,也要绕道走,他有几次似乎想说点什么,终于也没有开口。一直到冬天,我在学校摔破了开水瓶,脚背被烫伤,在那一刻,我穿越回了我的儿时时光,被我妈抽鞭子的儿时时光,我抱着脚背在宿舍放声大哭:"爸爸,爸爸,救命!"然后,被他接回了家。

回家养伤的那些天,我又成了他的小女孩,反复问他各种问题。

"爸爸,开大巴是不是比货车要难很多?"

"不难,但是很麻烦"。

"爸爸,你是不是想跟妈妈离婚?像隔壁王欢的爸爸妈妈一样。"

他默默地看了我一眼,回答说:"有你在这儿,我跑不了。"

的确,他最终都没有跑掉,哪怕这之后跟我妈有无数的吵闹,但是他终究没有跑掉,忍气吞声又开了几年大巴。后来承包大巴的生意也不好做了,我又要读大学,除了开车,他也不会做别的什么,于是,有亲戚介绍他去给有钱的老板当私家司机。

给有钱人当私家司机,一天24小时随时call,伏低做小。有一个白雪皑皑的冬日,老板跟人聊事情,约到酒店吃夜宵,他去停车场停车,没有车位了,他只能把车停在路边,坐在里面一直等到天亮。后来聊起这个事,他说他坐在车里,看着一片片的雪花落在车前的挡风玻璃上,又慢慢地融化,酒店里灯火辉煌,而车虽然开了暖气却还是冷的,他不知道怎么形容那种辛酸感。

但是他爱极了那辆车,看它的眼光,柔情似水。那一年,我读高三,在他生日那天,我给他写了一封信,上学前留在了他的枕头底下,我写道:"爸爸,等我长大了,以后有钱了,我要给你买一辆车,和你现在帮人家开的这辆一模一样的小轿车。"

我那封信,直到今日,还放在他的公文包里,信纸已经泛黄,有很深的折叠痕迹。

4

第一次为婚姻问题跟我妈吵架,已经是我28岁的时候了,大概很多人的父母这个时候也已经急得跳脚了。

我是不婚族。一次又一次吵架中,我妈总是质问我:"我和你爸爸并没有让你饱受金钱之苦,给了你最大程度的爱,我和你爸的婚姻也是最普通的中国婚姻,我不知道你为什么会变成这样一个孩子,拒绝婚姻。"她说得火大,把电话扔给我爸。

我爸接过电话,这次他没像从前两边说和,而是跟我说:"自己的事,要自己好好把握。爸爸老了,你妈妈也是,相信我们,我们是真的对你毫无所求的,我甚至从来没想过让你帮我买你之前信中提的那车,我们只想你开心欢乐,有人照顾。"

我想,我终究是我爸爸的女儿。当年那个爬大巴,逃火车票,一路北上,仰头看故宫白云蓝天的年轻人的女儿。她选择了爸爸当年没有选的那条路,更自由,更广阔。

工作之外,我寄情于写作,忙着这里旅游那里看戏,我喜欢自己现在的生活方式。

我爸只能轻叹一口气:"唉,我不管你,儿孙自有儿孙福。"我跟他说:"不不不,你不能不管我,而是像陈奕迅歌里唱的那样,你要记得爱儿女所爱,早习惯看开。因为有了我,你始终没法跑掉,以前是,现在也是。"

十一长假,我爸带我妈出门旅游,两人租了一辆大吉普,我爸坐在司机位,一辈子的司机位,在路上拼命拍照,发朋友圈,我悄悄地看,不出声,几分钟之后,老爷子的微信来了。

"看到我新发的朋友圈了吗?"

"看了"。

"为什么不点赞?"

有个人让我爱恨交织

✽张春

1

哥哥和我，不算是非常亲密的兄妹。

小时候他不喜欢我，常常揍我。还记得大概在我七八岁的时候，我面目狰狞地说要跟他决斗，他机敏过人，瞬间就明白什么是我最害怕的反应。他突然活泼地摇头晃脑起来，嬉笑着说："你来呀，你来呀！"我气得手脚发软。为数不多的几次反抗，均以失败告终。

其实我小时候非常崇拜他，他是镇里远近闻名的神童和小大人，4岁时直接上二年级，二年级时就当大队长，开校会要站上小板凳才够得着桌子上的话筒。他4岁时就和爸爸一起上台说相声，6岁时在陌生的大城市里迷路，冷静沉着地问路，然后自己找到妈妈。

我非常希望他带我一起玩。他发明了一个游戏，叫"妈妈接旨"，就是举着一块搓衣板喊"妈妈接旨"，然后说一大段半文半白、表扬妈妈的话。我就是那个跟在传圣旨的大官后面的、笑得前仰后合的"小太监"。

他还发明了"录音机"的游戏——妈妈给我们俩一人一桶圆饼干，我舍不得吃，一直在舔第一块。他则立刻就吃光了，然后跟我说："我们来玩'录音机'吧！"怎么玩呢？就是假装他是一台录音机，饼干就是磁带。只要把饼干塞进他弄得扁扁的嘴里，按一下开关——鼻子，他就会哼哼唧唧地唱歌。如果再塞一块，就表示磁带翻面儿，他还会倒着唱呢！我把自己的饼干全都塞完，还在遗憾没有更多的磁带可以玩了。

他对我的折磨简直罄竹难书。莫名其妙地打我就不说了，叫我张狗、死狗，也不说了。我有一个橡胶的洋娃娃，我特别喜欢这个洋娃娃。但是他折磨我的时候，就哈哈大笑着把洋娃娃一脚踢飞。那个情景对我来说，是无法言喻的惊悚和残酷，那个时候我真的恨透了他。

长大以后我才知道，我一出生，妈妈顾不上照看他，而爸爸又很贪玩，也不管他。他很快明白，灾难的根源就是那个不知道从哪里来的臭烘烘的小孩。

我小时候曾经在大院的墙上写粉笔字骂他："张飞大王八。"因为实在太害怕被他知道是我写的，不惜又在旁边写上"张春大王八"。

不到10岁时，我得知一个传说：吃耳屎会变哑。我收集了一些耳屎，准备给他下毒，但经过长时间、反复、审慎的思考，并没有那样做。

我读初中时他读高中，我们在同一所学校，我非常怕他，在学校里远远看到他就汗毛倒竖地躲起来，暗叫："完了完了！我哥来了！"

2

我初中毕业后去外地读书，那是我第一次离开他，虽然他也在那个地方读大学。由于分离，他似乎变得喜欢我一点了。他听说宿舍的人欺负我了，脸色阴沉地来找我，眼睛血红。我跟他讲，事情已经过去了。他点点头回去，一共只说了两三句话。

有一回，他问我："妹妹，你希望我成为一个什么样的人？"我说："都可以吧。"他说："不管我是亿万富翁还是要饭的，你都是我妹妹对吧？"那是多年来我们兄妹间屈指可数的几个煽情的瞬间之一。

有那么几次，他骑车载我去学校，在后座他看不见我的地方，我神气活现地仰着头，希望每个人都能看见我。但一跳下车，我立刻拉长脸，装出漫不经心的样子，怕被他知道我喜欢这样，就再也不让我坐他的自行车了。

我不知道他爱不爱我，不知道自己是什么样的人。我们一起坐火车出门，车站临时宣布要换车，要抢座位了。他听完一言不发，抓起所有的行李拔腿就跑。我想也没想立刻跟着跑。我们已经上了火车坐到了座位上，其他候车的人还在沿着通道往门口挤。他说他本来想自己先跑上去占座再来叫我，回头一看，我居然紧紧跟在他身后。他因此大感快慰，说再也不用担心我在外面会出事。我想，原来自己也是有一些能力的，和他一样敏捷沉着。更让人振奋的是，原来他是担心我的。

在那之后的很长时间里，我剪着很短的头发，拖着比自己还重的行李到处跑，跟骗子流氓斗智斗勇，认真读书学习，交朋友，变漂亮，努力去经历果断勇敢的人生。

我渐渐长大，暗暗计划着做一个有能力的人。

我似乎一直在尽量远离他。

3

后来我果然走了，越走越远。我所选择的生活、结交的朋友、恋爱的对象，都尽可能和他的标准不同。我们一年只见一两次面，甚至在网上也几乎不联系。某年端午节，他突然打电话祝我节日快乐，我吓得不轻，一直盘问是不是家里出了什么事。

中专毕业后面临就业和考学。我问他："如果考上中央美院会怎么样？"当时我们那个市还没有上中央美院的人。他表情震惊，看着地面说："考上中央美院，那你就是画家了啊。"于是我被那个让他震惊的目标激励着，就去考中央美院了。

终于收到中央美院的录取通知书时，他攥着我的通知书准备上街去裸奔。虽然后来被阻止了，但他还是在那天喝得酩酊大醉，醉得不带一丝烟火气地溜到桌子底下躺着。

爸爸去世那一年，他在另一个省的某个电台做主持人。他在节目里放了一首《想和你去吹吹风》，然后关掉麦克风在直播间里痛哭。他说："爸爸走了，你才19岁，你真可怜。所幸我们有两个人，即使我们仍然无法互相倾诉，却仍然知道世上至少有一个人明白这一切。"

在被命运一次次碾轧时，我和哥哥才意识到我们的痛苦是交叉的。

如果每个人的生命都是一条河，那我和哥哥的血，就是这两条河里流着的相同的水。甚至连相互失望的时刻，都是这样。哥哥的那条河，也是我的河。对彼此的厌恶，就是对自己的厌恶；对彼此的爱，就是对自己的爱。

这个世界，似乎正是因为并不完美，才值得一活。

拜见母亲大人

七堇年

拜见母亲大人是需要谨慎的。

扎起马尾，露出额头——她喜欢看我一直保持十几年前的中学生模样，不管我现在多少岁。

挑选一件十分显胖的衣服——她永远嫌我瘦。每次见到我便立刻皱着眉头打量，鉴定结果是我又瘦了，然后开始问："是不是又过得不好了，没有好好照顾自己？"衣服不仅要显胖，还一定要是亮色，不能穿深色——她永远嫌弃我黑色衣服太多，用她的话来说，"别一天到晚穿得黑黢黢的"。所以要选白色，或者红色。哦不，白色也不太好，她会说："白色这么不耐脏的，怎么洗？谁给你洗的啊，看这都发暗了。"所以要选红色，红色耐脏，又显得面色红润，气色好。

一定要化妆，但又必须是裸妆那种，气色鲜润就好，千万不能化太浓。但不化妆的话，显得不够精神，她又会说："怎么都不收拾一下自己？"总之，我会把自己收拾成一个穿着少女时代的红毛衣的、扎马尾的、学生味儿十足的样子。这样我不会给她任何一点破绽，来让她忧心忡忡地打开话题："你是不是过得不好？"

时间差不多了，掐着表，准时去接母亲。把车靠边，远远地，看见她站在人群边缘。穿着那一件我很熟悉的旧风衣，一双不相配但便于走路的休闲鞋。背着我当年上学用过的那个阿迪达斯双肩包，包侧面插着一个水壶。把母亲接到，她像个孩子一样，乖乖上车，坐后排座位。一旦她坐我旁边，会保持高度紧张，大声指挥我怎么开车，碰到路边闪出一辆电瓶车，她会尖叫，把我吓一跳；不然就是高声指挥我："按喇叭！""打灯！""啊！小心那个人！"……我快崩溃了。

但有一次，我与母亲一起，坐上了某位阿姨开的车。我很紧张，因为阿姨实在开得太菜鸟了。奇怪的是，母亲却在副驾驶坐着，一路安安静静，什么都没说。

下车后我问母亲："为什么你不指挥别人开车，只指挥我开车？""别人我不管啊，你是我女儿啊。"她说。所以后来，我都让母亲坐后排，这样对大家都好。

坐在餐厅里，窗外阳光洒在她的白发上。母亲看上去比较年轻，所以我一直没发现她的衰老——我一直感觉她还年轻着，永远没老。就像她以为，我一直还是个中学生的样子，停在那几年，永远没长大。但时间容不得我们的幻觉。她现在老了，渐渐变成了我的孩子。在她的晚年里，我要像个母亲照顾孩子那样，给她一个无忧无虑的晚年。